JN209702

はじめに

2019 年度の我が国の一般会計予算額がはじめて 100 兆円を超える規模になる。また，2019 年度末には，国と地方の長期債務残高が 1,122 兆円となることが見込まれている。単純な比較は難しいものの，2017 年度の GDP が約 550 兆円であったことを踏まえると，国の予算額は GDP の約 5 分の 1，国と地方の長期債務残高は GDP の約 2 倍にも達している。特に後者については，先進資本主義国においてはみられない，非常に大きなものとなっている。

このように，我が国における政府の諸活動である財政は，その規模が極めて大きく，またその役割も多岐にわたっている。それは社会・経済の発展・変化とともに求められてきた結果ともいえるかもしれない。事実，現在我が国は早急の解決を要する多くの問題に直面している。しかし，その解決は極めて困難であり，また，それがある程度可能であったとしても，そのためには巨額の資金＝資源が必要とされる。たとえば，高齢化は年金財政や医療財政を逼迫させるなど，社会保障費の増大をもたらし続けている。また，少子化は将来の我が国の労働力の低下，そして生産力の低下へとつながるおそれがある。この少子化は教育・研究への財政支出の減少を招き，我が国の科学技術の発展について強い危機感が生まれるに至っている。さらには，近年の地震・台風などによる大規模災害は，これまでの我が国の安心・安全のあり方を抜本的に再考させ，それらへの備えに対しても多くの資源の投入が必要とされている。

私たちの「しあわせ」は，私たち自身の経済活動の中から基本的には生まれるものである。すなわち，私たちの経済活動は，資本主義社会においては，市場という場で，自らが望む経済活動─需要あるいは供給─を行うことで，「しあわせ」を希求する。ただし，そのような経済活動は，常に私たちが思うような望ましい結果をもたらしてくれるわけではない。市場において私たちの「しあわせ」を実現できるようにするには，政府あるいは財政による支援や介入などが必要となる。そこで，高齢化，少子化，大規模災害などの問

題があるなかで，私たちの経済活動の中に財政を通じた資源の投入あるいは再分配が行われている。このように，財政の最終的な目的は，私たちの「しあわせ」の実現にあるといえる。

本書は，このような財政の諸活動について，日本の現状を把握できるようになるとともに，それを簡単な理論に基づいて考えられるようになることを目指したものである。そのため，本書は以下の3つの特徴を有している。

まず，本書の構成を，我が国の一般会計予算の構成に基づいて行っている。具体的には，本書は大きく，財政・政府の役割，国家財政の予算制度，そして地方財政の各章からなる財政の基礎（第Ⅰ部），租税原則と税制度，消費課税，所得税，法人税，そして公債の各章からなる政府の収入（第Ⅱ部），社会保障，社会資本，文教・科学振興，そして中小企業・農林水産などの各章からなる政府の支出（第Ⅲ部）および公企業，平等，そして政治経済の各章からなる現代の課題（第Ⅳ部）の4部から構成されており，特に第Ⅱ部と第Ⅲ部は国の歳入と歳出に対応させる形で記述している。これは，私たちが財政の話題について，新聞やテレビのニュースなどで最もよく目にするのが国の財政であり，またその際には一般会計がその中心となっていることによる。したがって，本書を読み進めていく上で，財政の初学者にも比較的支障なく理解がされるものと期待する。

次に，章によっては，日本の現状に触れるのと同時に，それを理解するための簡単な理論について紹介しているところがある。これは，経済学の基礎，特にマクロ経済学とミクロ経済学という，理論経済学を少しでも学んだことのある読者に，財政に関する諸問題に対してどのように理論的な接近を試みることができるかを示すためである。経済学を学んだことのある学生の中には，理論と現実の乖離を強く感じる者が少なくない。これらの乖離を少しでも和らげ，経済学の知識で財政を，そして社会をみることができることを理解してもらいたいと思う。また，そのために経済理論の基礎が復習できるように，6つのREVIEW（復習）を特に設けている。

3つ目に，本書は授業の目的に応じて，半期15回の授業で，効果的に取り扱えるよう配慮している。本書の使い方としては，1回の授業で1章を扱うことで，話題をすべて取り上げるのが，標準的なものである。これに対し

て，テーマとして財政の収入の面に重点を置くのであれば，第Ⅰ部と第Ⅱ部の各章をおおむね2回の授業で扱うことが，また，財政の支出の面に重点を置くのであれば，第Ⅰ部と第Ⅲ部の各章を同じ形で扱うことが望ましい。一方，理論の理解に重点を置くのであれば，第Ⅱ部から第Ⅳ部までの各章を取り上げ，REVIEW の解説に時間を割くという方法が望まれる。最後に，基礎的な財政の知識について，十分な時間をかけて説明を加えていくのであれば，第Ⅰ部から第Ⅲ部までの各章を扱うとよい。

以上のような形で，初学者向けに平易な記述でまとめられたものが本書である。しかし，まとめ上げる過程においては，スケジュール等で無理をお願いした執筆陣のご協力に加えて，中央経済社の学術書編集部編集長である納見伸之氏の多大なお力添えを賜った。そして，本書の前身ともいうべき『スタンダード財政学』の編著者である名古屋大学名誉教授の竹内信仁先生からは，財政学のテキスト執筆に際して，形式的なものだけにとどまらず，その内容のあるべき姿についてもさまざまな形でご教示を賜った。最後に，本書執筆の過程において，筆者たちの家族から常に温かい目で見守ってもらえ，そして献身的に支え続けてくれたことは，筆者たちにとり，何ものにも代えがたい，心のよりどころであった。これらの多くの方々の協力があってこそ，本書の出版の暁を迎えられたことは疑うべくもない。ここに記して深く感謝の意を示したい。

2019 年 6 月

執筆者を代表して

森田　雄一

柳原　光芳

目 次

はじめに　i

第 I 部　財政の基礎

第1章 ┃ 財政・政府の役割 ──────────────2

1 経済の見取り図　2
2 市場の役割と我が国の財政　3
2.1 完全競争市場　3
2.2 政府の範囲　4
2.3 財政規模に関する国際比較　6
2.4 戦後の日本財政の歴史　7
3 政府に求められる役割　8
3.1 資源配分機能　8
3.2 所得再分配機能　10
3.3 経済安定化機能　13
3.4 政府の失敗　14

第2章 ┃ 国家財政の予算制度 ──────────────15

1 予　算　15
1.1 予算とは　15
1.2 予算制度　16
1.3 予算の種類　16
1.4 予算編成　18
2 一般会計・特別会計　18
2.1 一般会計　19
2.2 特別会計　20

2.3 国の財政規模 21

3 **国の財政指標** 22

3.1 財政収支・基礎的財政収支・債務残高対GDP比・公債依存度 22

3.2 租税負担率・社会保障負担率・国民負担率 24

4 **財政投融資** 26

第**3**章 │ 地方財政 ────────────────────────── 29

1 **国と地方の規模** 29

1.1 国と地方の財政関係 29

1.2 地方の歳出分類 31

1.3 地方の歳入分類 34

2 **地方交付税** 35

2.1 地方交付税の機能 35

2.2 地方財政計画 36

2.3 各自治体への配分額の算定方法 36

2.4 地方交付税の問題点 38

3 **国庫支出金** 39

4 **財政指標** 40

4.1 経常収支比率 41

4.2 実質公債費比率および公債費負担比率 41

4.3 健全化判断比率 42

第**II**部　政府の収入

第**4**章 │ 租税原則と税制度 ─────────────────── 46

1 **税の役割と租税原則** 46

1.1 租税の役割 46

1.2 租税原則の変遷 47

1.3 現代の租税原則　48

1.4 地方税原則　52

2 日本の税制度　53

2.1 租税の分類　53

2.2 所得課税・消費課税・資産課税　54

2.3 直接税と間接税　56

2.4 国税と地方税　57

2.5 比例税・累進税・逆進税　59

第**5**章 ┃ 消費税 ────────────────── 61

1 消費課税の概要　61

1.1 個別消費税　62

1.2 一般消費税（付加価値税）　63

2 消費課税の帰着　66

2.1 納税義務者と帰着　66

2.2 価格弾力性と帰着　67

3 最適課税　68

3.1 個別消費税を用いた最適課税の理論　69

3.2 消費課税と所得課税　72

REVIEW① 家計の効用最大化　75

第**6**章 ┃ 所得税 ────────────────── 81

1 所得税の仕組み　81

1.1 所得税制度の概要　81

1.2 所得税の計算方法　82

1.3 所得税の問題点　84

2 労働所得税の理論　89

3 超過負担の考え方　91

3.1 労働所得税の超過負担　91

3.2 線形の累進所得税の超過負担　93

第**7**章｜法人税 ———————————————————— 96

1 法人税の概要　96

1.1 法人税制度　96

1.2 法人税負担の現状　98

2 法人擬制説と法人実在説　100

3 法人税が投資に与える影響　101

4 国際課税制度　104

4.1 国際課税方式　104

4.2 租税回避　105

4.3 国際的租税競争　106

第**8**章｜公　債 ———————————————————— 109

1 公債とは何か？　109

1.1 国債とその分類　109

1.2 建設国債と特例国債　110

1.3 国債残高　112

2 公債発行の影響　112

2.1 財政収支と基礎的財政収支　112

2.2 財政の維持可能性　114

3 公債負担　116

3.1 公債負担の既存議論　116

3.2 リカードの等価定理　117

REVIEW② 数式による世代重複モデルの展開　121

第Ⅲ部　政府の支出

第**9**章 ┃ 社会保障 ——————————————— 128

- **1** 戦後日本の社会保障制度の歴史　128
- **2** 社会保障の負担と給付　130
- **3** 社会保障の機能と意義　132
- **3.1** 公的扶助　132
- **3.2** 現金給付と現物給付　134
- **3.3** 社会保障制度としての保険制度　136
- **4** 年金制度　139
- **4.1** 年金制度の運営　139
- **4.2** 公的年金制度の経済的影響　140

第**10**章 ┃ 社会資本 ——————————————— 144

- **1** 社会資本　144
- **2** 公共財　147
- **2.1** 公共財の特徴　147
- **2.2** 公共財の最適供給　148
- **2.3** 公共財の自発的供給　149
- **3** 費用便益分析　152
- **3.1** 費用便益分析の考え方　152
- **3.2** 便益と費用の計測の困難さ　153
- **3.3** 社会的割引率の問題　154
- REVIEW③　公共財の社会便益曲線　155

第 11 章 | **文教・科学振興**————————158

1 文教・科学振興費の概観　158

2 教育・科学技術への公的援助の正当性　161

2.1 外部性　161

2.2 教育サービスの特徴　163

2.3 人的資本　164

2.4 科学技術の特徴　165

3 経済成長の理論　166

3.1 新古典派成長理論　167

3.2 経済成長への政府の役割　170

第 12 章 | **中小企業・農林水産など**————————172

1 中小企業　172

1.1 中小企業とは　172

1.2 中小企業の課題と国の政策　173

2 農林水産　176

2.1 我が国の農林水産業　176

2.2 農林水産業の課題と国の政策　178

3 経済協力・防衛　179

3.1 経済協力　179

3.2 防　衛　180

REVIEW④ 政府支出のマクロ経済への効果　182

第Ⅳ部 現代の課題

第 **13** 章 | 公企業 ———————————————————————— 188

 1 公営企業　188

 2 自然独占　192

 3 独　占　194

 4 公企業による独占　196

 4.1 限界費用価格形成原理　197

 4.2 平均費用価格形成原理　197

 REVIEW⑤ 企業の利潤最大化　199

第 **14** 章 | 平　等 ———————————————————————— 203

 1 所得再分配の理論の必要性　203

 2 所得不平等度の測定　204

 2.1 ローレンツ曲線とジニ係数　204

 2.2 日本の所得再分配効果　206

 3 所得再分配政策の判断基準　208

 3.1 パレート基準とその特徴　208

 3.2 社会厚生関数　208

 3.3 効用可能性フロンティアと社会厚生関数　212

 3.4 コストが存在する下での望ましい再分配政策　212

 3.5 社会厚生関数への批判　214

 REVIEW⑥ パレート最適の考え方　215

第15章 | 政治経済 —————————————218

1 財政学と公共選択　218

2 選　挙　220

2.1 選挙制度　220

2.2 日本の国政選挙の歴史　221

2.3 投票の理論　222

3 政府の失敗　228

3.1 官僚行動　228

3.2 利益集団の行動　230

索　引　237

第I部
財政の基礎

第1章
財政・政府の役割

ポイント

本章では市場と政府の関係について概観する。その上で我が国の財政活動について整理しその特徴をみていく。また政府に求められる役割を資源配分機能，所得再分配機能，経済安定化機能としてまとめ市場の機能と対比させながら説明する。

キーワード

完全競争均衡，市場の失敗，資源配分機能，所得再分配機能，経済安定化機能，政府の失敗

1 経済の見取り図

　私たちの社会では，多くの個人やさまざまな活動を行う企業，さらには政府が組織体として存在しており相互に影響を及ぼしあいながら経済活動を行っている。このうち経済活動の担い手を経済主体と呼び，消費活動，生産要素の供給を担う家計，生産活動を担う企業，市場経済の補完を担っている政府の3つに分類される。これらの関係を表したものが**図表1−1**である。

　家計は生産要素市場を通じて，労働，資本，土地などの生産要素を企業に提供し，その対価として賃金，利子，地代等を所得として受け取る。またこれらの所得を使って自分の効用が最大になるように財・サービスの消費を行いながら，税を納めている。

　企業は利潤の最大化を目的として，労働，資本，土地を要素市場で調達しながら財・サービスを生産する。また自らが生産した財・サービスは市場を通じて取引され，家計や政府，他の企業によって消費され，企業はその対価を受け取りつつ，税を納めている。

　政府は家計や企業から徴収した税で，要素市場から公務員を雇用し，財・

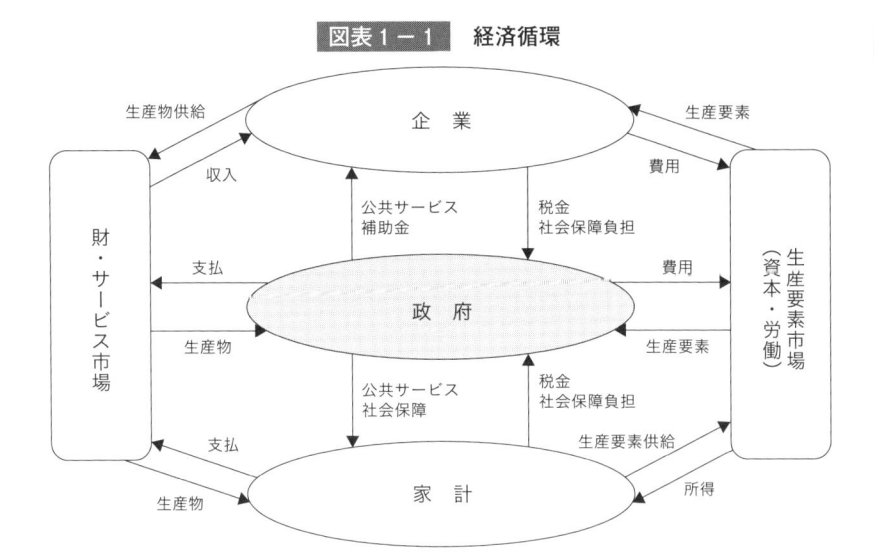

図表 1-1　経済循環

サービス市場から生産物を購入しながら，さまざまな公共サービスを提供している。国防や社会資本の提供，社会保障の提供や企業に対する補助金などその中身は多岐にわたっている。政府のこれらの活動のことを**財政**という。

2　市場の役割と我が国の財政

2.1　完全競争市場

　経済主体として家計と企業について考える。ここで家計は与えられた価格の下で**価格受容者（プライス・テイカー）**として行動し，効用を最大化している。これに対して企業も価格受容者として行動し，利潤の最大化を図っている。そして市場においては需要と供給が一致している状況を**完全競争均衡**と呼ぶ（家計の効用最大化については第5章，企業の利潤最大化は第13章で詳述する）。

　理想的な状況である完全競争均衡が実現していれば，資源配分は効率的となるために，効率性を改善するための政府の介入は必要とされない。ただし常に完全競争均衡が成立するとは言えない。完全競争市場が成立して，市場

がうまく機能するためには以下の要件が必要となる。

①すべての経済主体は価格受容者（プライス・テイカー）である
②すべての経済主体の市場への参入・退出が自由である
③財・サービスは同質的であり産業間，地域間の移動性が確保されている
④財・サービスの価格，性質に関する情報は完全である
⑤財，サービスの所有権が確立し，すべての財・サービスに対して市場が普遍的に存在する

　市場には多くの需要者と供給者が存在しているため，個々の経済主体は価格支配力を持たず，価格を所与として行動する。なお価格は市場における需要と供給が一致するように決まるため伸縮的に調整される。また市場への参加を妨げるものは何もない状況であり，財・サービスの移動性が保障されているので一物一価の法則が成り立つ。さらに将来財や不確実性のあるものなどすべての財・サービスに対して市場が存在する必要がある。市場で取引されないにもかかわらず，経済主体に対して影響を及ぼすものはないということを意味している。

　これらのさまざまな前提条件は実際の世界においては，必ずしも現実的とは言えないものも見受けられる。ただし市場における効率的な状況で何が起こるのかについて正しく知っておくことは重要であるとともに，これらの前提条件が崩れてしまったときに，何をどのように改善するべきかを確認することができる。

2.2　政府の範囲

　政府部門の行う経済活動を財政と呼んだが，この財政活動は国民経済計算（System of National Accounts：SNA）の体系の中で把握することが可能である（**図表１－２**）。広義の政府として公共部門を考えると，これは**一般政府**と**公的企業**からなる。一般政府は司法，教育，国防，治安といった基本的な公共サービスの提供を行う主体である。これに対して公的企業は政府による所有あるいは支配が行われているもとで事業を行っている組織のことであ

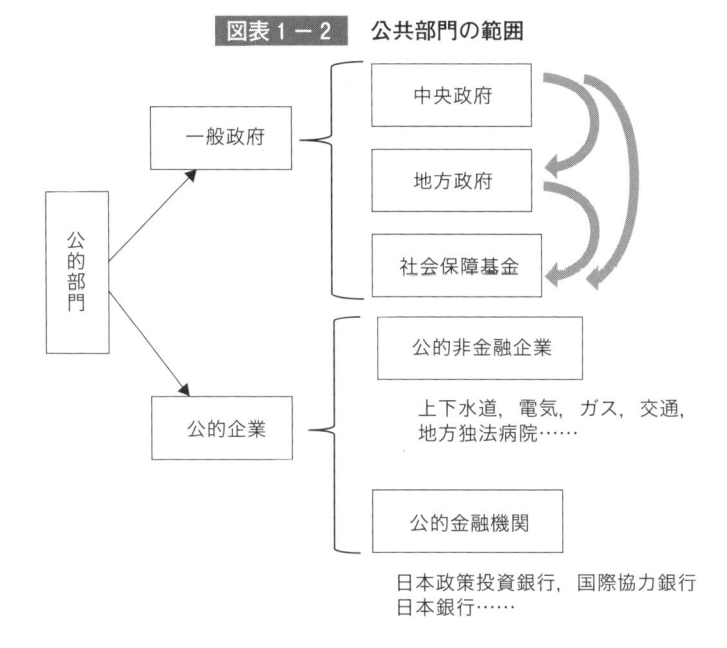

図表1－2　公共部門の範囲

一般政府
- 中央政府
- 地方政府
- 社会保障基金

公的部門

公的企業
- 公的非金融企業
  上下水道，電気，ガス，交通，地方独法病院……
- 公的金融機関
  日本政策投資銀行，国際協力銀行 日本銀行……

図表1－3　一般政府間の資金のやりとり

（受取）　　　　　　　　　　　　　　　（単位：10億円）

		中央政府	地方政府	社会保障基金	合計
（支払）	中央政府	－	29,350.6	25,594.7	54,945.3
	地方政府	259.8	－	9,102.1	9,362.0
	社会保障基金	88.7	134.4	－	223.1
	合計	348.5	29,485.0	34,696.8	64,530.3

（出所）2016年度国民経済計算「一般政府の部門別勘定」より筆者作成。

り，金融業務を行う公的金融機関と金融業務以外の業務を行う公的非金融企業がある。

　一般政府は**中央政府**（国），**地方政府**（都道府県，市町村），**社会保障基金**の3部門で構成されており，中央政府と地方政府はそれぞれの行政区域における公共サービスの提供を担っている。社会保障基金は特定の行政組織を表すのではなく，年金や医療，介護などの社会保障に関する国の特別会計や地方公共団体の公営事業会計の一部などから構成されている。

なお一般政府である中央政府，地方政府，社会保障基金の間では資金のやりとりが行われておりそれらの経常移転を示したものが図表1－2における矢印，また金額を表したものが**図表1－3**である。ここから2016年度において中央政府から地方政府に対し約29兆円，社会保障基金に対して約25.5兆円が，また地方政府から社会保障基金に対して約9兆円の経常移転が行われていることが確認できる。

2.3 財政規模に関する国際比較

先進国においては財政規模が徐々に拡大してきており，どの国もそのための資金調達に苦労する傾向がみられる。経済の成熟や発展とともに財政規模

図表1－4 GDP に占める財政の役割に関する国際比較

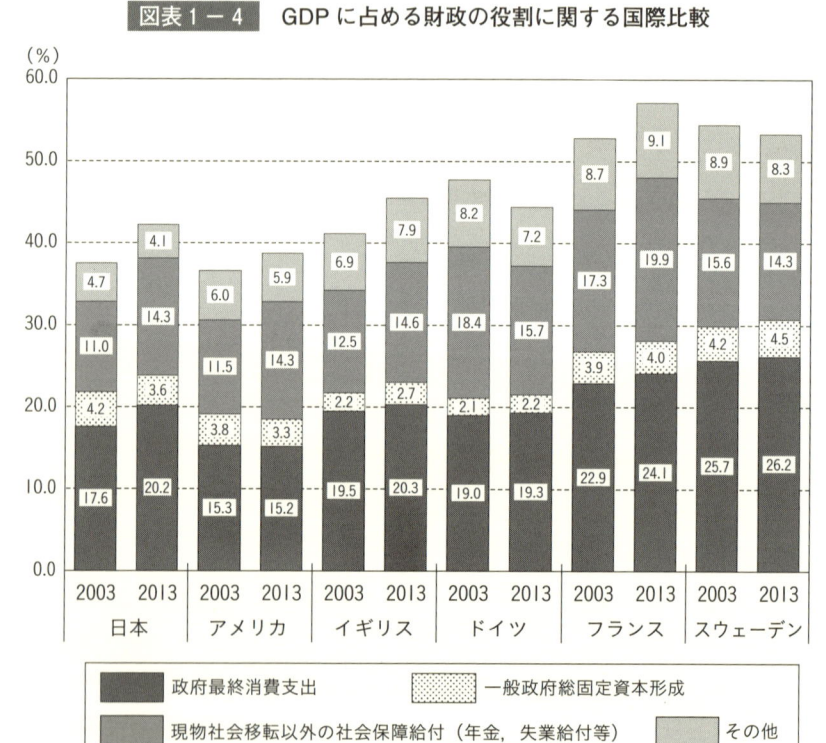

（出所）財務省ウェブサイト「国民経済に占める財政の役割（国際比較）」より筆者作成。
（https://www.mof.go.jp/budget/fiscal_condition/basic_data/201502/sy2702k.pdf：2018年11月28日閲覧）

が大きくなってくるこの現象は，ワグナー（Wagner, A.）により指摘された**経費膨張の法則**という経験則として古くから語られてきた。直感的な説明として①社会保障制度が充実していくこと，②国家の成熟に伴い人々が政府に求めるニーズが変化してくること，が挙げられる。①については高齢化により社会状況が変化し核家族化が進むと，従来は家族内で行われていた介護等が公的な取扱いに変化することで財政の役割を大きくする。また②については経済が発展していく段階においては救貧的な公共サービスが求められるが，やがて豊かになってくると，より快適な環境を求めることから，高次選択型の公共サービスへのニーズが強まっていくことが考えられる。またピーコック（Peacock, A.）とワイズマン（Wiseman, J.）は，イギリスの政府支出の傾向から，戦争などの時期に一時的に増加した歳出が，平時においても元に戻ることなく形を変えて残ることで経費膨張のトレンドを上方にシフトさせる**転位効果**があるとした。

　なお，各国における財政規模（一般政府の支出規模の GDP に占める割合）を 2003 年度と 2013 年度で比較を行ったものが**図表 1 − 4** である。日本，アメリカ，イギリス，フランスで増加傾向がみられる。特に社会保障給付の伸びが財政規模を大きくしていることがわかる。これに対してドイツとスウェーデンでは 2000 年代に入ってからの財政抑制策がとられてきたため財政規模が縮小していることがわかる。特に社会保障給付の部分で数字が小さくなっており，両国での取り組みの成果がみられる。

2.4　戦後の日本財政の歴史

　第 2 次世界大戦後に日本は極端な供給不足とインフレに見舞われた。インフレ鎮静化のために**ドッジライン**（1949 年）が施策としてとられ，歳出抑制を通じた超緊縮的な財政運営を行った。これによりインフレの収束はみられたものの不況に陥ることになり，これは朝鮮特需による解消を待つことになった。

　その後の高度成長期（1955 年から 1964 年まで）においては**自然増収**により均衡財政を維持することが可能となり国債の発行もゼロとなっていたが，1965 年の「40 年不況」によって戦後初めて国債を発行することとなった。

その後の 1970 年代はニクソンショック，2 度にわたるオイルショックを経て，国債依存体質を強めながら裁量的な財政政策を実施していった。

また 1973 年は福祉元年と呼ばれる年であり福祉財政への転換が図られていった。具体的には年金の給付水準の引き上げや医療保険の給付率の引き上げがこれにあたる。

1980 年代に入ると財政再建が叫ばれるようになり，三公社（日本電信電話公社，日本専売公社，日本国有鉄道）の民営化が進められた。予算作成上も前年度の予算をベースに一定の率で減少させた枠を定めるマイナスシーリングをとることで歳出の抑制を図りながら，消費税も導入した。

1990 年代はバブルの崩壊により，20 年の長きにわたる景気低迷期に入ることになった。この時期は景気の下支えのために度重なる景気対策としての公共事業や減税が行われた結果，財政は拡大基調となり国債残高も増加していった。

2000 年代に入ると，財政再建が再び叫ばれ，構造改革をキーワードに特殊法人改革，地方財政改革（三位一体改革）などが進められた。

3 政府に求められる役割

市場は価格というシグナルを使いながら，効率的な資源配分を達成できるという意味において大変重要な役割を果たしている。この市場の機能を最大限に活かすために，政府に求められている役割として資源配分機能，所得再分配機能，経済安定化機能の 3 つが挙げられる。

3.1 資源配分機能

上で述べた市場の機能は，常にうまく働くとは限らない。このような状況を**市場の失敗**と呼ぶ。このときには，市場では効率的な資源配分を達成できていないので政府にはその改善が求められる。この役割のことを**資源配分機能**と呼び，市場の失敗の是正と市場機能の補強を目指すことになる。

3.1.1　外部効果の存在

　ある個人や企業の行動が，市場を経由しないで他者の生活や経済活動に対して直接的に影響を及ぼす効果のことを**外部効果**と呼ぶ（第12章を参照）。外部効果には他者に便益をもたらす**外部経済**と損害を与える**外部不経済**がある。公害などは外部不経済の代表例といえる。ここで企業が川に汚水を排出している状況を考えると，企業からすれば汚水の処理にはコストがかかるため，川に流すことが最善の選択であり，利潤の最大化にかなった行動といえる。しかし汚水の流出は周辺住民にとっては生活環境の悪化などの影響をもたらすため望ましくない行動と考えられる。ただ企業にとっては自ら汚水の排出をやめるインセンティブは存在しないため，政府は罰金などを通じて企業の行動を抑制することになる。

3.1.2　情報の非対称性

　市場において取引される財・サービスについて売り手と買い手の持っている情報量に差がある状況を情報の非対称性があるという（第9章参照）。このようなケースでは売り手が正しい情報を持っているのに対して買い手は十分な情報を知らされていないことが多く，買い手が不信感を持つ場合は取引が成立しない恐れがある。このようなときに隠れている情報を何らかの形で表に出すことができれば取引を円滑に行うことができる。たとえば政府による公的な免許制度は，情報の提供についてこの役割を担っていると解釈できる。医師免許や教育職員免許などを持っている人は，医療の現場あるいは教育の現場で一定の要件を満たしていることを意味するので，彼らから安心してサービスを受けることができる。

3.1.3　公共財

　誰もが必要であると思っていても市場においては提供されない，または十分な量を供給されない財・サービスがある。たとえば一般道路や灯台などを考えてみる。車や自転車を使う人々，また歩行者にとってもきれいに整備された道路は，スムーズな移動を可能にしてくれるのでとても価値のあるものである。また灯台については夜間の船の安全な航行のためには欠かせないも

のであり，私たちは人の移動，物資の輸送などの点から多くの恩恵を受けられる。そこで，その建設のために費用を，恩恵を受ける人たちで話し合って決めようとしたとすると，自分が占有するわけではなく皆で使うものである点，また利用料をとることができない点を考慮して，できるだけ建設費用の負担をしたくないと考える。そのため一般道路や灯台などは十分な量の確保が困難になってしまう。このような場合は必要な供給を政府が担うことになる。なお一般道路や灯台などのような性質を持った財を公共財と呼ぶ（第10章を参照）。

3.1.4 費用逓減産業の存在

費用逓減とは生産すればするほど1単位当たりの費用（平均費用）が小さくなっていくことをいい，**規模の経済**が働いている状況を表している。これは事業を開始するタイミングで巨額の固定費用のかかる産業においてみられる。たとえば，電力産業では電力を供給するにあたってはまず発電所を建設するために巨額の固定費用が必要であり，その後供給エリアの拡大がみられた場合には，それに見合った形で少しずつ送電設備などを準備していけばよい。費用が一番大きくかかるのは発電所の建設であり，その後は小さな費用で電気の供給力を増やせるために生産量の拡大に伴い平均費用が下がることになる。

　これらの産業では，企業は合併などを進めることで企業規模を大きくし，効率性を上げることに努める。その結果，産業内では独占傾向が強まっていく（第13章参照）。市場が独占になると，完全競争市場均衡と比較すると価格が高く生産量が少なくなるという特徴が現れ，効率性が阻害される。そのため政府による何らかの規制が必要となってくる。たとえば政府は，価格規制などを通じて独占の弊害を緩和しようとする。

3.2 所得再分配機能

3.2.1 効率性と公平性のトレードオフ

　憲法でうたわれている最低限度の生活の保障，あるいは行き過ぎた不平等の是正のために求められる財政の役割が**所得再分配機能**である。端的に言え

ば市場メカニズムが完全に機能している状況，つまり市場の失敗が起こっていない状況でも政府が果たさなくてはならない役割ともいえる。

　市場メカニズムにおいて達成されるのはあくまでも効率的な資源配分についてであり，公平性については配慮されていない。家計について考えてみると，与えられた予算の中で無駄なく資源を使い，効用の最大化が行えているかのみに関心が向けられていることを意味している。つまり豊かなものは豊かなものなりの，貧しいものは貧しいものなりの効率性の追求であり，貧困や社会的弱者に対する配慮の必要性については考慮されない。

　市場メカニズムは個人の能力の高さや努力の大きさを，所得などの経済的成果として反映させることができるため非常に公平なシステムであるといえる。しかしいくつかの点で注意が必要である。1つ目は，**機会の平等**が担保されているかという点である。人々が市場に参加する際に，必ずしも共通のスタートラインに立っているわけではない。通常，親が豊かであれば，子供は教育にお金をかけることができるため，親が貧しい子供に比べてより有利な状況で競争を始めることができる。そのため得られる経済的成果も大きくなるはずである。

　2つ目は，病気，怪我，加齢あるいは災害などの不測の事態が起きたことにより所得を十分に獲得できない状況が生まれた場合に，単に運が悪かったということで済ますことができるのかという点である。誰しもが直面する可能性のあるリスクに対しては社会全体でリスクを分散していこうという考え方が，医療や年金に代表される社会保険の考え方である。

　このように市場メカニズムの有効性は認めつつも私たちは，成功を収めた豊かな人が，社会的弱者のための所得再分配にかかる負担を担うことの必要性を社会正義の観点から理解している。ただし所得再分配の程度については，十分な検討が必要である。再分配のための負担があまりにも大きいと，豊かな人の労働意欲を阻害してしまうかもしれない。また援助をしてもらうことが当然となってしまうと弱者は努力を怠ってしまうかもしれない。結果の平等をどの程度必要と考えるかは効率性と公平性のトレードオフの問題でもある。

3.2.2 さまざまな所得再分配の形態

　私たちの身の回りにある所得再分配はさまざまな形態をとっているものがあるのでこれを整理する。

(1)高所得者から低所得者へ

　高所得者から低所得者への所得の再分配が考えられる。財源を租税に求める公共サービスについては，その負担を行う人は高所得者であることが想定される。これに対して公共サービスからの便益はすべての人に享受されるので低所得者からすれば負担をせずに恩恵を受けることになり実質的な所得再分配といえる。具体的な事例としては生活保護，累進課税，義務教育などを通じたものが考えられる。

(2)世代間の所得再分配

　次に若年世代から高齢世代への所得再分配が挙げられる。たとえば年金制度，医療制度などを考えてみる。これらは基本的には保険制度で運営されているため，保険料と給付金の関係によって成り立っているものである。年金制度では20歳になった個人が加入し，65歳になった時点において年金給付を受けるという制度になっている。また医療保険についても保険料はすべての人が負担するものの，罹患率は若年世代に比べて老年世代のほうが高いため，給付を受ける機会が多くなる。つまり掛け金は若年世代が負担し，給付を高齢世代が受けるという点からは世代間の再分配であることがうかがわれる。

(3)地域間の所得再分配

　地方交付税とは国から自治体への使途を限定しない財政移転である。全国に約1,700ある地方自治体間においては税源が偏在しているため，国が一括して財源を調達し，財源が十分ではない自治体に配分することで地域間の財政力格差を緩和させることを狙いの1つとしている。これらは地域間の所得再分配といえる（第3章参照）。

(4)国家間の所得再分配

　政府開発援助は国家間の所得再分配を担っている（第12章参照）。政府開発援助には二国間で援助を実施するもの，国際機関を通じて援助を実施するものがあるがいずれも援助受け入れ国に対して資金や技術の供与を行うこと

になる。受け入れ国にとっての経済発展，生活の向上に寄与するとともに国際社会の平和と安定にも貢献すると考えられている。かつては日本も援助受け入れ国であり東名・名神高速道路や東海道新幹線などの整備を進めてきた歴史がある。

3.3　経済安定化機能

資本主義経済の下では景気変動によってもたらされるインフレーションや失業などの不安定性はマクロ経済学的な観点から大きな問題となってくる。これらをできるだけ安定化させようとする政府の働きかけが**経済安定化機能**であり，次の2つに分けることができる。1つ目は裁量的財政政策（フィスカル・ポリシー）であり，2つ目が**自動安定化機能（ビルト・イン・スタビライザー）**である。裁量的財政政策はケインズの有効需要の原理に基づく積極的な財政政策で，不況期には公共事業などを通じて政府による需要創出を行い，景気を刺激しようとする考え方である（第12章参照）。

これに対して自動安定化機能とは，政府が景気対策のために能動的に行う働きかけではなく，租税の仕組みを利用した景気調整機能である。好況期においては経済活動が活発な状況であるため個人や法人の所得が増加するが，累進税の下では負担すべき税額も増加することになる。所得から税額を除い

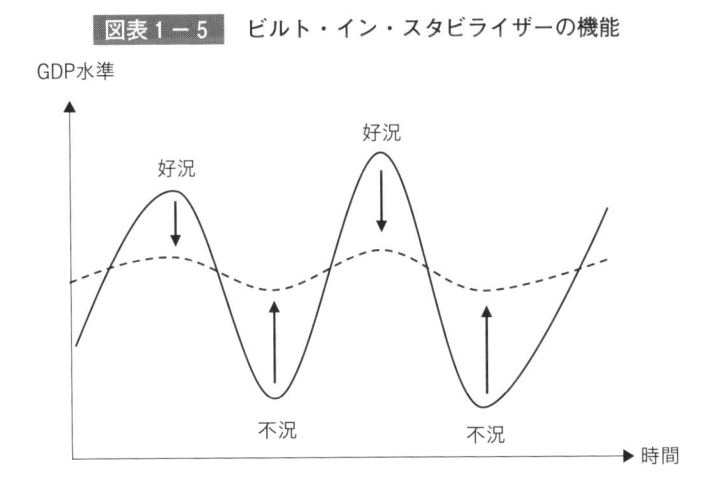

図表 1 - 5　ビルト・イン・スタビライザーの機能

13

たものを可処分所得と考えれば，可処分所得は所得の増加ほどには増えない。それゆえ所得の増加ほどには消費も増加しないことになる。このことは増税の効果によって，景気が過熱するのを防ぐ役割を果たしているといえる。また不況期においては個人や法人の所得は減少する。これにより負担すべき税額が少なくなるので，可処分所得は所得の減少ほどには減らない。そのため所得の減少ほどには消費が減らないことになる。これは減税の効果によって景気の落ち込みを和らげる役割を果たしていることを示している。

　図表1－5はこの様子を表している。景気変動を実線で，また税の働きを加味したのちの消費の動きを点線で表しており，ビルト・イン・スタビライザー機能により好況時には過熱感を抑制するように，また不況期には景気の下支えをするように機能していることがわかる。

3.4 政府の失敗

　これまでの議論では市場の失敗が存在することによって政府の存在意義がクローズアップされてきた。ただし政府に任せたとしても市場の失敗の補正が必ずしもスムーズに進むわけではない。なぜならば市場同様に，政府も失敗するからである。その背景にはいくつかの要因が考えられる。まず民主主義のプロセスそのものが内包している問題点である。議会制民主主義のもとでは選挙を経た政治家が議会で意思決定を行うことになるが，選挙で勝つためには有権者の意向を最大限に汲むことが必要になる。このためには増税などの痛みを伴う政策は棚上げにして，現在世代を優先した政策（将来世代を軽視した政策）が選択される傾向が生まれやすい（第15章参照）。

　また政府部門の組織は競争原理が働きにくいため，民間部門に比べて非効率になる傾向がみられる。政府の判断，あるいは政府による直接的経営などは必ずしも市場の失敗をカバーすることにつながらないおそれもある。

●**引用・参考文献**

竹内信仁編著［2007］『スタンダード財政学 第2版』中央経済社。

林宏昭・玉岡雅之・桑原美香［2015］『入門財政学 第2版』中央経済社。

山重慎二［2015］『財政学（ベーシック＋）』中央経済社。

第2章
国家財政の予算制度

ポイント

本章では，国が財政活動を行う際に基礎となる予算制度について，主に一般会計予算と特別会計予算を概観し，それらの合計であるいわゆる政府の財政規模について簡単に説明する。次に，日本の財政が置かれている環境について述べるため，さまざまな財政指標を紹介する。最後に，これらの予算の枠から外にあるものの，財政が担うもう1つの役割である財政投融資にも触れる。

キーワード

予算，一般会計，特別会計，財政規模，基礎的財政収支，国民負担率

1 予 算

1.1 予算とは

第1章で見た財政に関する諸活動は，**予算**に基づいて行われる。この予算とは，一定の期間において国が行う活動に必要な支出と，その支出をまかなう方法について「予め」「算定する」ことを意味する。また，我が国においては，国の支出および収入を，**歳出**および**歳入**とそれぞれ呼ぶ。

我が国の予算は，主に次の3つの原則に基づくものとされている。1つは，**事前議決の原則**である。これは，予算の執行以前に，あらかじめ国会の議決を受け承認されなければならないというものである。2つ目は，**総計予算主義の原則**である。これは，国の歳入と歳出それぞれについて全額を計上し，歳入と歳出の差額の「純計」のみを計上することを禁じるものである。そして3つ目は**公開性の原則**である。これは，財政状況や財政に関する情報は，国会および国民に対して報告がなされないといけないというものである。我

が国では，それを内閣が担っている。

1.2　予算制度

上でも述べたように，財政に関する諸活動は一定の期間で区切られて，予算が作成される。この期間は通常1年間とされ，我が国では4月1日から翌年の3月31日までと規定されており，これを**会計年度**という。この会計年度に従い，以下に説明される会計年度独立の原則と予算の単年度主義の下で予算が作成される。

まず，**会計年度独立の原則**とは，各会計年度の歳出は当該会計年度の歳入によってまかなわなければならないというものである。これは当該年度の予算の不足に翌年度の予算を充てるのを禁じることで，1年間の歳出と歳入の状況を明らかにし，財政の健全性を確保し，放漫な財政運営を抑制するためにある。次に，**予算の単年度主義**とは，毎会計年度において予算を作成し，また国会の議決を経なければならないというものである。これは当該年度において翌年度の予算を決定することを禁じることで，各年度の予算審議の意義を担保し，財政が国民のコントロールの下で運営がなされることを目的としている。

ただし，これらの原則に厳格に則ってしまうと，かえって効率的な財政運営が損なわれてしまいかねない。そこで，会計年度独立の原則の例外として，歳出予算の繰越しと，過年度収入及び過年度支出の2つがある。前者の歳出予算の**繰越し**とは，ある年度の歳出予算が当該年度内にすべて支出できず，一定の理由がある場合に翌年度に繰り越して支出するというものである[1]。また，後者の**過年度収入及び過年度支出**とは，収入や支出の事務に関して，その整理のために当該年度の翌年度の4月末まで，過年度の歳入歳出として現金の出納を行うものである。いずれにおいても，当該年度に支出すべきものを翌年度に支出をするという意味で，会計年度独立の原則から外れている。

1.3　予算の種類

国の会計に関して，予算は一般会計予算，特別会計予算と政府関係機関予算の3種類に分けられている。まず，**一般会計**とは，税や国債などの財源を

もって，社会保障，教育，公共事業など，国の一般の歳入歳出を経理するものである。次に**特別会計**とは，国が特定の事業を行う，あるいは特定の資金をもってその運用を行う場合に，その歳入歳出については一般会計と区分して経理する必要が認められると設けられるものである。最後に，これら2つの会計とは異なり，国が資本金を全額出資して設立された法人で，公共の利益を追求しながらも，企業的な効率性が求められる機関については，国会でその予算の議決が必要となるものがある。このような機関を**政府関係機関**といい，その予算は上の2つとは別に作成される[2]。

　政府が国会に提出する一般会計予算は，予算総則，歳入歳出予算，継続費，繰越明許費そして国庫債務負担行為の5つの内容を含んでいる[3]。1つ目の**予算総則**というのは，歳入歳出予算の額や公債発行の限度額などの予算の総括的な事項が記されているとともに，予算執行の根拠となる法の条項といった予算執行に関する必要事項などを定めている。2つ目の**歳入歳出予算**は予算の本体をなすもので，省庁等が，どのようなところから収入を得て，またどのようなところに支出をするかが明記されている。3つ目の**継続費**は，工事，製造などの事業で複数の年度にわたるものについて，経費の総額と毎年度の支出見込額とを定め，あらかじめ国会の議決を経ることで，複数年度にわたる支出を可能とするものである[4]。なお，この継続費が用いられているものは，現在，防衛省の潜水艦建造費と警備艦建造費のみである。4つ目の**繰越明許費**は，年度内に支出を終えることのできない見込みのあるものについて，国会の議決を経た上で，翌年度に繰り越して使用することのできるものである。そして5つ目の**国庫債務負担行為**とは，事業，工事などの発注契約の締結を行う年度以降に，それらの進捗状況に応じて支出がなされる場合に，あらかじめ国会の議決を経た上で，その債務を負担することをいう[5]。

　これらの予算は，本来，新しい年度の開始までに国会の審議・議決を経た上で成立するものである。そのため，このようにして決定される通常の予算のことを**本予算**という[6]。しかし，それが叶わなかった場合，本予算が成立するまでの間は必要最小限の経費を支出するため一時的に別の形で予算が必要となる。これを**暫定予算**という。これは，後に本予算が成立することで失効し，本予算に吸収されることになる。一方，**補正予算**というのは，年度の

途中において歳入歳出をやむを得ず変更する場合に，国会の議決を経て本予算の内容自体を追加または変更する予算のことを言う。この補正予算は複数にわたり作成されることがあり，その場合には第1次，第2次補正予算などと呼ばれる。

1.4 予算編成

（本）予算は6月から翌年の3月まで，ほぼ1年かけて作成される。そのおおまかなスケジュールは以下の通りである（2018年度予算編成のケース）。

まず，6月に「経済財政運営と改革の基本方針」が閣議決定され，7月にはそれに基づき，概算要求基準が示される。この**概算要求**とは予算の編成に先立ち各省庁が財務省に必要な予算額を示すものである。その概算要求が行われる前に，財務省が各省庁に対して予算に関する方針やその上限額を示したものが**概算要求基準**である。これに沿って各省庁は8月末日までに概算要求を行う。それについて財務省で査定作業が行われ，必要に応じて各省庁にヒアリングを行い，予算の調整を図り，12月下旬までにはとりまとめられ，政府案として閣議決定される。

その翌年の1月中に**衆議院の予算先議権**に基づいて，内閣が政府案を衆議院に提出する。そして財務大臣の財政演説，予算説明が衆議院，参議院の順に行われ，審議がなされる。予算案が衆議院で議決がなされたら，参議院に送付され，議決の後成立することになる。ただし，参議院の議決が衆議院の議決と異なった場合には，両院協議会が開かれて調整がなされるが，それが不調に終わった場合には後者が国会の議決となる。また，参議院が衆議院から送付された予算案を30日以内に議決しなかった場合にも，衆議院の議決が国会の議決となる。

2 一般会計・特別会計

以上のように，我が国の財政運営は，一般会計と特別会計をみれば大きな方向性を確認することができる。この節では2018年度予算の一般会計と2017年度の特別会計を具体的にみるとともに，一般会計と特別会計を「合

わせた」大きさについてみる。

2.1　一般会計

一般会計歳出のおおまかな内訳が，**図表 2 − 1** に書かれている。これより，まず我が国の一般会計の規模は約 98 兆円，おおよそ 100 兆円の大きさであることがわかる。また，歳出は基礎的財政収支対象経費と国債費の大きく 2 つに分けられていることがわかる。まず，**基礎的財政収支（プライマリー・バランス：PB）** とは，一般会計において歳出のうちその年度に必要とされる政策的経費を，当該年度の税収および税外収入によってどの程度まかなわれているかを示す指標である（後に詳述）。この当該年度の政策的経費以外に必要な歳出というのは，過年度において必要とされた歳出をまかなった国債の償還のための**国債費**である。したがって，**基礎的財政収支対象経費**とは，端的には，歳出のうち国債費を除いた経費といえる。2018 年度においてはその額は約 74 兆円と，歳出総額の約 76％を占めている。これをもって，社会保障，地方交付税交付金，公共事業，文教及び科学振興などにあてられている。一方，国債費は約 23 兆円と，歳出総額の約 24％を占めている。そのうち約 14 兆円は国債の元本の返済にあたる債務償還費であり，残りの約 9 兆円は国債の利払費である。

図表 2 − 2 には，一般会計歳入のおおまかな内訳が書かれている。この図からは，租税及び印紙収入が約 59 兆円で歳入の約 61％を占めており，その他収入を合わせたものでみるとそれぞれ約 64 兆円，約 65％となっていることがわかる。したがって，基礎的財政収支は約 10 兆円のマイナスとなっていることになる。直感的にいえば，当該年度の国民が必要とする歳出が，国民の手でまかなわれていないということである。そのため，歳入の約 35％にあたる公債金約 34 兆円により，財源調達がなされているという現状である。

また，租税等の収入についてみてみると，所得税，消費税および法人税で約 49 兆円となり，歳入全体の約半分を占めている。そのため，これら 3 つの税は**基幹三税**と呼ばれる。それらの大きさについては，所得税，消費税，法人税の順になっており，金額と歳入に占める割合はそれぞれ約 19 兆円と

図表2−1 2018年度一般会計歳出
（単位：億円）

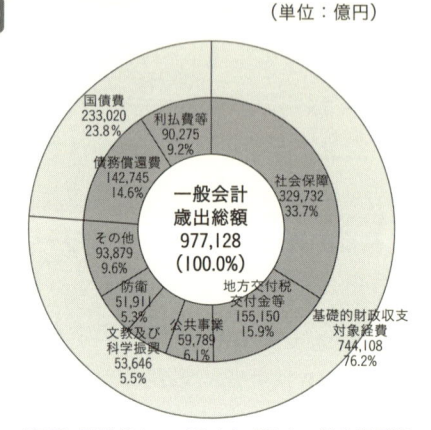

図表2−2 2018年度一般会計歳入
（単位：億円）

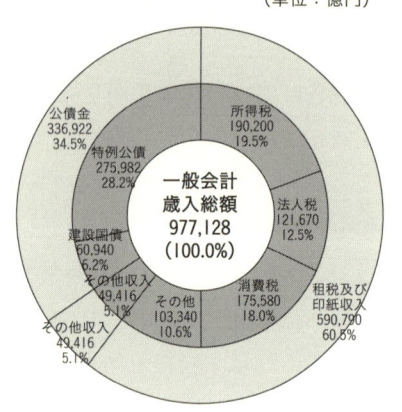

（出所）財務省ウェブサイト「日本の財政関係資料（平成30年3月）」。（https://www.mof.go.jp/budget/fiscal_condition/related_data/201803.html：2018年9月1日閲覧）

（出所）図表2−1に同じ。

約20％，約18兆円と約18％，そして約12兆円と約13％となっている。また，公債金については，大きく建設公債と特例公債に分けられており，その大きな部分が特例公債によって占められていることがわかる[7]。

2.2 特別会計

2017年度においては，国債整理基金特別会計，年金特別会計，交付税及び譲与税配付金特別会計や東日本大震災復興特別会計など，13の特別会計が設置されている。**図表2−3**から，これらの歳出総額は約400兆円にものぼることがみてとれる。これは，一般会計総額が100兆円規模であったことと対比すると，財政上特定の目的をもって経理することが必要なものが多くあることを意味している。

特別会計は，一般会計から切り離されていることから，一般会計と異なる処理がなされる。その代表的なものとしては，例えばその性格上，歳入歳出の範囲が限定されている点，歳入額と歳出額の差額として生じた剰余金は，原則として翌年度に繰り越すことができる点，そして，借入金や公債の発行

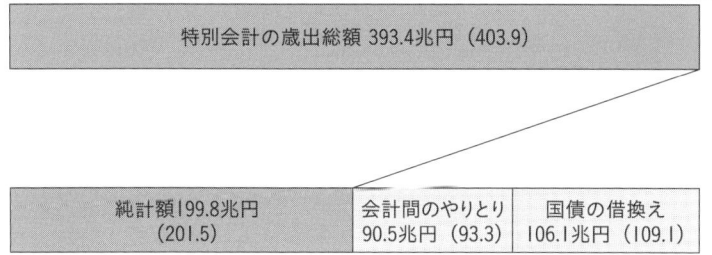

図表2－3 特別会計の歳出規模

特別会計の歳出規模について（2017年度当初予算）　　　（　）内は2016年度当初予算

（出所）財務省ウェブサイト「特別会計ガイドブック（平成29年版）」。
　　　（https://www.mof.go.jp/budget/topics/special_account/fy2017/index.html：2018年9月1日
　　　閲覧）

による借り入れを認めている点がある[8]。

　このように，特別会計はさまざまな特定の経理のために用いられることから，規模が総額としては約400兆円となっているが，特別会計間でのやりとりなどのために，金額が重複して計上される場合がある。特に，国債整理基金特別会計では，他の特別会計から償還財源を繰り入れて，国債の償還を行っている。したがって，これらの重複を取り除いた純計をみると，総額のおよそ半分である約200兆円が特別会計の規模となる。

2.3　国の財政規模

　上のように，特別会計間での重複計上がみられるのと同様，一般会計と特別会計の間でも重複計上がみられる。単純に一般会計と特別会計の合計をとったものが**図表2－4**で示されている（一般会計も2017年度のもの）。これより，総額は約490兆円に上ることがわかる。これに対し，重複分を除いた純計は，約240兆円と，総額のおよそ半分になっていることがわかる。この一般会計から特別会計が受け入れる形での重複の中で大きいものを挙げると，一般会計の国債費から国債整理基金特別会計に約24兆円，一般会計の地方交付税交付金等から交付税及び譲与税配付金特別会計に約16兆円，そして一般会計の社会保障関係費から年金特別会計に約13兆円となっている。

図表2－4　国の財政規模

総額と純計の違い（2017年度予算）

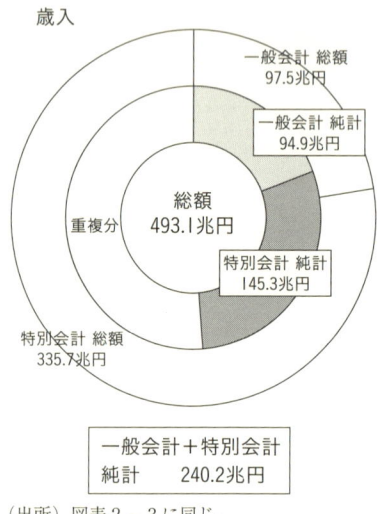

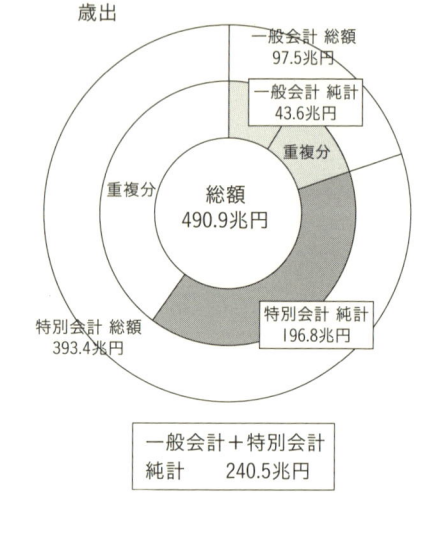

（出所）図表2－3に同じ。

3　国の財政指標

　上でみたように，我が国の財政状況から，財源として多くを国債に依存していることがわかる。今後も我が国の財政を長期的に維持し続けるためには，財政状況を的確に把握する必要がある。そこで，財政状況をみるための代表的な指標としては，財政収支，基礎的財政収支，債務残高対 GDP 比，公債依存度，租税負担率，社会保障負担率，国民負担率，財政赤字対国民所得比，潜在的な国民負担率を挙げることができる。これらの指標について紹介する[9]。

3.1　財政収支・基礎的財政収支・債務残高対 GDP 比・公債依存度

　財政収支とは，一般会計において歳入の中の税収と，歳出の中の政策的経費と国債の利払いの和との差額のことをいう。つまり，前者が後者を上回っ

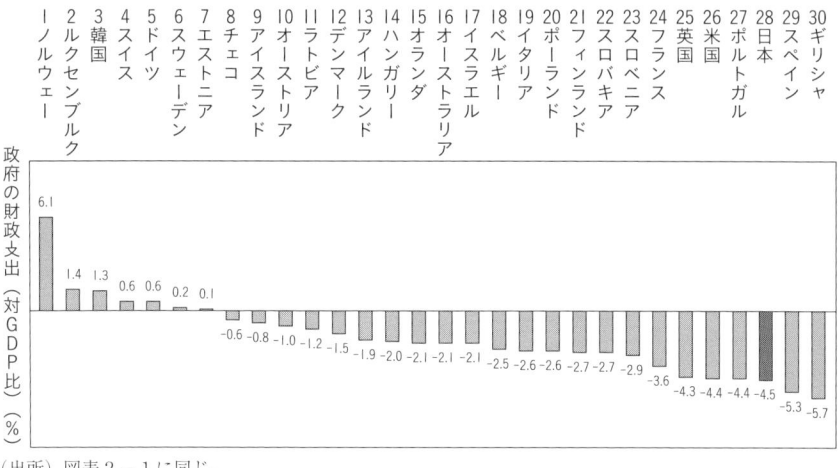

図表2－5 財政収支の国際比較（2015年）

政府の財政支出（対GDP比）（％）

1 ノルウェー 6.1
2 ルクセンブルク 1.4
3 韓国 1.3
4 スイス 0.6
5 ドイツ 0.6
6 スウェーデン 0.2
7 エストニア 0.1
8 チェコ -0.6
9 アイスランド -0.8
10 オーストリア -1.0
11 ラトビア -1.2
12 デンマーク -1.5
13 アイルランド -1.9
14 ハンガリー -2.0
15 オーストラリア -2.1
16 オランダ -2.1
17 イスラエル -2.1
18 ベルギー -2.5
19 イタリア -2.6
20 ポーランド -2.6
21 フィンランド -2.7
22 スロバキア -2.7
23 スロベニア -2.9
24 フランス -3.6
25 英国 -4.3
26 米国 -4.4
27 ポルトガル -4.4
28 日本 -4.5
29 スペイン -5.3
30 ギリシャ -5.7

（出所）図表2－1に同じ。

ている（同じである，下回っている）と，財政収支黒字（均衡，赤字）という。財政収支が均衡しているときには，公債金による歳入と債務償還費のための歳出が一致しているため，新たな借り入れがない状況を意味する。そのため，財政収支は借り入れの増減をみるためのものである。

　我が国の財政収支は非常に厳しいものであると言われる。これは国際間で比較することでより明瞭になる。**図表2－5**にはOECD諸国の財政収支が黒字の大きなものから順に並べられている。これより日本は30か国中28番目であることがわかる。

　このように，日本の財政収支は近年常に赤字であることから，それに代わる指標として基礎的財政収支が用いられるようになっている。これは先にも述べたように，一般会計において歳出のうちその年度に必要とされる政策的経費を，当該年度の税収および税外収入によってどの程度まかなわれているかを示す指標である。つまり，財政収支から国債の利払費を除いたものである。これをわかりやすく示したものが**図表2－6**である。

　このように，税収で利払いまでまかなわなくていいと考えるのは，将来に経済成長が見込めることがその背景にある。もし基礎的財政収支が均衡しているとすると，債務残高は利払いの分だけ増加する。そのとき，**債務残高対**

図表2－6　財政収支と基礎的財政収支

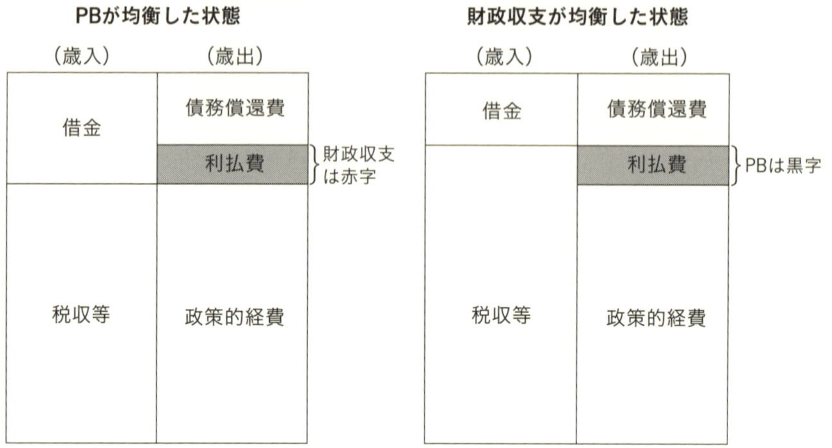

PBが均衡した状態			財政収支が均衡した状態		
（歳入）	（歳出）		（歳入）	（歳出）	
借金	債務償還費		借金	債務償還費	
	利払費	財政収支は赤字		利払費	PBは黒字
税収等	政策的経費		税収等	政策的経費	

財政収支	税収・税外収入－（歳出－債務償還費） ＝税収・税外収入－政策的経費－利払費
基礎的財政収支	税収・税外収入－（歳出－債務償還費－利払費） ＝税収・税外収入－政策的経費

（出所）図表2－1に同じ。

GDP 比，すなわち国債の残高が GDP に占める割合を考えると，GDP 成長率（経済成長率）が金利と等しい場合には，この比は一定に保たれることになる。このように，財政状況を表す１つの指標である債務残高対 GDP 比と関わるため，基礎的財政収支が用いられている。

　最後に，**公債依存度**とは，すでに上で触れられている，歳入に占める公債金の割合のことをいう。これは一般会計の歳入面のみに焦点を当てた指標である。

3.2　租税負担率・社会保障負担率・国民負担率

　上でみたように，我が国の財政状況の厳しさは，財政収支の国際比較から理解できた。ただし，これは必ずしも財政が放漫に運営されている，つまり，歳出が過大であるということを意味しない。財政収支が赤字になるのは，それをまかなうための税収が少なくなっているという可能性もある。そこで，これらをみるための指標である租税負担率，社会保障負担率，国民負担率，

財政赤字対国民所得比および潜在的な国民負担率について説明する。

　まず**租税負担率**という指標は，国民による租税負担額の国民所得に対する割合で表される，基本的な指標である。ただし，国民が負担をしているのは租税だけにとどまらない。年金や医療・介護保険などもその便益を享受するとはいえ，これらは国民の負担によりまかなわれている。そのため，社会保障負担額の国民所得に対する割合である**社会保障負担率**という指標も，国民の負担を考える際には重要なものである。さらに，これらの2つの負担率を合わせることで，より実態を反映した国民の負担をみることができる。この租税負担率と社会保障負担率との和，すなわち，租税負担額と社会保障負担額を国民所得で除した割合を，**国民負担率**と呼ぶ。

　この国民負担率により，ある時点における国民の負担が的確に捉えられていると考えられる。しかし，上でみたように，現在の我が国においては歳出

図表2－7	主要な国の租税負担率，社会保障負担率，国民負担率，財政赤字対国民所得比，潜在的な国民負担率

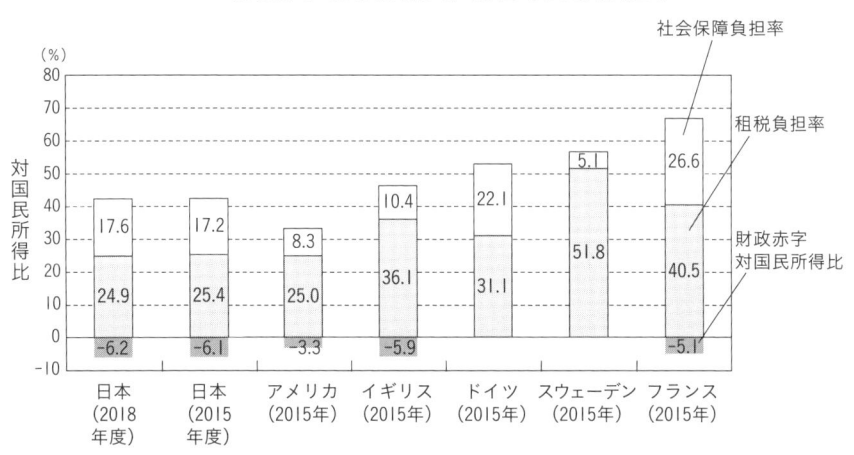

租税負担率	租税負担額÷国民所得
社会保障負担率	社会保障負担額÷国民所得
国民負担率	租税負担率＋社会保障負担率
財政赤字対国民所得比	財政赤字÷国民所得
潜在的な国民負担率	国民負担率＋財政赤字対国民所得比

（出所）図表2－3に同じ。

が租税だけにとどまらず公債金にも大きく依存している。その公債金は将来に国債費として支出されることを考えれば，公債金による負担，すなわち財政赤字は今はみえないものの，将来には現れる「隠れた負担」といえる。そこで，財政赤字の国民所得に占める割合は**財政赤字対国民所得比**と，またこれにさらに国民負担率を加えた値は**潜在的な国民負担率**と呼ばれ，いずれも財政指標として利用されている。

我が国のこれらの財政指標について，諸外国と比べたものが**図表2-7**である。ここには2015年度における主要各国の国民負担率などの財政指標が図示されている。国民負担率，潜在的な国民負担率のいずれをみても，我が国はアメリカを除く諸外国と比べて小さなものとなっている。特に租税負担率の低さはアメリカに並んで顕著なものとなっている。このように，低い租税負担率に我が国の財政状況の厳しさについて1つの原因を求めることができる。

4 財政投融資

これまでみてきた予算の財源は，主として租税であった。この租税を財源として財政活動を行った場合には，その返済義務は当然発生しない。つまり，租税は財政活動のための無償資金であるといえる。これに対して，**財政投融資**はその名の通り，国によってなされる融資や投資のことである。当然，それらについては元利の償還などが求められるため，有償資金であるといえる。その資金は租税によってまかなわれるのではなく，**財投債**と呼ばれる国債の発行でまかなわれ，またそれにより低利の，かつ，巨額の資金調達が可能であることから，民間では対応が困難な大規模・超長期のプロジェクトの実施等を可能とする。

財政投融資は，より具体的には，信用力が低いために十分な資金調達が難しい中小企業や農林水産業者への融資，人材育成や教育の機会均等を目的とした学生等への奨学金貸与，空港，高速道路などの大規模な社会資本整備への融資，リスクと大規模投資を伴う産業・研究開発への投融資，国益の観点から必要とされる国際援助への融資や，地方公共団体が行う，国としての責

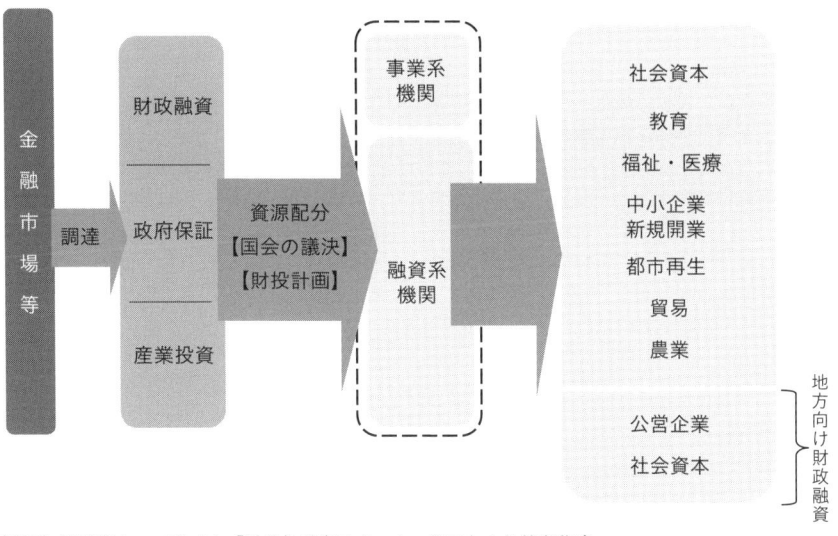

図表2－8　財政投融資

（出所）財務省ウェブサイト「財政投融資リポート　2017」より筆者作成。
（https://www.mof.go.jp/filp/publication/filp_report/zaito2017/pdf/filp2017.pdf：2018 年 9 月 1
日閲覧）

任が大きな投資的事業への融資として用いられている。また，財政投融資の
手法としては，主に財投債によって調達された資金をもとに政府系金融機関
などを通じて行われる財政融資，国が保有する NTT 株や JT 株の配当金，
そして日本政策金融公庫の国庫納付金などを原資とする産業投資と，政策金
融機関などが金融市場において資金調達する際に行う政府保証の 3 つがある。
このような形で，財政投融資を活用している機関は**財投機関**と呼ばれる[10]。
以上についてまとめたものが**図表2－8**である。

◉注

1　繰越しには，後で説明する，予算の性質上年度内に経費の支出が終わらない場合に行わ
　れる明許繰越し，避けがたい事故のため支出が終わらなかった場合に行われる事故繰越し
　と，その他継続費の年割額の逓次繰越しと特別会計に関する法律の特別規定による繰越し
　の 4 つがある。

2　2018 年度においては，政府関係機関は沖縄復興開発金融公庫，日本政策金融公庫，国際

協力銀行と国際協力機構有償資金協力部門の 4 つである。

3　2018 年度予算においては，これら 5 つの内容のうち，特別会計予算は予算総則，歳入歳出予算，繰越明許費と国庫債務負担行為の 4 つを，また政府関係機関予算は予算総則と収入支出予算のみを含んでいる。

4　継続費は，将来の複数年度における支出と収入をあらかじめ決定しているという点において予算の単年度主義の例外となっているものの，各年度内においての収入が当該年度の支出にあてられているため，会計年度独立の原則には則っているといえる。

5　国庫債務負担行為も継続費と同様の性格を有することから，単年度主義の例外と考えられる。

6　本予算という名称は正式なものではなく，あくまで通称である。原則，予算はこのような形で決められるべきものであるものの，例外的に以下で述べる暫定予算と補正予算が認められていることから，それらとの対比で用いられているものである。

7　建設公債と特例公債については，第 8 章参照のこと。

8　一般会計においても，剰余金は必要額を除いた上で，その金額のうち 2 分の 1 以上を公債償還にあて，さらに残りを翌年度の一般会計歳出にあてることとされている。

9　残りの 3 つの指標については，第 9 章参照のこと。

10　財投機関は，先に述べた政府保証による財投債以外に，政府による元本や利子の支払いの保証がない債券を自ら金融市場において発行し，資金を調達することができる。これを**財投機関債**という。

●引用・参考文献

宇波弘貴編著［2017］『図説日本の財政 平成 29 年度版』東洋経済新報社。

神野直彦［2007］『財政学 改訂版』有斐閣。

竹内信仁編著［2007］『スタンダード財政学 第 2 版』中央経済社。

畑農鋭矢・林正義・吉田浩［2015］『財政学をつかむ 新版（テキストブックス［つかむ]）』有斐閣。

第3章
地方財政

ポイント

本章では，日本における地方財政の仕組みと特徴について学ぶ。国と地方の歳入・歳出規模を比較し，地方の歳入・歳出の構成について概観する。また，国から地方への政府間財政移転である地方交付税や国庫支出金，地方財政の健全化をみるための地方財政指標についてみる。

キーワード

地方の歳入・歳出，地方交付税，基準財政需要額・基準財政収入額，国庫支出金，地方財政指標

1 国と地方の規模

1.1 国と地方の財政関係

　日本における地方政府部門は，都道府県と市町村の2層制となっており，これらを**地方自治体**（あるいは**地方公共団体**）と呼んでいる[1]。**図表3−1**は，国（中央政府）と地方（地方政府）の行政事務の分担を表している。この表からわかるように，地方公共団体によって提供される公共サービスは，教育，警察，消防，上下水道，ごみ処理など，私たちの日常生活に密接な関係を持つものであることがわかる。

　日本における国と地方の歳出額を比べると，2016年度で国の歳出規模は71.1兆円であるのに対して，地方の歳出は97.3兆円であり，国：地方＝約4：6と地方の歳出が上回っている（**図表3−2**参照）。その一方，歳入については，国税が59.0兆円，地方税が38.6兆円と，国：地方＝約6：4となっており，国税のほうが上回っている。この歳出と歳入の国・地方間でのギャップを埋めるために，国から地方への**政府間財政移転**（政府間補助金）

図表 3 - 1　　国と地方との行政事務の分担

分野		公共資本	教育	福祉	その他
国		高速自動車道 国道（指定区間） 一般河川	大学 私学助成（大学）	社会保障 医師等免許 医薬品許可免許	防衛 外交 通貨
地方	都道府県	国道（その他） 都道府県道 一級河川（指定区間） 二級河川 港湾 公営住宅 市街化区域，調整区域決定	高等学校・特殊教育学校 小・中学校教員の給与・人事 私学助成（幼～高） 公立大学（特定の県）	生活保護（町村の区域） 児童福祉 保健所	警察 職業訓練
	市町村	都市計画等 （用途地域，都市施設） 市町村道 準用河川 港湾 公営住宅 下水道	小・中学校 幼稚園	生活保護（市の区域） 児童福祉 国民健康保険 介護保険 上水道 ごみ・し尿処理 保健所（特定の市）	戸籍 住民基本台帳 消防

（出所）総務省ウェブサイト「地方財政関係資料」。
　　　（http://www.soumu.go.jp/main_content/000544444.pdf：2018 年 7 月 7 日閲覧）

を用いている。この政府間財政移転の役割を果たすものとして，以下の 2 節および 3 節で取り上げる**地方交付税**と**国庫支出金**がある。

　第 2 章において述べられたように，国の会計は一般会計と特別会計に分類される。地方自治体の会計も，国と同様に一般会計と特別会計とに大きく分類される。しかし，特別会計で扱う事業の内容は，地方自治体ごとに異なる。この状況では地方自治体全体の財政の状況や自治体間の比較を行うことができないため，**普通会計**と**公営事業会計**という統一的な分類方法を用いている。普通会計は自治体の一般会計と公営事業会計を除く特別会計を合算したものである。通常，地方財政と呼ばれる場合は，この普通会計を指すことが多い。一方，公営事業会計は地方自治体が経営する地方公営企業（水道，病院，交通など）や事業（競馬，宝くじなど），国民健康保険事業，介護保険事業などを経理するものである。

　公営企業は，利益を得た人がその利益に応じて利用料金を負担するという**受益者負担の原則**に基づいており，税金ではなく，原則として料金収入のみ

図表3－2　国・地方の税源配分について（平成28年度決算）

国・地方の歳入歳出（2016年度決算）

税源配分の推移

年度	租税総額	国税	地方税	〈法人事業税への復元時ベース〉
2007	92.2兆円	52.7兆円 （57.1%）	39.5兆円 （42.9%）	
2008	84.7兆円	45.8兆円 （54.1%）	38.9兆円 （45.9%）	
2009	74.2兆円	40.2兆円 （54.2%）	34.0兆円 （45.8%）	〈46.7%〉
2010	77.4兆円	43.7兆円 （56.5%）	33.7兆円 （43.5%）	〈45.3%〉
2011	78.7兆円	45.2兆円 （57.4%）	33.5兆円 （42.6%）	〈44.6%〉
2012	80.8兆円	47.0兆円 （58.2%）	33.8兆円 （41.8%）	〈43.9%〉
2013	85.9兆円	51.2兆円 （59.6%）	34.7兆円 （40.4%）	〈42.7%〉
2014	93.9兆円	57.8兆円 （61.6%）	36.0兆円 （38.4%）	〈40.9%〉
2015	98.3兆円	60.0兆円 （61.0%）	38.3兆円 （39.0%）	〈41.1%〉
2016	97.5兆円	59.0兆円 （60.5%）	38.6兆円 （39.5%）	〈41.4%〉
2017見込	100.0兆円	61.3兆円 （61.3%）	38.7兆円 （38.7%）	〈40.6%〉
2018計画	102.3兆円	62.8兆円 （61.4%）	39.5兆円 （38.6%）	〈40.6%〉

（注1）精査中であり，数値が異動することがある。

（注2）地方税には，超過税率及び法定外税率を含まない。

（注3）国税は地方法人特別税を含み，地方税は地方法人特別譲与税を含まない。

（注4）地方税には，超過税率及び法定外税率を含まない。

（注5）枠外の〈　〉は，国税に地方法人特別税を含まず，地方税に地方法人特別譲与税を含めた場合の地方の配分比率である。

（注6）2017年度の見込みは国税においては実績見込額，地方税においては推計額（2017年12月時点）である。

（出所）総務省ウェブサイト。
（http://www.soumu.go.jp/main_content/000537953.pdf：2018年7月7日閲覧）

で経営される**独立採算制**が原則となっている。そのため，通常の一般会計ではなく，原則として事業ごとに特別会計を設置している。

1.2　地方の歳出分類

　地方の歳出は，目的別と性質別に分けて分類される。**目的別分類**を行うことにより，どのような行政目的にどれだけ歳出されたかがわかるようになっている。**図表3－3**からわかるように，目的別分類として，民生費，教育費，公債費，土木費などが大きな割合を占めている。民生費は老人・児童福祉費，生活保護費などの社会保障関連の支出，教育費は公立校の教員給与や校舎・

図表 3－3　目的別歳出純計決算額の構成比の推移

(単位：%, 歳出合計のみ億円)

区分＼年度	2006	2007	2008	2009	2010	2011	2012	2013	2014	2015	2016
総務費	9.7	10.0	9.9	11.2	10.6	9.6	10.3	10.3	10.0	9.8	9.1
民生費	18.2	19.0	19.9	20.6	22.5	23.9	24.0	24.1	24.8	25.7	26.8
衛生費	6.2	6.1	6.0	6.2	6.1	7.0	6.2	6.1	6.2	6.4	6.4
労働費	0.3	0.3	0.7	1.0	0.9	1.0	0.8	0.6	0.4	0.4	0.3
農林水産業費	4.2	3.9	3.7	3.7	3.4	3.3	3.3	3.6	3.4	3.3	3.2
商工費	5.3	5.6	5.9	6.8	6.8	6.8	6.4	6.1	5.6	5.6	5.3
土木費	15.5	15.0	14.4	13.8	12.6	11.6	11.7	12.4	12.2	11.9	12.2
消防費	2.0	2.0	2.0	1.9	1.9	1.9	2.0	2.0	2.2	2.1	2.0
警察費	3.8	3.8	3.7	3.4	3.4	3.3	3.3	3.2	3.2	3.3	3.3
教育費	18.5	18.4	18.0	17.1	17.4	16.7	16.7	16.5	16.9	17.1	17.1
公債費	14.9	14.6	14.7	13.4	13.7	13.4	13.5	13.5	13.6	13.1	12.8
その他	1.4	1.3	1.1	0.9	0.7	1.5	1.8	1.6	1.5	1.3	1.5
合計	100.0	100.0	100.0	100.0	100.0	100.0	100.0	100.0	100.0	100.0	100.0
歳出合計	892,106	891,476	896,915	961,064	947,750	970,026	964,186	974,120	985,228	984,052	981,415

(出所) 総務省ウェブサイト 「平成 30 年度版 地方財政白書」。
(http://www.soumu.go.jp/main_content/000538489.pdf：2018 年 7 月 7 日閲覧)

施設の建設費などの支出，公債費は地方債の元金・利子などの支払い費用，土木費は建設事業や橋梁などの費用である。近年では，社会保障に関わる費用が増加しているので，民生費の上昇が目立ってきている。

　図表3－4は，2016 年度における歳出純計額の目的別歳出額について，国と地方に分けて示したものである。これをみることによって，地方がいかなる役割を担っているかについて知ることができる。地方政府は，保健所・ごみ処理等の衛生費の 99％，学校教育費の 87％，司法警察消防費の 78％などの歳出を行っている。一方，国は年金および防衛費に対して 100％の歳出をしている。

　性質別分類は，各事業を大きく，義務的経費，投機的経費，その他の経費と区分した分類方法で，財政構造上の特色やその良否を判断するために使用される。**図表3－5**からわかるように，最も多い経費が義務的経費となっており，人件費（職員給与等），扶助費（生活保護等），公債費（地方債の元利償還金等）が該当している。義務的経費は，任意に削減できない経費であるため，財政の硬直化につながる経費とみなされている。投機的経費は，その大半が普通建設事業費となっている。その他の経費は，物件費，補助費，積立金，繰出金などがこれにあたる。この分類方法からも，児童・高齢者・

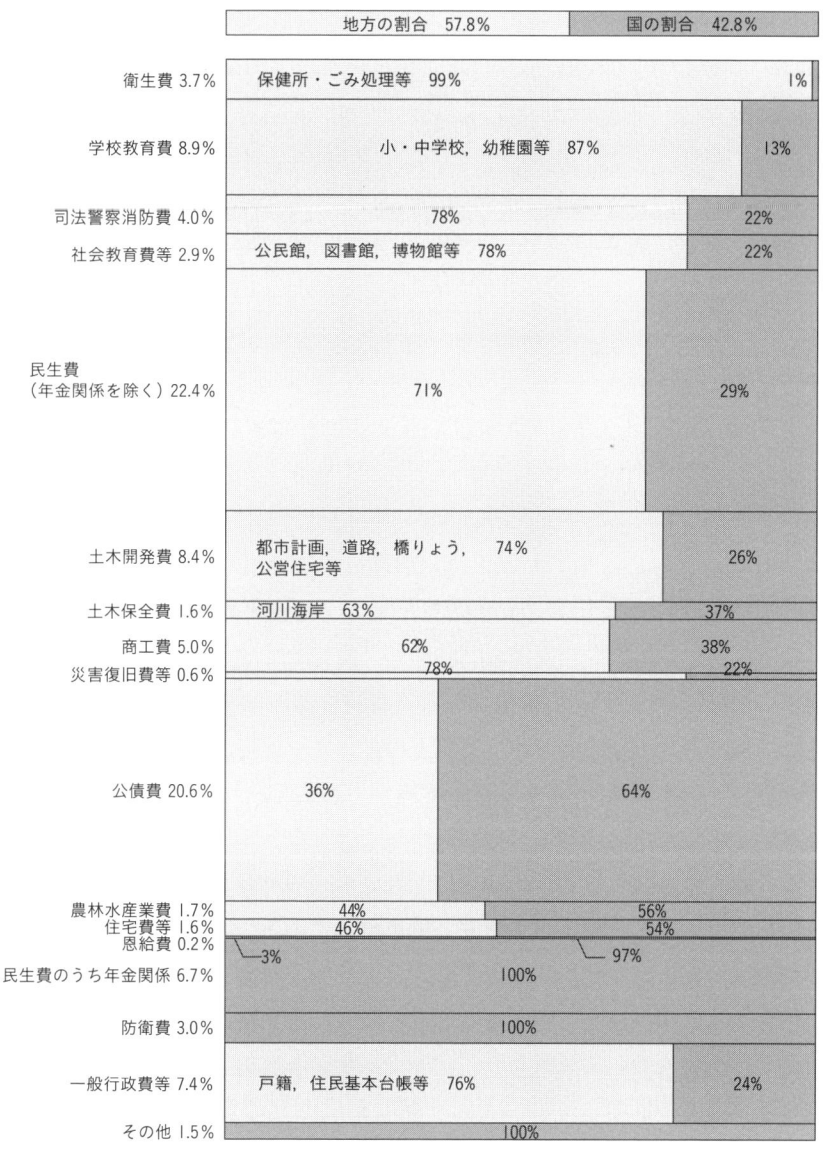

図表3－4 国・地方を通じた純計歳出規模（目的別）

| | 地方の割合 57.8% | 国の割合 42.8% |

衛生費 3.7%　保健所・ごみ処理等　99%　1%

学校教育費 8.9%　小・中学校，幼稚園等　87%　13%

司法警察消防費 4.0%　78%　22%

社会教育費等 2.9%　公民館，図書館，博物館等　78%　22%

民生費（年金関係を除く）22.4%　71%　29%

土木開発費 8.4%　都市計画，道路，橋りょう，74%　公営住宅等　26%

土木保全費 1.6%　河川海岸　63%　37%

商工費 5.0%　62%　38%

災害復旧費等 0.6%　78%　22%

公債費 20.6%　36%　64%

農林水産業費 1.7%　44%　56%

住宅費等 1.6%　46%　54%

恩給費 0.2%　3%　97%

民生費のうち年金関係 6.7%　100%

防衛費 3.0%　100%

一般行政費等 7.4%　戸籍，住民基本台帳等　76%　24%

その他 1.5%　100%

（出所）図表3－3に同じ。

障害者・生活困窮者などに対する支援に関する経費である扶助費が増加傾向
となっており，社会保障に関連する費用の増加がみてとれる。

図表3－5　性質別歳出純計決算額の構成比の推移

(単位：%, 歳出合計のみ億円)

区分＼年度	1996	2001	2002	2003	2004	2005	2006	2007	2008	2009	2010	2011	2012	2013	2014	2015	2016
義務的経費	(42.1)	(47.3)	(48.7)	(49.8)	(50.6)	(51.7)	(51.8)	(52.1)	(51.5)	(47.8)	(50.4)	(49.8)	(49.8)	(48.7)	(49.5)	(49.6)	(50.0)
人件費	26.7	27.5	27.8	28.0	28.1	27.9	28.2	28.3	27.4	24.9	24.8	24.2	23.9	22.8	22.9	22.9	22.9
扶助費	5.8	6.6	7.1	7.6	8.2	8.5	8.7	9.2	9.5	9.5	11.9	12.3	12.5	12.5	13.1	13.6	14.3
公債費	9.5	13.2	13.7	14.2	14.3	15.4	14.9	14.6	14.6	13.4	13.7	13.3	13.5	13.4	13.5	13.1	12.8
投資的経費	(31.0)	(23.6)	(22.3)	(20.1)	(18.5)	(17.5)	(16.6)	(15.6)	(14.7)	(15.1)	(14.2)	(13.7)	(13.9)	(15.5)	(15.7)	(15.2)	(15.4)
普通建設事業費	30.2	23.1	22.0	19.7	17.9	16.7	16.0	15.2	14.5	15.0	14.1	12.9	12.9	14.6	15.0	14.4	14.6
補助事業費	12.0	10.2	9.7	8.5	7.3	6.8	6.5	6.2	6.0	6.1	5.9	6.3	6.4	8.1	7.9	7.3	7.3
単独事業費	16.9	11.3	10.7	9.8	9.2	8.4	8.1	7.6	7.2	7.5	7.2	5.9	5.6	5.7	6.4	6.4	6.5
その他の経費	26.9	29.1	29.0	30.1	30.9	30.8	31.6	32.3	33.8	37.1	35.4	36.5	36.3	35.8	34.8	35.2	34.6
補助費等	6.1	6.9	7.2	7.6	7.5	8.0	8.3	8.4	9.0	11.1	9.9	9.2	9.5	9.7	9.5	10.0	10.0
繰出金	3.2	4.2	4.5	4.8	5.0	5.1	5.2	5.2	5.3	5.3	5.3	5.4	5.5	5.4	5.5	5.7	5.6
合　計	990,261	974,317	948,394	925,818	912,479	906,973	892,106	891,476	896,915	961,064	947,750	970,026	964,186	974,120	985,228	984,052	981,415

(出所）図表3－3に同じ。

1.3　地方の歳入分類

　2016年度における地方の歳入は，**図表3－6**にあるように，地方税（都道府県や市町村が課す税）が約39％，地方交付税（国が地方税の不足している団体に配分）と国庫支出金（特定の行政目的を達成するために国が地方団体に配分）の合計額が30％を超える状況である。これら以外に，地方譲与税（本来は地方税であるが，徴収上の理由から国が徴収して地方に配分），地方債（地方自治体が収入の不足を補うための借入金），その他（負担金，使用料，手数料，財産収入，他会計からの繰入など）による歳入がある。

　地方歳入の分類には，その使途に注目する**一般財源**と**特定財源**による分類と，その出所に注目する**自主財源**と**依存財源**による分類方法がある。一般財源とは，どのような支出にも充てることができる財源であり，地方税，地方交付税，地方譲与税などが挙げられる。一方，特定財源は一定の決められた用途にしか使えない財源であり，国庫支出金および地方債が挙げられる。図表3－6よりわかるように，2016年度における地方自治体における一般財源は約6割，特定財源は約4割となっている。

　また，自主税源とは，地方政府が自主的に徴収することができる財源であり，地方税，分担金・負担金，使用料・手数料，財産収入，寄附金などが挙げられる。一方，依存財源は国から移転される財源であり，地方交付税，地

図表3－6 地方政府の歳入構成

区　分	決算額（億円）	構成比（％）
地方税	393,924	38.8
地方譲与税	23,402	2.3
地方特例交付金	1,233	0.1
地方交付税	172,390	17
小計（一般財源）	590,949	58.2
（一般財源＋臨時財政対策債）	628,343	61.9
国庫支出金	156,871	15.5
地方債	103,873	10.2
うち臨時財政対策債	37,394	3.7
その他	162,905	16.1
合　　計	1,014,598	100.0

（注）国庫支出金には，交通安全対策特別交付金及び国有提供施設等所在市町村助成交付金を含む。
（出所）図表3－3に同じ。

方譲与税，国庫支出金，地方債がそれにあたる。自主財源比率が高い自治体ほど，国に依存する財政運営を行わなくてもよくなるため，地方の自主性が高いことを表していると言える。2016年度は，地方財政全体における自主財源が55％であるのに対して，依存財源が45％であった。このことから，地方自治体は財源の大きな割合を依存財源に頼っていることがみてとれる。

2　地方交付税

2.1　地方交付税の機能

　地方交付税は，国から自治体への使途が指定されない財政移転（**一般補助金**）である。地方交付税は，**財源保障機能**，**財政調整機能**の2機能を持つ。財源保障機能とは，すべての地方自治体が必要最低限の公共サービスを供給（**ナショナル・ミニマム**を達成）できるようにするために国が財源を保障する機能，財政調整機能は，地域間の財政力格差を是正し，財源の均衡化を図る機能である。

2.2　地方財政計画

　地方交付税の総額は，**地方財政計画**によって算定される。地方財政計画とは国が地方自治体における歳入・歳出総額の見込み額を見積もり，それらの収支が合うように地方交付税の総額を決定するものである。

　以下では，地方財政計画における歳入・歳出について，簡単に説明する。地方財政計画における歳出については，給与関係費，一般行政経費，公債費，投資的経費などの見込み額を計算している。これら各経費の標準額の総額が，地方財政計画における歳出となっている。一方，地方税（法定地方税のみ対象とし，標準税率での税収見込み），地方譲与税，国庫支出金，地方債など地方自治体全体の見込み額が合計されることで，地方財政計画の歳入額が計算される。この地方財政計画の歳出額と歳入額との差が，地方交付税として必要となる総額となる。

　現在，地方交付税法第6条において，地方交付税の財源として，国税のうち所得税・法人税の33.1%，酒税の50%，消費税の22.3%，地方法人税の全額を充てるように定められている。しかし，現実は5税の法定税率の総額だけでは地方財政計画から必要とされる額をまかなえず，財源不足が発生しているのが現状である。その財源不足額は，国の一般会計からの加算措置と，臨時財政対策債など将来の元利償還費への交付税措置等によって埋め合わせられている。

　以上では，地方交付税の総額を決定する，マクロの観点からの仕組みをみてきた。2.3項では，ミクロ的な観点として，各自治体にどれだけ地方交付税が交付されるかについてみる。

2.3　各自治体への配分額の算定方法

　地方交付税には，**普通交付税**と**特別交付税**の2種類がある。普通交付税は財源不足団体に交付される一方，特別交付税は主に災害など緊急に支出するために交付される。その内訳は，普通交付税が交付税総額の94%なのに対して，特別交付税は6%となっている。

　以下では，普通交付税が各自治体にどのように配分されるかを説明する。

普通交付税は，以下の式のように，**基準財政需要額**と**基準財政収入額**を算定
し，その差額を財源不足額とみなすことで，交付税額が決定される。

$$各自治体の普通交付税額＝（基準財政需要額－基準財政収入額）$$
$$＝財源不足額$$

つまり，基準財政需要額が基準財政収入額を上回る自治体は，普通交付税を
給付される自治体（**交付団体**）となり，下回る自治体は，給付されない自治
体（**不交付団体**）となる。これは**財政力指数**（＝基準財政収入額÷基準財政
需要額）が1を超えるか否かで交付団体を決定すると言い換えることができ
る[2]。

　以下では，基準財政需要額と基準財政収入額の算出方法についてみていこ
う。まず，基準財政需要額は，以下のような歳出項目を使って算出される。

$$基準財政需要額＝測定単位×単位費用×補正係数$$

まず，**測定単位**とは，財政需要を的確に把握する指標であり，各政策経費算
出のベースとなるものである。たとえば，教育費では，児童数・学級数・学
校数，土木費の道路橋梁費では，道路の面積・延長，公園費では，人口・都
市公園の面積が測定単位として使用される。次に，**単位費用**とは，標準的な
公共サービスを供給するときの測定単位1単位当たりの費用を表し，各々の
行政サービスの平均費用に当たる。最後に，**補正係数**は，各自治体の特性
（規模，地理的条件など）を考慮したものである。たとえば，人口密度に
よって，行政経費が割高・割安になる状況を反映させる密度補正，寒冷・積
雪地域における特別の増加経費を反映させる寒冷地補正など，補正係数をか
けることによって調整を行う。

　一方，基準財政収入額は以下のような算定方法を用いる。

$$基準財政収入額＝標準的な地方税収入×基準税率（75\%）＋地方譲与税等$$

標準的な地方税収入は，法定普通税を主体とした（標準税率をベースとした）標準的な地方税収入として算定される。この標準的な地方税収入のうち75%，地方譲与税等については100%が基準財政収入としてみなされる。標準的な地方税収を75%で算定しているのは，100%で算定すると，自治体が地域開発や徴税努力によって税金を増やしても増やした分だけ交付税が減ってしまうからである。そのため，75%とすることで，地方自治体が税収を増やすインセンティブを持たせることを目的としているのである。また，基準財政需要額ではつかむことができない自治体独自の財政需要に充てるようにできる財源を確保するため，交付税の算定から除外される地方税を残しておくことを目的としている。以上の理由から，標準的な地方税収のうち25%の部分を**留保財源**と呼び，基準財政収入額に算定しないようにしている。

2.4　地方交付税の問題点

地方交付税制度については，以下のような問題点が指摘されている。

第1に，財源保障機能の批判として，ナショナル・ミニマムの水準が過剰となっている可能性である。この批判は，ナショナル・ミニマムとして，消防・警察・義務教育・災害復旧・社会福祉等といった生活に必要となる基礎的サービスに限定すべきであり，文化的・選択的なサービスについては自治体独自の裁量に任せるべきであるという考えに基づいている。

第2に，財源調整機能の批判として，地域間で過剰な再分配が行われている可能性である。実際に，地方交付税の配分後における1人当たり一般財源額は，1人当たり地方税の少ない自治体が，1人当たり地方税の多い自治体を上回るという逆転現象が起こっている。

第3に，交付税の算定が複雑なことから，国が交付税を用いて恣意的な財政移転を行っているのではという可能性である。これは，交付税の重点配分を実現するために，補正係数などが活用されているのではという指摘である。

第4に，地方自治体の財政改善努力を阻害している可能性である。基準財政需要額が算定ルールで決定されるので，自治体が歳出削減をするインセンティブを阻害するかもしれない。たとえば，人口減少している地域では，必要のない設備でも，基準財政需要額の算定に入れられるのであれば，維持し

続けるという選択をする可能性がある。また，交付団体は，自助努力で税収を増やしても，地方交付税の減少により，その効果が一部相殺されてしまう。そのため，自治体が自身の力で歳入を増加させるインセンティブを阻害する恐れがある。

3 国庫支出金

国庫支出金とは，特定の行政目的を達成するために，当該行政に要する経費に充てることを条件として，国から交付される補助金（**特定補助金**）である。国庫支出金は，大きく**国庫負担金**，**国庫補助金**，**国庫委託金**に分類される。

まず，国庫負担金とは，本来は地方自治体の仕事であるが，国にも負担する義務があると考えられる経費に対して交付されるものである。国庫負担金は，①一般行政費に係る国庫負担金（経常的国庫負担金），②建設事業費に係る国庫負担金（建設事業費国庫負担金），③災害復旧事業に係る国庫負担金（災害復旧事業費等国庫負担金）の 3 つに分けられる。

①は，義務教育職員の給与や生活保護に要する経費など，全国的に一定水準を確保することに国が責任を持つべき事業についての負担金である。②は，道路，河川，砂防などに要する経費など，国によって総合的に策定された計画に従って実施される建設事業にかかる負担金である。③は，台風や地震などの大きな災害が起こったときに要する経費である。

次に，国庫補助金とは，国が地方自治体に対して事業を奨励したり，財政援助したりするために交付されるものである。たとえば，国有提供施設等所在市町村助成金（米軍基地，自衛隊基地），電源立地地域対策交付金（電源開発促進税を財源として，発電施設の所在市町村等に交付される），社会資本整備総合交付金（自治体が地域ニーズにあった計画を策定し，創意工夫によるソフト事業もできるような新たな交付金），東日本大震災復興交付金などがある。

最後に，国庫委託金とは，本来国が行うべき事務であるが効率性の観点より，地方に委託された事務に要する経費に対して交付されるものである。た

とえば，国会議員の選挙経費，国勢調査，外国人登録などの経費に対する交付がある。

国庫支出金は，地方自治体による独自の意思決定が，他地域へ便益・費用のスピルオーバー（漏出）を生み出す場合，国がそれを是正（**内部化**）することで，国全体で不都合が発生するのを抑制する機能がある。そのためには，使途が自由な一般補助金よりも使途が決まっている特定補助金のほうが優れている。

国庫支出金の問題点として，以下の要因が挙げられる。第1に，地方自治体の財政運営の自主性を阻害している可能性である。国庫支出金の交付にあたっては，さまざまな条件がつけられるが，その条件が地方の実情に合っておらず画一的なものが多い。交付の権限を国の各省庁が保有するため，国の縦割り行政の影響が地方に波及し，地方自治体の効率的・総合的財政運営をかえって歪めてしまうおそれがある。その結果，自治体の自主的財政運営を妨げ，順位の低い事業が行われる可能性が生じる。

第2に，**行政上の超過負担**の問題である[3]。国庫支出金（特に，国庫負担金）は，地方自治体が行う事業のうち，国が費用の全額もしくは一部を支出することになっている。ところが，その支出額の算定が必ずしも適正とは言えないため，地方自治体が法定負担の割合以上の持ち出しをせざるを得ない場合がある。

第3に，交付手続きの煩雑性・細分化である。補助負担金の交付申請や確認，検査などが煩雑であるため，行政の簡素化・効率化などを妨げる。

第4に，責任の所在があいまいになることである。国と地方自治体が共同で出資する場合，どちらに責任があるのかが不明確となる。

4　財政指標

本節では，地方自治体の財政状況を確認するための指標として，経常収支比率，実質公債費比率，公債費負担比率，地方財政健全化法により定められた健全化判断比率についてみる[4]。

4.1　経常収支比率

経常収支比率は，以下の式によって求められる。

$$経常収支比率 = \frac{経常経費充当一般財源}{経常一般財源 + 減収補塡債特例分 + 臨時財政対策債}$$

分子の経常経費充当一般財源とは，人件費，扶助費，公債費等のように毎年度経常的に支出される経費に充当された一般財源である。一方，分母は経常一般財源（一般財源総額のうち地方税，普通交付税のように毎年度経常的に収入される一般財源），減収補塡債特例分および臨時財政対策債の合計額である[4]。経常収支比率は，毎年必要となる支出が収入に占める割合を意味しており，この比率が高いほど裁量的支出にお金を回す余裕に乏しく，財政構造が硬直化していることを表す。2016 年度における経常収支比率は，都道府県で 94.3%，市町村で 92.5% の状況であり，地方自治体の財政構造が硬直化している状況であるといえる。

4.2　実質公債費比率および公債費負担比率

地方債の元利償還金等の公債費は，義務的経費の中でも特に弾力性に乏しい経費であるため，財政構造の弾力性をみる場合，その動向には常に留意する必要がある。この公債費による負担度合いを判断するための指標として，**実質公債費比率**および**公債費負担比率**が用いられている。

実質公債費比率は，各地方公共団体の標準財政規模（普通交付税の算定において基準財政需要額に算入された公債費等を除く）に対して，一般会計等が負担する元利償還金および公営企業債の償還に対する繰出金などの元利償還金に準ずるもの（充当された特定財源および一般財源のうち普通交付税の算定において基準財政需要額に算入されたものを除く）がどの程度の割合となっているかを過去 3 年間の平均値で示した比率である。実質公債費比率が18% 以上の団体は，地方債の発行に国の許可が必要，25% 以上の団体は一般事業等の起債が制限されるといった措置がなされる。

　一方，公債費負担比率は，公債費充当一般財源（地方債の元利償還金等の公債費に充当された一般財源）が一般財源総額に対し，どの程度の割合で定義され，公債費がどの程度一般財源の使途の自由度を制約しているかをみることにより，財政構造の弾力性を判断するものである。

　2016年度における実質公債費比率は，都道府県の平均で11.9％，市町村の平均で6.9％の状況であり，公債費負担比率はそれぞれ18.4％，14.7％となっており，近年，いずれの指標も低下傾向となっている。

4.3　健全化判断比率

　夕張市の財政破綻（2007年）を契機に，地方財政の健全化を国がチェックする仕組みを見直す動きが加速し，2009年4月「地方公共団体の財政の健全化に関する法律」（地方健全化法）が完全施行された。地方自治体は，**実質赤字比率**，**連結実質赤字比率**，**実質公債費比率**および**将来負担比率**の4つの健全化判断比率を毎年度，監査委員の審査に付した上で，議会に報告し，

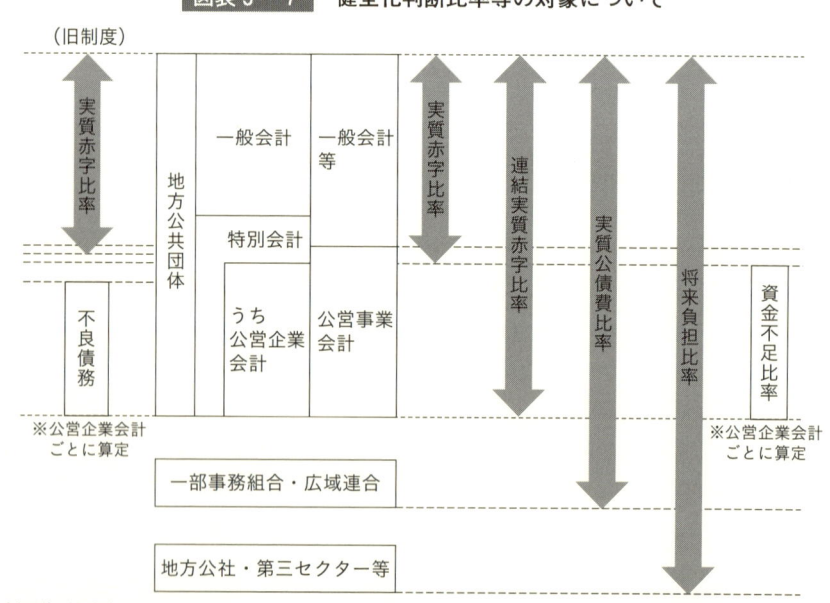

図表3－7　健全化判断比率等の対象について

（出所）総務省ウェブサイト。
　　　　（http://www.soumu.go.jp/iken/zaisei/kenzenka/index2.html：2018年7月7日閲覧）

| 図表 3 − 8 | 早期健全化基準と財政再生基準 |

	早期健全化基準	財政再生基準
実質赤字比率	道府県：3.75% 市町村：11.25 〜 15%	道府県：5 % 市町村：20%
連結実質赤字比率	道府県：8.75% 市町村：16.25 〜 20%	道府県：15% 市町村：30%
実質公債費比率	都道府県・市町村：25%	都道府県・市町村：35%
将来負担比率	都道府県・政令市：400% 市町村：350%	−

（注）実質赤字比率および連結実質赤字比率については，東京都の基準は別途設定されている。
（出所）総務省ウェブサイトより筆者作成。
（http://www.soumu.go.jp/iken/zaisei/kenzenka/index3.html：2018 年 7 月 7 日閲覧）

公表しなければならない（**図表 3 − 7** 参照）[5]。これらを用いる目的は，一般会計だけでなく，公営事業会計，一部事務組合・広域連合，地方公社・第三セクター等へと，フローだけでなくストックにまで対象範囲を広げることで，より汎用性の高い健全化判断を行うためである。各自治体ができるだけ早く財政再建に着手できるように，健全化判断比率のいずれかが一定水準以上に悪化した場合にイエロー・カードとしての**早期健全化基準**，それ以上に悪化した場合にはレッド・カードとしての**財政再生基準**という 2 段階の基準が設けられている（**図表 3 − 8**）[6]。

◉注

1 法律上では，地方公共団体と呼ばれている。一般的に，地方自治体という言葉が使用されているが，これらの意味は全く同じである。

2 2018 年度における不交付団体の数は，都道府県では東京都だけであり，市町村では 77 にとどまっている。

3 ここでの超過負担は，経済学において使われる超過負担（死重損失）とは関係ないことに注意すべきである。

4 これらの指標以外に，自治体の財政力を示す指標として 2.3 項で述べた「財政力指数」もよく使われる。

5 これらの指標の詳細については，総務省ホームページ「健全化判断比率の算定」を参照。

6 健全化判断基準の 1 つの指標でも早期健全化基準を超えたとき，その団体は健全化団体となり，財政健全化計画を作成せねばならない。また，将来負担比率を除く 3 つの指標の 1 つでも財政再生基準を超えると，財政再生計画を作成せねばならない。

●引用・参考文献

佐藤主光 [2009] 『地方財政論入門』新世社。

中井英雄・齋藤愼・堀場勇夫・戸谷裕之 [2010] 『新しい地方財政論（有斐閣アルマ）』有斐閣。

林宏昭・橋本恭之 [2014] 『入門地方財政 第3版』中央経済社。

第Ⅰ部

財政の基礎

44

第Ⅱ部
政府の収入

第4章
租税原則と税制度

ポイント

本章では租税原則を取り上げ，現代の租税原則に至るまでの変遷をみることで望ましい税制を考える際に必要な要件について整理する。その上で現在の日本の税体系について概観し，個別の税目が持つ特徴を整理する。複数の税目を組み合わせながら税目相互の補完を行い，税の役割を果たしていることを確認する。

キーワード

租税原則，租税の分類，応益原則，応能原則，担税力

1 税の役割と租税原則

1.1 租税の役割

　政府は税の徴収という手段により，公共サービスを提供するにあたって必要となってくる資金を国民から強制的に調達する。これを税の**財源調達機能**と呼ぶ。このように，政府が税により人々からの無償での財産移転を実現できるとする根拠としては，**利益説**と**義務説**の考え方がある。利益説は公共サービスを受けることで享受する利益に対する対価として税を位置づける考え方である。ただしここでいう利益とは個人ごとに得られる個別の利益というよりも，社会全体に対してもたらされる広い意味での恩恵を念頭に置いている。また義務説は国家を単なる個人の集計としてではなく，ある種の有機体としてとらえた上で国民の義務として税を位置付けている。この場合は公共サービスに関して受益と負担を切り離して考えていることになる。

　利益説と義務説のどちらに課税の根拠を求めるかによって税負担配分の原則についての考え方が**応益原則**と**応能原則**の2つに大別される。応益原則は

利益説の立場に基づき，公共サービスの受益の大きさに応じて税負担をするという考え方である。しかし応益原則のもとでの税負担を確定するためには，誰が，どの公共サービスで，どれだけの大きさの受益を得ているかを正確に測定する必要があるため技術的に難しい。また受益の測定が可能であったとしても受益者である人物が税を負担する余裕のない場合もありうる。これに対して応能原則は義務説の立場から，租税負担能力（**担税力**）に応じた税負担が必要であるという考え方である。ただし租税負担能力を何で測るのかについての明確な基準はなく，所得や支出，資産などはその候補となりうるが必ずしも十分なものとはいえない。また租税負担能力が測れたとしてもどの程度の負担を求めるべきなのかを決めるのは容易ではない。

　租税の中心的な目的はあくまでも財源調達機能であるが，税の持つ多様な経済的効果を利用することで，租税自身はさまざまな役割も果たしている。たとえば公害などの外部不経済をもたらす経済活動の抑制を意図した環境税などの存在は，市場における資源配分に手を加え，間接的に経済活動を望ましい水準に誘導することにつながる。また担税力の大きな人に対してより大きな税負担を求めることになる**累進税**が所得税で用いられているため，高所得者の税負担が低所得者に対して相対的に大きくなる。つまり租税が所得格差の是正に寄与し，所得再分配機能を果たしているといえる。さらに所得税や法人税における自動安定化機能（ビルト・イン・スタビライザー）は景気の不安定性を緩和するという経済安定化機能を有している。

　このように租税の役割が多岐にわたるため，その課税対象や課税方法の選び方によっては人々の生活，経済活動に大きな影響を及ぼすことが予想される。望ましい税制度のあり方が古くから議論されてきたのはこのためである。

1.2　租税原則の変遷

　租税は強制力を伴った財産の移転であるため，個々の税負担についてはそれぞれの納税者が納得できる何らかの基準が必要である。望ましい税制がいかなるものであるかについては**租税原則**という形で議論されてきた。代表的なものとしては18世紀のイギリスにおけるアダム・スミス（Smith, A.）の4原則，19世紀のドイツにおけるワグナーの9原則が挙げられる。

『国富論』を著したスミスは，市場機能の働きを重視し，政府の活動は国防や司法などの分野に限定した夜警国家，安価な政府の考え方を提唱しており，次の4つの原則をあげている。①税負担は国家の保護により得られる利益に応じて公平になされること（公平性），②税負担は恣意的に行われるものではなく納税時期，方法，金額が明快であること（明確性），③税負担者が納税するのに望ましい時期や方法を考慮すること（便宜性），④国庫に納められる額と納税者が負担する額の差が小さくなること（徴税費用最小化）。

またワグナーは当時後発の資本主義国家であったドイツの状況を踏まえて有機体としての国家の観点から，国家の維持のために，租税については財源調達手段の役割を超えてより積極的な役割，つまり再分配政策なども担うべきであると考え，9つの原則を示している。それらのうちスミスのものと異なるものは①必要な支出を賄うに十分な税収をあげる（課税の十分性），②弾力的に課税できる（課税の可動性），③税源を所得，資本，財産，消費から正しく選ぶ（正しい税源の選択），④税の経済効果の違いを考慮する（正しい税種の選択），⑤特定の人々に負担が偏らない（課税の普遍性）である。ワグナーの考え方は，スミスの4原則を拡張し，課税による経済効果を考慮しながら税を徴収する国家の立場が色濃く反映されたものとなっている。

1.3　現代の租税原則

スミスやワグナーの議論以降も，国家についての考え方，社会において政府の果たすべき役割に対応しながら租税原則は，その姿を変化させている。

現在ではそれらは「**公平性**」，「**中立性（効率性）**」，「**簡素性**」の3つの基準として整理されることが多い。

1.3.1　公平性

税負担を考えるにあたっては，何よりもまず公平性が担保されていることが重要である。もし人々が，公平な課税が行われていないと考えるならば，その不満は社会の不安定化にもつながりかねないことは過去の歴史が示している。ただしどのような状況が公平なのかについては，時代や社会情勢等によっても変化しうるため極めてあいまいな概念である。そのため公平さを明

らかにするための何らかの尺度が必要となる。代表的なものとして**水平的公平**と**垂直的公平**が挙げられるが，これらは税負担に関する応能原則に基づく考え方である。

　水平的公平とは，同じ経済水準（担税力が同じ状況）にある人は同じ税負担をすべきであるという考え方である。たとえば所得水準や家族構成が同じであれば，同じ税負担であることが求められる。ただし実質的な所得水準が同じであっても，所得の捕捉率が異なる場合などは税務当局が把握する課税所得が異なるため，結果として税負担が異なり水平的公平が損なわれることになる。

　また垂直的公平とは，異なる経済水準（担税力が異なる状況）にある人は異なる税負担をすべきであるという考え方である。所得の高い人は所得の低い人より多くの税負担をすべきであるとするため，累進税制度などにより再分配を進めることにつながる。ただしどの程度の累進度を望ましい累進度とすべきかについては明らかではない。この点については古くから**犠牲説**として議論されてきた。税負担によって効用が低下する（犠牲が発生する）状況を個人間で均等化することが垂直的公平にかなうという考え方が基本にある。通常，限界効用は所得の増加とともに小さくなり税負担にともなう犠牲は高所得者ほど小さくなるため，高所得者はより多くの税負担をするべきであることを意味する。

1.3.2　中立性

　中立性（効率性）とは，市場において効率的な資源配分が達成されているときにはできるだけ干渉を小さくし，その効率性に歪みをもたらさない，つまり中立的であるべきという考え方である。

　すでに第1章でみたように，税のない状況では人々は最も満足度の高くなる経済的意思決定を行っているはずである。これらの意思決定の局面において税が導入されると，経済主体は税負担を避けようとし，それまでとっていた最も望ましい選択行動をとらなくなってしまうことから，社会厚生の損失が発生する。

　たとえば，労働所得税は家計の消費と余暇の選択に影響を与え，働くイン

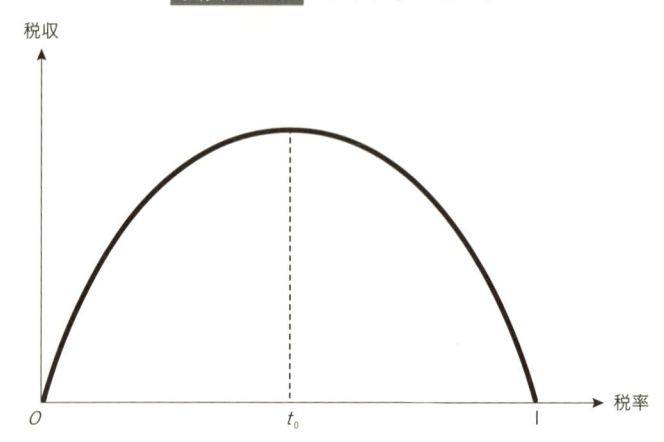

図表4−1　ラッファーカーブ

センティブを失わせるかもしれない。また法人税は企業が投資計画を立てる際に，国内への投資をやめて海外への進出を検討するという影響を与えるかもしれない。そのため市場において達成される資源配分に対してできるだけ中立的な税制が望ましいとされている。

　家計の労働供給に与える課税のインパクトをみたものが**図表4−1**である。そこでは横軸に所得にかかる税率を0から1の範囲でとり，縦軸に税収をとっている。税率が0であれば，所得に対する課税がゼロであるので税収はゼロになる。その後，税率を徐々に上げていくと税収がそれに応じて増加していくが，税率があまりにも高くなると労働意欲が薄れ人々は働かなくなっていくことから，所得からの税収も減少する。最終的に，税率が1になれば所得に対して100%の課税が行われる，つまり労働して得た所得はすべて税金として納めることになるため，誰も働かなくなることから税収もゼロとなる。

　図表4−1では税率がt_0を超えると税率を上昇させても税収が減ってしまう場合が示されている。税収は税率と所得の掛け算で表されるので，税率を上げても所得が大きく減少すれば税収そのものは減少することになる。この関係を**ラッファーカーブ**と呼ぶ。

　税制を利用した再分配政策は公平性を追求した政策であると考えられるが，

その一方で労働に対するインセンティブを大きく損なう可能性があり，効率性の追求という点からは問題がある。また第5章で詳しく論じられるように効率的な課税方法とは，需要の価格弾力性が小さい財に高い税率をかけることであるが，この方法は必需品に税負担を押しつけることになるので公平性の点では問題がある。このように一般的には効率性と公平性のトレードオフの関係があるといわれている。

1.3.3 簡素性

　簡素性とは，税制はできるだけわかりやすくシンプルであるべきであるという考え方である。税制が複雑である場合は人々にとって理解しづらいものになるだけでなく，脱税や租税回避行動が起こりやすくなるとともに徴税費用も大きくなってしまう。

　徴税費用としては税務行政費用と納税協力費用が挙げられる。税務行政費用とは税務執行にかかる直接的な費用のことをいい，税務職員の適正な確保などで見込まれるものがこれにあたる。また納税協力費用は納税者側が申告書を作成する，あるいは税理士に相談するなどの際に見込まれる経済的，心理的費用のことをいう。簡素な税制の下ではこれらの徴税費用の最小化が図られ，人々の納付する税額との差である純収入額を大きくすることが可能になる。

　近年では**電子申告**（e-Tax）などの積極的な利用が推奨されている。電子申告を利用すると税務署に足を運ぶことなくインターネットを介して自宅から申告ができるため，徴税側にとっても納税側にとってもコストを小さくできる。**図表4－2**は所得税の申告書を国税庁のホームページから作成した割合（ICT活用率）と所得税の申告を電子申告で行った割合（所得税申告）を表したものである。ICT活用率は直近では80％に到達しているため，パソコンで申告書の作成をしている人が多くなっていることがわかる。これに対して実際の所得税の申告を電子申告で行っている人の割合は微増にとどまっている。これは電子申告を完結するための手続きの煩雑さや器材の準備の必要性が利用障壁を高くしていると思われる。

　なお簡素性についても公平性との間にトレードオフの関係がある。公平性

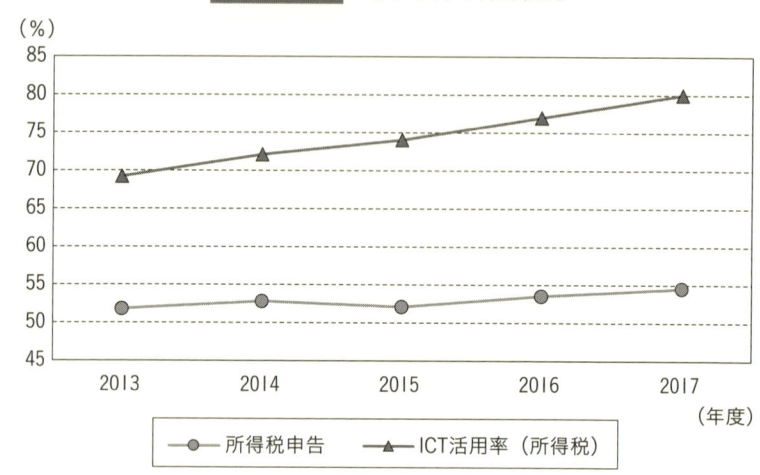

図表 4 − 2　電子申告の利用状況

凡例：所得税申告 ／ ICT活用率（所得税）

（出所）国税庁ウェブサイト。
　　　（http://www.etax.nta.go.jp/topics/2808pressrelease.pdf：2018 年 11 月 25 日閲覧）

のための税制は，個人の担税力を正しく把握することが必要になる上，必要に応じてさまざまな控除制度が利用されるためきめ細かなものとなる傾向がある。そのため制度としては複雑になりがちで，簡素なものとはなりにくい。

1.4　地方税原則

　地方税についてはすでに述べた一般的な租税原則とともに地方税に固有の原則が必要とされている。これは地方公共団体が提供する公共サービスが国の提供する公共サービスとは異なる性質を持つためである。地方における公共サービスの便益が域内にとどまるのに対して国の公共サービスは国全体に及び，影響を受ける人口や範囲が大きく異なる。以下に地方税が満たすべき望ましい条件を挙げる。

(1)応益性の原則

　地方公共団体の提供する公共サービスの受益に応じた税負担が必要であることを示している。国税は経済安定化や所得再分配などのように一国全体に関わるサービスであるため応能原則を基本とするが，限定された地域のみにもたらされる公共サービスの負担は地域住民としての一種の会費としての側

面がみえる。

(2)普遍性の原則

全国に約 1,700 存在する自治体がそれぞれ十分な税収を確保できるように広く普遍的に存在し，税収に地域偏在がないことが望ましいとされている。国税では国という 1 カ所に税収が入ることになるため税収が偏在することは問題にならない。

(3)安定性の原則

景気変動に左右されない安定した税収を確保することが求められている。地域に密着した公共サービスは，住民の身近なサービスであることがほとんどであり，その多くが義務的経費を伴うものである。そのため不安定な税収を前提とした公共サービスの提供は問題が多い。

(4)負担分任性の原則

地方公共団体の提供する公共サービスについての負担については地域住民が広く分担することが重要であるとする考え方である。国という枠とは異なり，地域の共同体としての性質を強調した考え方といえる。各住民が同額の負担を行っている住民税の均等割はその典型といえる。

2 日本の税制度

2.1 租税の分類

租税原則に基づきながら望ましい税制度を考えるにあたっては，個別の**税目**（租税の種目）がいかなる特徴を持つかを整理することが必要である。現代の複雑な社会状況においては，単一の税目のみで財源調達機能，資源配分機能，所得再分配機能，経済安定化機能の役割を担うことは困難である。そのため，複数の税目をうまく組み合わせた**タックス・ミックス**によって税目相互を補完していくことが重要になる。日本では現在約 50 の税目がある（**図表 4 － 3**）。

図表4−3　日本の税目

	国税	地方税		国税	地方税
所得課税	所得税○ 法人税○ 地方法人特別税○ 復興特別所得税○ 地方法人税○	住民税○ 事業税○	消費課税	消費税 酒税 たばこ税 たばこ特別税 揮発油税 地方揮発油税 石油ガス税 自動車重量税 航空機燃料税 石油石炭税 電源開発促進税 国際観光旅客税 関税 とん税 特別とん税	地方消費税 地方たばこ税 ゴルフ場利用税 自動車取得税 軽油引取税 自動車税○ 軽自動車税○ 鉱区税○ 狩猟税○ 鉱産税○ 入湯税
資産課税等	相続税・贈与税○ 登録免許税 印紙税	不動産取得税○ 固定資産税○ 事業所税○ 都市計画税○ 水利地益税○ 共同施設税○ 宅地開発税○ 特別土地保有税○ 法定外普通税 法定外目的税 国民健康保険税			

(注)　○は直接税を，無印は間接税を意味している。
（出所）財務省ウェブサイト。
　　　　（https://www.mof.go.jp/tax_policy/summary/condition/001.pdf：2018年11月10日閲覧）

2.2　所得課税・消費課税・資産課税

　これらは課税対象の性質に着目した分類といえる。経済活動により生み出されたものである「所得」を対象とするのか，所得が「消費」される段階を対象とするか，また所得の蓄積である「資産」に対して課税するかの違いがある。通常税負担能力を何で測るかによって税の種類が異なってくる。所得に課されるものは所得課税と呼ばれるが，そのうち個人に課されるものは所得税，法人に課されるものは法人税となる。したがって所得課税の**課税標準**は，租税支払い義務者である**納税義務者**の所得額ということになる。

　消費に課されるものは消費課税と呼ばれ，消費税のほか，酒税，たばこ税，などが挙げられる。実際に行われた消費額で，個人の税負担能力を捉えようとする考え方である。したがって消費課税の課税標準は消費額となる。また資産に課されるものは資産課税と呼ばれ，相続税や固定資産税がこれにあたる。資産の中で預金などについてはその金額が課税標準となるが，その他の

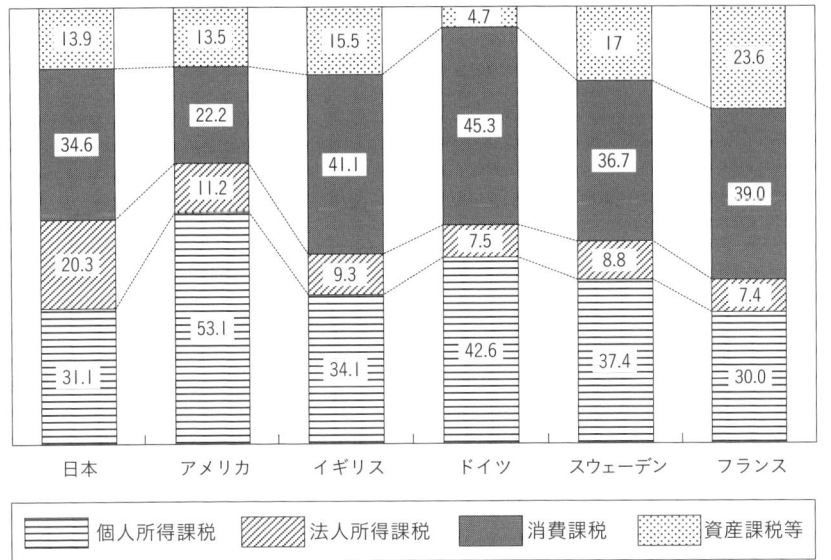

図表4-4　税構成の国際比較（国税＋地方税2015年度）

凡例：個人所得課税／法人所得課税／消費課税／資産課税等

（出所）財務省ウェブサイト。
（https://www.mof.go.jp/tax_policy/summary/condition/016.pdf：2018年11月10日閲覧）

土地などの資産については決められた評価方式に従って算定される評価額が課税標準となる。現在は，資産課税は基幹税としての所得課税や消費課税を補完する位置づけとなっている[1]。**図表4-4**はこの分類に従った各国の税収の構成をみたものである。日本はアメリカに次いで所得課税の比率が高くなっており，特に法人所得課税が大きくなっていることがわかる。また個人所得課税については他の国よりも相対的に小さな比率となっていること，消費課税についても付加価値税を導入していないアメリカを除くと世界的にも低い値となっている。

なお所得課税や消費課税は，一定期間における経済活動の測定を前提とした所得額や消費額を課税標準とするためフローに対する課税であるのに対して，資産課税はある時点において保有する資産額を課税標準とするのでストックに対する課税であるといえる。

2.3 　直接税と間接税

　この分類は一般的には**税の転嫁**の有無を前提に行う分類である。税の転嫁とは税負担が納税義務者から他の人に移し替えられることをいう。直接税は法律上の納税義務者が税の最終負担者となる税のことであり，間接税は法律上の納税義務者と税の最終負担者が異なる税である。**直接税**としては，所得税，法人税，住民税，固定資産税などが挙げられる。たとえば所得税では所得を稼得した人が納税義務者であり，自らの所得から税を納めることで税負担を負うことになるため税の転嫁は行われていない。図表4－3において「○」が付加されているものが直接税である。

　一方**間接税**としては消費税，酒税，たばこ税などが挙げられる。たとえば消費税についての納税義務者は商品の販売に関わる事業者であるが，通常は税負担者ではない。事業者は商品の価格に消費税分を上乗せして価格をつけ，消費者がそれを負担する構造になっているため，納税義務者と税負担者が異なっている。したがって税の転嫁が発生する。**図表4－5**は日本の租税総額

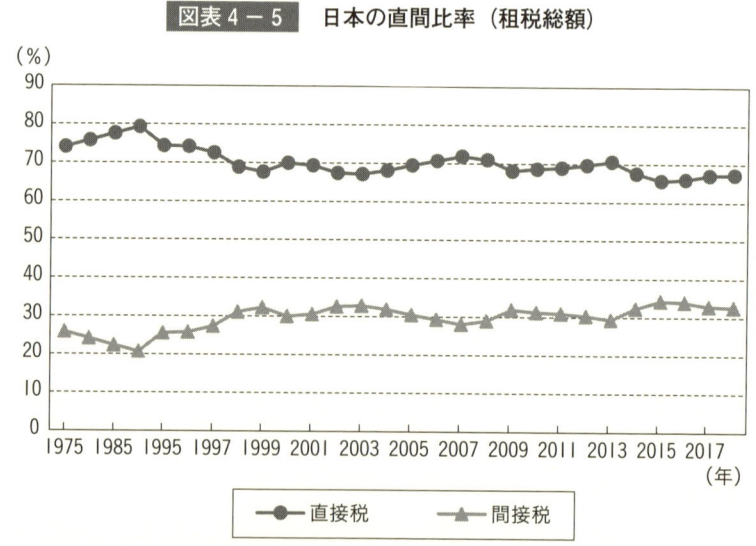

図表4－5　　日本の直間比率（租税総額）

（出所）総務省ウェブサイト「直間比率の推移」より筆者作成。
　　　　（http://www.soumu.go.jp/main_content/000537952.pdf：2018年11月8日閲覧）

に占める直接税と間接税の比率（直間比率）を表したものである。直接税比率が約70％，間接税比率が30％程度となっている。国税に限れば1989年の消費税の導入やバブル崩壊後の所得課税の低迷などにより直接税比率は約70％から約60％弱へと低下したが，地方税部門における直接税比率が相対的に高まったため，租税全体としてはあまり大きな変化はみられない。

なお実際には転嫁による議論は単純なものではない。たとえば間接税である消費税を考えた場合，消費税により商品が買い控えられると思う事業者は，価格に転嫁せず一部を自らの利益を削る形で負担するかもしれない。このような場合は間接税であるにもかかわらず転嫁がスムーズに行われていないことになる。

2.4 国税と地方税

これらは誰が課税するのかという課税主体に着目した分類である。国が課税主体であるものを国税，地方自治体が課税主体であるものを地方税，さらにこの地方税は都道府県が課税主体である道府県税と，市町村が課税主体である市町村税とに分けられる。これらをまとめたものが**図表4－6**である。

国税では所得税，法人税，消費税が基幹税（基幹三税）であり，この3つの税目で国税全体の約75％を占めている（消費税については第5章，所得税については第6章，法人税については第7章で詳述する）。これらの中でも消費税は景気に左右されにくい税目であり，安定した税収が期待されているのに対して，法人税は景気の影響を受けやすい特徴を持っているといえる。また国税は所得課税と消費課税に大きく依存しており，その比率は約95％にも及んでいる。資産課税としては相続税等があるが，税収額としてはそれほど大きなものではない。

これに対して地方税は道府県税においては道府県民税および**事業税**が，また市町村税においては市町村民税と**固定資産税**が基幹税となっている。道府県民税と市町村民税をあわせて**住民税**と呼び，個人に課される個人住民税と法人に課される法人住民税に分けられる。個人に対しては均等割と所得割が，法人に対しては均等割と法人税割が課される。均等割とは所得などの大きさにかかわらず課される定額の税であり，地方自治体から受ける便益に対する

図表4－6　国税・地方税の主な税目および税収配分（2016年度決算）

（単位：兆円）

	所得課税	消費課税	資産課税等	計
国	所得税　（17.6） 法人税　（10.3） 等	消費税　（17.2） 揮発油税　（2.4） 酒税　（1.3） たばこ税　（0.9） 自動車重量税　（0.4） 等	相続税　（2.1） 等	
	個人30.5%　法人21.6%	等		
	52.1%（30.7）	42.4%（25.0）	5.4%（3.2）	（59.0）
地方 道府県	法人事業税　（4.1） 個人道府県民税　（5.1） 法人道府県民税　（0.8） 道府県税利子割　0.0 個人事業税　（0.2）	地方消費税　（4.7） 自動車税　（1.5） 軽油引取税　（0.9） 自動車取得税　（0.1） 道府県たばこ税　（0.1） 等	不動産取得税　（0.4） 等	
	個人29.4%　法人26.6%	等		
	56.0%（10.2）	41.5%（7.5）	2.5%（0.4）	（18.1）
市町村	個人市町村民税　（7.4） 法人市町村民税　（2.2）	市町村たばこ税　（0.9） 軽自動車税　（0.2） 等	固定資産税　（8.9） 都市計画税　（1.3） 事業所税　（0.4） 等	
	個人34.6%　法人10.4%			
	45.0%（9.6）	5.5%（1.2）	49.5%（10.5）	（21.3）
	50.1%（19.7）	22.1%（8.7）	27.9%（11.0）	（39.4）
計	51.3%（50.4）	34.3%（33.7）	14.4%（14.2）	（98.3）

（再　掲）

	所得課税	消費課税	資産課税等	計
国	60.9%	74.2%	22.6%	59.9%
道府県	20.1%	22.3%	3.2%	18.4%
市町村	19.0%	3.5%	74.2%	21.6%
地方	39.1%	25.8%	77.4%	40.1%
計	100.0%	100.0%	100.0%	100.0%

（出所）総務省ウェブサイト「国・地方の主な税目及び税収配分の概要」より筆者作成。
（http://www.soumu.go.jp/main_content/000493530.pdf：2018年11月11日閲覧）

住民の等しい負担と考えられている。また所得割，法人税割は国税の所得税，法人税とほぼ同じ課税標準に対して課税されるが，個人住民税については前年の所得に対して課税されるので課税のタイミングが1年ずれることになる。

　事業税とは事業を行う個人や法人の所得に課される道府県税である。特に

法人事業税については都道府県にとっては基幹税であるにもかかわらず景気に対して敏感に反応するため税収の安定性という観点から問題視されてきた。そのため資本金1億円を超える法人については所得割に加えて，付加価値割（人件費等を反映），資本割（資本金の大きさを反映）という**外形標準課税**として課税されている。

　固定資産税は土地，家屋，償却資産などの価値に応じて，その所有者を納税義務者として市町村が課す税であり，その評価は固定資産評価基準に基づいて行われる。固定資産は全国に普遍的に存在すること，その評価額は極端に大きく変動しないことから安定的な税収となっている。

2.5　比例税・累進税・逆進税

　これらは税率と課税標準との関係に注目した分類である。課税標準に対する税負担額の割合（T/Y）を**平均税率**と呼ぶが，課税標準の増加に対して平均税率が上昇するものを累進税，一定であるものを比例税，低下していくものを逆進税と呼ぶ。また課税標準が少しだけ変化したときの税負担額の変化（$\Delta T/\Delta Y$）のことを**限界税率**と呼ぶ。課税標準が大きくなると累進税の下では限界税率は大きくなり，比例税の下では一定に，逆進税の下では小さくなる（**図表4－7**）。

図表4－7　累進税・比例税・逆進税

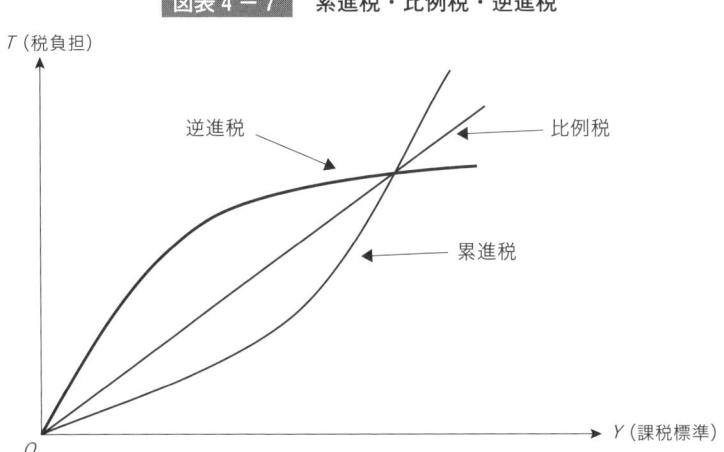

　これら以外にも税目を使途によって分類する方法もある。その収入の使途を限定せず一般経費に充てるための課税を**普通税**，逆に特定の支出に充てるための課税を**目的税**と呼ぶ。

◉注

1　これら以外に，流通段階において課される流通課税という税の分類があるが，近年では流通課税が流通を妨げる可能性があることから，その重要性が低下している。

◉引用・参考文献

竹内信仁編著［2007］『スタンダード財政学　第2版』中央経済社。
林健久編［2003］『地方財政読本　第5版』東洋経済新報社。

第5章
消費税

ポイント

本章では，日本における消費税の制度について概観する。まず，一般的な消費課税の概要について理解した後，課税の帰着と転嫁について議論をする。そして，課税を行う際に発生する超過負担について説明を行い，最適課税の観点から望ましい課税のあり方について考えていく。

キーワード

個別消費税，一般消費税，付加価値税，税の帰着，最適課税

1 消費課税の概要

　第4章において議論されたとおり，課税はその徴収額を決定する課税標準の性質により，消費課税・所得課税・資産課税の3つに分類される。**消費課税**は，市場で取引される財・サービスの購入等を課税標準とし，**所得課税**は，ある期間に得た所得等を課税標準，**資産課税**は，ある時点において保有する資産等を課税標準とする課税である。これらの課税のうち，消費課税は，私たちにとって市場で財・サービスを利用する際に支払う機会が多いため，日常的に馴染み深い課税であると思われる。本章では，この消費課税に関して概観する。

　消費課税は，個別の財・サービスについて特定して課税する**個別消費税**と，財の種類を特定せず一般的な財・サービスに広く課税する**一般消費税**に分けることができる。このうち，一般消費税は，財の流通における製造段階や卸売段階，もしくは小売段階など，いずれかの段階に課税する**単段階課税**と，すべての流通段階に課税する**多段階課税**の2つが存在する。多段階課税には，前段階における課税額を控除しないため流通の各段階において課税額が累積

図表 5 - 1　課税標準と税分類

消費課税	32.9%	消費税	17.0%	計
		地方消費税	4.6%	21.6%
		その他の消費課税	11.4%	
所得課税	53.0%	所得税・個人住民税・個人事業税等	31.5%	
		法人税・法人住民税・法人事業税等	21.5%	
資産課税等	14.1%	固定資産税	8.8%	
		その他の資産課税等	5.3%	

（出所）財務省ウェブサイトより筆者作成。
　　　（https://www.mof.go.jp/tax_policy/summary/condition/a01.htm：2018 年 6 月 29 日閲覧）

していく累積型の取引高税が存在する一方，前段階の課税額を控除する累積
排除型の**付加価値税**（Value Added Tax：VAT）も存在する。

　消費課税における課税標準として，市場で取引される財・サービスの何に
課税するのかについて，従価税と従量税という 2 つの方法がある。**従価税**は，
取引される財の価格を課税標準とする税である。付加価値税である日本の消
費税はこの従価税である。一方，**従量税**は，取引される財の数量などを課税
標準とする税である。取引される財の単位は，りんご 1 個や牛乳 1 ℓ など，
財の種類により異なるため，従量税は個別消費税に用いられる。

　日本における具体的な消費課税についてみてみよう。日本の各租税収入の
総税収に対する比率を**図表 5 - 1** に示す。図表の数値は，2018 年度予算に
おける国税・地方税収の合計であるおよそ 103 兆円に対する割合（%）である。

1.1　個別消費税

　図表 5 - 1 において，その他の消費課税と示されているものが，個別消費
税である。個別消費税は，各財に応じた別々の税率が課されており，その例
として，酒税やたばこ税，揮発油税，自動車重量税や関税など，さまざまな
税が存在する。個別消費税は基本的に従量税で徴収されており，たとえば，
酒税や揮発油税は 1kℓ あたり，たばこは千本あたりで税額が決定されている。
図表 5 - 1 からわかるように，これらの個別消費税の税収は現在の租税収入
全体の 1 割強を占めており，個別消費税は重要な税源となっている。

1.2　一般消費税（付加価値税）

　幅広く一般的な財・サービスの譲渡時に課される一般消費税は，日本をはじめ OECD に加盟する欧州各国で，前段階の課税を控除する付加価値税として課税されている。以下，本章では，一般消費税として付加価値税を考察することとする。日本において，付加価値税として消費税や地方消費税が存在し，図表 5 - 1 より，これらの税額は，国全体の租税収入の 2 割強を占めることがわかる。

1.2.1　付加価値税の詳細

　付加価値税は，1954 年にフランスにおいて初めて施行された課税方式である。フランスでは，第 1 次世界大戦後の財政危機とインフレーションに対応するため，1920 年より累積型の多段階課税である取引高税が導入されていた。しかし，取引高税は，流通における中間段階が多く入れば入るほど，課税が累積してしまう特徴があり，多くの中間段階を抱える業界では企業の垂直統合が進むなど問題が出ていた。これらの問題への対応の結果として，1954 年にフランスにおいて前段階の課税を控除する付加価値税が施行された。

　日本における 1989 年以前の消費課税は，1940 年に奢侈品への課税として導入された物品税を中心とする個別消費税であった。物品税は，個別の財ごとに課税の有無を決定することが可能であったが，たとえば，CD・レコード一般は課税品目である一方，そのジャンルが童謡であれば非課税品目となるなど，課税対象の決定について問題が生じることがあった。さらに経済成長に伴って，市場で取引される財の種類が多種多様になる中で，課税対象を選定し適切な税率を設定していくという作業が困難となっていった。少子高齢化社会を迎えるにあたって，シャウプ勧告以降の所得税中心の課税制度を見直すべきとの見解や，経済成長により所得が増加していくことに伴い，所得税の最高税率の引き下げにより累進課税をより平坦にすべきとの要望が現れ，一般的な財・サービスに広く徴収できる付加価値税の導入が政府により検討されてきた[1]。

図表 5 − 2 **消費税率と地方消費税率**

適用開始日	2014 年 4 月 1 日	2019 年 10 月 1 日 (予定)	
消費税率	6.3%	標準税率	軽減税率[*]
		7.8%	6.24%
地方消費税率	1.7% (消費税額の 17/63)	2.2% (消費税額の 22/78)	1.76% (消費税額の 22/78)
合計	8.0%	10.0%	8.0%

(注) 軽減税率の対象：(1)酒類・外食を除く飲食料品，(2)週 2 回以上発行される定期購読の新聞。
(出所) 国税庁ウェブサイト　平成 29 年 4 月 1 日現在法令。
　　　(https://www.nta.go.jp/taxes/shiraberu/taxanswer/shohi/6303.htm：2018 年 6 月 29 日閲覧)

　これらの状況の下で，1989 年に 3% の税率で原則的にすべての財・サービスに課す付加価値税として国税の**消費税**が導入された。その後，非課税品目が拡大され，1997 年には，新設された地方消費税と合わせて 5% の税率に引き上げられていく。さらに，2014 年には**図表 5 − 2** のように合計 8% となった。2018 年現在，消費税・地方消費税とも，非課税となる一部の財・サービスを除き，すべての財・サービスに同じ税率で課税されているが，将来予定される税率改正においては，標準税率は合計 10% となる一方，食料品や新聞などに対しての税率は軽減税率である 8% となることを予定している[2]。

1.2.2 付加価値税の仕組み

　付加価値税の税額の決定に関し，具体的な仕組みを説明する。付加価値とは，ある企業が原材料に新たに付加した価値であり，税抜きの売上高から税抜きの仕入額を引いた値で示される。付加価値税は，この流通の各段階にて付加された付加価値に課税する従価税である。

　具体的に**図表 5 − 3** を用いて，ある財 1 単位の流通において，製造業者・卸売業者・小売業者の 3 者が存在し，最後の小売業者のみが最終消費者に財を販売する場合を考えてみよう。図表 5 − 3 には，付加価値税が 8% における，各々の業者の売上額や支払額，仕入額にかかる付加価値税等が記載されている。図表 5 − 3 で示される税請求額とは，各業者が購入者に請求する付加価値税額であり，各業者の売上額に付加価値税率を掛けて算出される。一

図表5-3 消費税8％における納税額の計算

	売上額	仕入額	付加価値	税請求額	税控除額 （前段階税額）	納税額
製造業者	500	0	500	40	0	40（＝40－0）
卸売業者	700	500	200	56	40	16（＝56－40）
小売業者	1,000	700	300	80	56	24（＝80－56）
合計	2,200	1,200	1,000			80

方，税控除額とは，前段階業者が請求する付加価値税額であり，すでに業者は支払っているため納税額から控除することができる。各業者の納税額は，税請求額から税控除額を引いた額である。これを表すと以下となる。

$$納税額＝税請求額－税控除額 \qquad (5-1)$$

図表5-3を用いて，各業者の納税額を算出してみよう。まず，製造業者に着目すると，売上額500円だから，購入者（卸売業者）への税請求額は40（＝500×0.08）円であり，原材料を外部より購入していないため税控除額は0円である。結果として，税請求額から税控除額を引いた額である40円を製造業者が政府に納税する。次に卸売業者に着目すると，売上額700円だから，購入者への税請求額は56（＝700×0.08）円であり，仕入額は500円であるため，卸売業者の税控除額は40（＝500×0.08）円である。税請求額から税控除額を引いた額である16（＝56－40）円が，卸売業者が政府に支払う納税額となる。同様に，小売業者が政府に支払う納税額は，24（＝80－56）円である。このような納税額の算出方法を前段階税額控除方式（仕入税額控除）と呼ぶ。欧州では，各段階の業者が購入者に税を請求するために請求書（インボイス）を使うため，インボイス方式とも呼ばれている。

税請求額と税控除額は，各々，売上額と仕入額に付加価値税率を掛けたものである。したがって，(5-1)式の右辺を変形すると，付加価値税の納税額は，

$$納税額＝（売上額－仕入額）×付加価値税率$$

と表すことができる。売上額と仕入額の差は業者が新たに付加した付加価値である。この関係より，各業者の納税額は，各々がつけた付加価値に対して付加価値税率だけ課税した額となることがわかる。

2 消費課税の帰着

　租税の帰着と転嫁について説明をする。ここでは，財の需要者と供給者が別々の経済主体として存在する状況を考える。税を課され政府に税を納める納税義務者と，税を負担する担税者は必ずしも一致しない。ある課税の下で，税負担を他の経済主体に移し替えることを租税の**転嫁**と呼び，最終的な税負担の帰属のことを租税の**帰着**と呼ぶ[3]。以下では，各財市場間の相互依存関係がない部分均衡分析の枠組みにおいて，消費課税の帰着を考察する。

2.1 納税義務者と帰着

　ここでは，納税義務者が，需要者と供給者のどちらであるかは，税の帰着に影響を与えないことを説明する。

2.1.1 供給者が納税義務者の場合

　まず，供給者が納税義務者であり，財の1単位の供給にあたり τ 円の従量税が課される場合を考えよう。このとき，供給者は市場における供給価格 τ 円だけ引き上げるため，供給曲線は平行かつ上方に τ 円だけシフトする。需要曲線を D，供給曲線を S として，この財の市場均衡を示したものが**図表5－4**である。課税前の市場均衡が価格 p_0^*，数量 q_0^* で示される E_0 点であり，課税後の市場均衡が価格 p_1^*，数量 q_1^* で示される E_1 点である。政府は財1単位当たり τ 円の課税を行っているが，これは図表5－4における $p_1^* - p_1^f$ で示される。このとき，供給者は需要者から p_1^* 円を受け取り，政府に τ 円を納税するため，最終的に $p_1^* - \tau (= p_1^f)$ 円を受け取っている。課税前において，両者は p_0^* 円で取引できたことを考えると，課税額 τ 円のうち，$p_1^* - p_0^*$ 円は需要者が負担し，$p_0^* - p_1^f$ 円は供給者が負担していることがわかる。

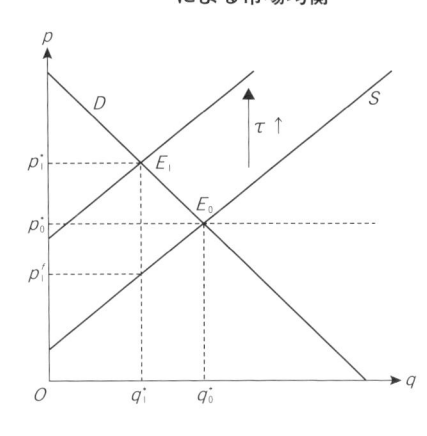

図表 5 − 4　供給者への消費課税
　　　　　　による市場均衡

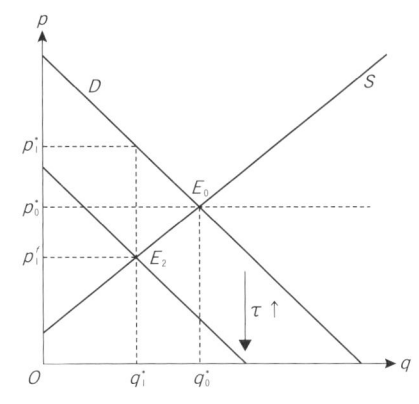

図表 5 − 5　需要者への消費課税
　　　　　　による市場均衡

2.1.2　需要者が納税義務者の場合

　次に，需要者が納税義務者であり，財 1 単位の購入にあたり τ 円の従量税が課される場合を考える。このとき，需要者は限界便益を τ 円だけ引き下げられることから，需要曲線は平行かつ下方に τ 円だけシフトする。この財の市場均衡を示したものが**図表 5 − 5** である。図表 5 − 5 において，課税前の市場均衡が価格 p_0^*，数量 q_0^* で示される E_0 点であり，課税後の市場均衡は価格 p_1^f，数量 q_1^* となる E_2 点である。財を 1 単位購入する場合，需要者は供給者に p_1^f 円を支払い，政府に τ 円の消費税を支払うため，総額で $p_1^f + \tau$（$= p_1^*$）円を手放すことになる。したがって，2.1.1 での議論と同様に，課税額 τ 円のうち，$p_1^* - p_0^*$ 円は需要者が負担し，$p_0^* - p_1^f$ 円は供給者が負担していることがわかる。

　2.1.1 と 2.1.2 の議論より，消費課税による税負担の帰着は，納税義務者が誰であるかに依存しないことが示された。

2.2　価格弾力性と帰着

　ここでは，税の帰着の大きさが需要曲線と供給曲線の**価格弾力性**に依存することをみる。まず，供給の価格弾力性は価格増加率（$\Delta p / p$）に対する供給増加率（$\Delta q / q$）であり，これを ε_s と示す。図表 5 − 4 における τ の変化が非

常に小さいと考えると，供給者へ供給1単位当たり $\tau(= p_1^* - p_1^f)$ 円の従量税を課する場合において，図表5－4の点 E_o における供給の価格弾力性 ε_S は，以下となる。

$$\varepsilon_S = \frac{\Delta q / q}{\Delta p / p} = \frac{(q_1^* - q_0^*) / q_0^*}{(p_1^f - p_0^*) / p_0^*}$$

この関係を書き直すと，$p_0^* - p_1^f = (q_0^* - q_1^*) p_0^* / q_0^* \varepsilon_S$ となる。

　同様に，需要の価格弾力性 ε_D は，価格増加率（$\Delta p / p$）に対する需要増加率（$\Delta q / q$）を示す。需要曲線の傾きは負であるが，弾力性は通常正の値で表すため，需要の価格弾力性は値にマイナスをつけて計算する。このため，図表5－4の点 E_o における需要の価格弾力性 ε_D は，$\varepsilon_D = -[(q_1^* - q_0^*) / q_0^*] / [(p_1^* - p_0^*) / p_0^*]$ と示される。この関係を書き直すと，$p_1^* - p_0^* = (q_0^* - q_1^*) p_0^* / q_0^* \varepsilon_D$ となる。

　2.1.1，2.1.2において，供給者へ供給1単位当たり τ 円の従量税を課する場合，需要者と供給者の負担は，それぞれ $p_1^* - p_0^*$ 円と $p_0^* - p_1^f$ 円であったので，各々の負担割合は，上で求めた ε_S, ε_D を用いると以下の関係式で示すことができる。

　　　需要者の負担：供給者の負担＝ $1 / \varepsilon_D : 1 / \varepsilon_S$

この関係は，需要者と供給者において，各々の価格弾力性がより小さいほうがより多くの消費課税を負担することを意味している。たとえば，必需品のように需要の価格弾力性が低いものは，税負担の多くの部分が需要者に帰着しやすく，奢侈品のように需要の価格弾力性が高いものは，供給者に帰着しやすい。

3 最適課税

　政府が課税に際して一括税を使うことができず，経済に損失をもたらす課

税方法のみが使える場合に，その損失が最も小さくなる課税方法のことを**最適課税**と呼ぶ。市場で取引を行う家計や企業に対する，政府の課税や補助金などの活動は，経済に負の影響を与え得る。たとえば，政府の課税は，対象となる市場での取引を減少させることを通じて，課税がなければ取引ができた需要者や供給者の取引から得られる利益を減少させる。この損失を**死重損失**もしくは**超過負担**と呼ぶ。この死重損失に着目し，3.1 項では個別消費税の場合，3.2 項では消費課税と所得課税が用いられる場合の最適課税について考察する。具体的には，一定額の税収を集めるという前提のもとで，死重損失の観点から望ましい課税について考えていく。

3.1　個別消費税を用いた最適課税の理論

　政府が用いることができる課税政策が個別消費税のみであるとき，一定の税収を得るためにどのような個別消費税を徴収するべきか，という問題を考える。この問題は取り組んだ研究者の名前から，ラムゼイ問題と呼ばれている。以下では，ラムゼイ・ルールと均一税率の命題という 2 つの命題を紹介する。

3.1.1　ラムゼイ・ルール

　ここでは，各財が独立である場合，つまり，ある財の価格が他の財の需要量に影響しないような状況を考察する[4]。いま，供給の価格弾力性が無限大の状況において，財 X として表されるゲーム機と財 Y として表されるリンゴの 2 財が存在し，リンゴのほうがゲーム機よりも生活必需品であり，需要の価格弾力性が低いとしよう。

　まず，どちらかの市場に財 1 単位当たり τ 円の消費税を供給者に課すとする。ここで，現在の各市場の均衡に τ 円の消費税を課すことによって，各市場から同じ税収を得ることができると仮定する。これは課税後の生産量が両市場で等しくなることを意味している。以上の状況は，**図表 5 − 6** のように表される。

　図表 5 − 6 において，課税前のゲーム機市場の均衡は $E_0^x(p_0, x_0)$ 点，リンゴ市場の均衡点は $E_0^y(p_0, y_0)$ 点，課税後の均衡は各々の $E_1(p_1, q_1)$ 点であり，

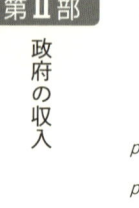

図表5－6 価格弾力性と死重損失

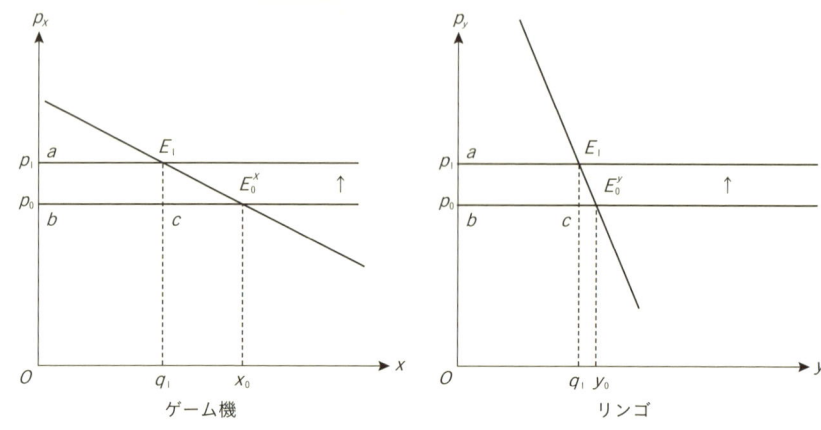

需要の価格弾力性はゲーム機よりリンゴのほうが低いため，$x_0 > y_0$ である[5]。図表5－6の $abcE_1$ は税収を示し，$cE_1E_0^x$ および $cE_1E_0^y$ は各市場での死重損失を示す。図表より，リンゴのほうがゲーム機よりも課税による生産量の減少が小さいため，死重損失が少ないことがわかる。したがって，この場合，需要の価格弾力性が低いリンゴに課税するほうが死重損失の観点からは望ましい。

　次に，政府に必要な一定の税収を得るために，さらに追加でリンゴから消費税を徴収することを考える。税額の増加により，リンゴの需要量が減少するため，追加的に税額を上げたときの税収は減少していく。また，死重損失を表す領域は，横軸方向にも縦軸方向にも増えるため，税額の2乗に比例して増えていく。このため，リンゴへの課税額が高くなると，ゲーム機からも消費税を徴収することが望ましくなる。したがって，一般に一定の税収を得るためには，両財に課税をした上で，需要の価格弾力性が低いリンゴにより多くの課税することが最適課税の観点からは望ましい。このことを**ラムゼイ・ルール**と呼ぶ。

3.1.2 均一税率の命題

　財 X と財 Y の2財が存在し，各財が独立でない場合，つまり，財 X の価

格が財 Y の需要量に影響を与え，逆に財 Y の価格も財 X の需要量に影響を与える経済を考察する。

ここで，家計の所得を I，財 X と財 Y の需要量を x, y，価格を p_x, p_y，従量税での消費税額を τ_x, τ_y とすると，家計の予算制約式は以下となる。

$$I = (p_y + \tau_y)y + (p_x + \tau_r)x$$

ここで，財 Y への税額である τ_y を τ_y^* へ引き上げる政策を考えてみよう。**図表 5 － 7** は，横軸に財 X，縦軸に財 Y をとり，課税前および課税後の家計の**効用最大化**の様子を表している[6]。課税前における家計の効用を最大化する消費は E_0 点 (x^0, y^0)，課税後は E_1 点 (x^1, y^1) で表されており，E_1 点は効用水準が u_L となる無差別曲線に接している。

消費税が引き上げられた後の予算制約線は，横軸の切片は $I/(p_x + \tau_x)$ で変化しない一方，縦軸の切片は $I/(p_y + \tau_y)$ から $I/(p_y + \tau_y^*)$ に減少するため傾きが変化する。E_1 点を実現する際に徴収できる税収は，財 Y で測って $a_1 E_1$ の長さとなる。

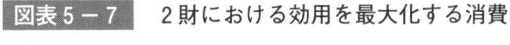

図表 5 － 7　　2 財における効用を最大化する消費

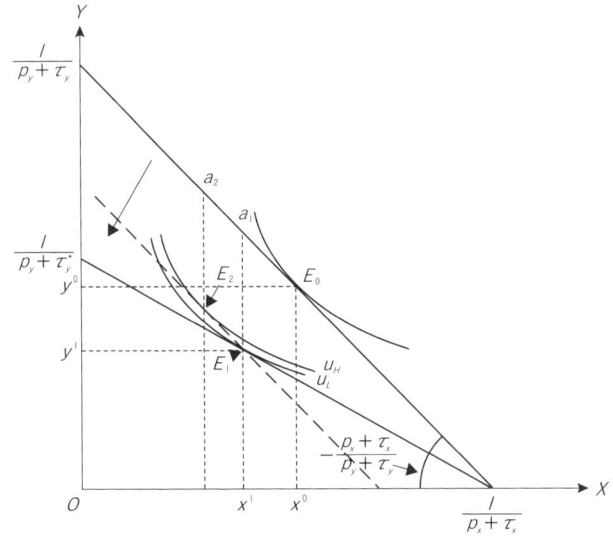

　一方，τ_x，τ_y の両方を変化させることにより，E_1 点を通り，課税前の予算制約線と平行な予算制約線を実現することができる。この予算制約線は図表 5 - 7 にて点線で表されている。この予算制約線と無差別曲線の接点を E_2 点とし，実現されている効用水準を u_H とする。E_2 点における税収は $a_2 E_2$ の長さで示される。これは $a_1 E_1$ と同じ長さである。E_1 点と E_2 点において，政府は同じ税収を得ているため，効用水準の差である $u_H - u_L$ は，財 Y への消費税のみを用いて税収を得た場合における効用水準の悪化を示す。この悪化は，経済の損失を示すものである。この場合，τ_y のみを用いて税収を確保するのではなく，予算制約線の傾きである $(p_x + \tau_x) / (p_y + \tau_y)$ を変化させないように τ_x と τ_y の両方を用いて各財に均等に課税することが望ましい。このことを**均一税率の命題**と呼ぶ。

3.2　消費課税と所得課税

　家計の所得には，大きく分けて労働供給から得られる労働所得と保有資産の利子から得られる利子所得が存在し，それぞれに対する所得税として労働所得税と利子所得税がある。以下では，消費税と，労働所得税もしくは利子所得税のみが可能であるとき，一定の税収を得るためにどのような課税を行うのがよいか，という最適課税の問題を考える。

3.2.1　消費税と労働所得税

　労働所得税に焦点を当てるために，ここでは利子所得はないと考える。家計の労働供給は弾力的であり，家計は余暇と消費から効用を得ている。家計の消費量を c，余暇時間を l とする。1 日は 24 時間で，余暇以外の時間は労働にあてているので，労働時間は $24 - l$ である。時給が w かつ労働所得税率が τ_w の状況では $(1 - \tau_w) w (24 - l)$ の所得を得る。したがって，消費財の価格が p でかつ消費 1 単位当たり τ の消費税（従量税）がかかっていると，この家計の予算制約式は $(1 - \tau_w) w (24 - l) = (p + \tau) c$ となり，これを書き換えると以下となる。

$$c = -\frac{w(1 - \tau_w)}{p + \tau} l + \frac{24w(1 - \tau_w)}{p + \tau}$$

価格と賃金が一定であれば，消費税もしくは労働所得税のどちらを用いても，各々の税率は異なったとしても，全く同一の予算制約式を実現することが可能となる。したがって，ある税収を得るためにどちらの税を使った場合でも，同じ消費・余暇の組み合わせが実現され，政府は同額の税収を得ることができる。結果として，同一税収を得るために，これらの課税を用いる場合，どちらを用いても，経済の損失の観点からは同一の影響を経済に与えることがわかる。

3.2.2 消費税と利子所得税

利子所得税とは，貯蓄から得られる利子所得に対して課される税を指す。利子所得を考えるため，今期と来期の2期間が存在する経済を考察する。また，利子所得税に焦点を当てるため，労働や余暇は考えない。今期および来期の消費財の価格を p_1 および p_2 とし，各期の消費にはそれぞれ1単位当たり τ_1 および τ_2 の消費税（従量税）がかかっている。家計の今期の所得を I，消費を c_1，貯蓄を s と表す。したがって，今期の予算制約式は $I = (p_1 + \tau_1) c_1 + s$ となる。利子率を r で表すと，貯蓄からは rs の利子収入が得られるが，税率 τ_r の利子所得税が課されるため，来期の所得は $(1 + r(1 - \tau_r))s$ となる。来期の消費を c_2 とし，その価格 p_2 とする。すると，来期の予算制約式は $(1 + r(1 - \tau_r))s = (p_2 + \tau_2)c_2$ となる。今期の予算制約式と来期の予算制約式から貯蓄 s を消去すると，家計の2期間を通じた生涯の予算制約式は，以下のようになる。

$$c_2 = -\frac{1 + r(1 - \tau_r)}{p_2 + \tau_2}(p_1 + \tau_1)c_1 + \frac{1 + r(1 - \tau_r)}{p_2 + \tau_2} I$$

この予算制約式から，政府が税収を得る手段として τ_r のみ，もしくは，τ_2 の

みを用いる場合，各々の税率は異なったとしても，全く同一の予算制約式を実現することが可能であることがわかる。つまり，どちらの税を用いても，同じ予算制約線，そして消費点を実現でき，その際の税収は同じとなる。よって，利子所得税と来期の消費税は，経済に同じ影響を与える税とみなすことができる。3.1.2での議論では，課税前の価格比率を変えない課税が望ましいという結論だった。本項の議論においても，消費税のみに着目すれば，今期と来期の消費の価格比率は $(1 + r)(p_1 + \tau_1) / (p_2 + \tau_2)$ である。消費税のみを用いて同一税収を得る条件では，どちらかの期の消費税のみを用いるよりも，予算制約線の傾きを変えないように今期および来期の消費税に均等に課税するほうが，死重損失の観点から望ましい。したがって，利子所得税よりも，今期および来期の消費に均等に課税するほうが，より望ましい課税であると考えることができる。

限界便益と需要曲線

　ある変数 x に対応してある値が定まる特定の関係があるとき，その関係は関数 $f(x)$ として表現できる。消費者が消費から得る嬉しさを金額で表したものを便益と呼び，ある財を x だけ消費したときの便益を表す関数，便益関数，を $B(x)$ とする。例として，消費者がリンゴの消費から以下のように便益を得る状況を考えよう。消費者がリンゴを全く消費していない場合の便益を $B(0) = 0$，1 個だけ消費する場合の便益を $B(1) = 1{,}000$ とする。同様に，2 個，3 個，4 個消費したときの便益をそれぞれ $B(2) = 1{,}500$，$B(3) = 1{,}750$，$B(4) = 1{,}850$ であるとする。消費者が財を x だけ消費している状況から，1 単位多く消費したときに得られる便益を**限界便益**と呼び $MB(x)$ で表す。限界便益は関数であり，$MB(x) = B(x + 1) - B(x)$ と表される。

　いま，この消費者が，合計何個のリンゴを市場から購入するかを考えよう。消費者は購入による便益が購入費用である価格を上回れば購入するであろう。全くリンゴを購入していない状況から 1 個だけ購入する場合，この消費者が追加的に得られる限界便益は $MB(0) = B(1) - B(0) = 1{,}000 - 0 = 1{,}000$ である。消費者はリンゴ 1 個の購入による便益は 1,000 円であるため，リンゴの価格が 1,000 円を超える場合，リンゴの購入はせず，リンゴの価格が 1,000 円以下である場合，まず 1 個のリンゴを購入しようとする。$MB(1) = 500$ であるので，価格が 1,000 円以下でかつ 500 円を超える場合は，追加購入はせず，合計 1 個のリンゴで購入を止める。価格が 500 円以下であれば，さらに 1 個を追加購入しようとする。同様に，$MB(2) = 250$ であることから，価格が 500 円以下で 250 円を超える場合，合計 2 個で購入をやめ，価格が 250 円以下の場合には 3 個目の購入を決定する。同様に $MB(3) = 100$ であることから，価格が 250 円以上で 100 円を超えているときは 3 個で購入を止め，100 円以下のときには合計 4 個のリンゴを購入する。これらの価格と購入量の関係が**図表 5 − r1** に描かれている。太線で描かれた階段状のグラフは各購入量における限界便益，MB

図表5－r1　限界便益

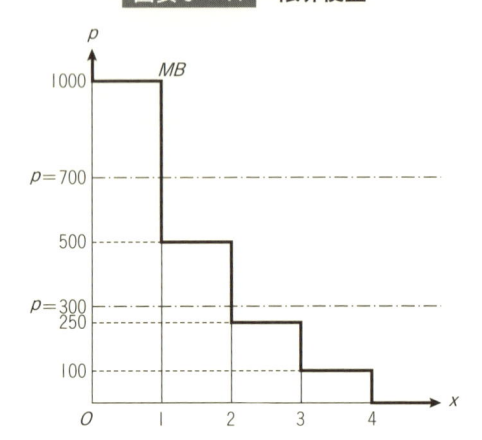

(x) を表している。図表5－r1 には，価格が 700 円のときに消費者はリン
ゴを1個購入し，同様に，価格が 300 円の場合，消費者は2個購入する様
子が示されている。図表5－r1 におけるグラフは階段状であるが，財・
サービスの購入単位が非常に小さくなれば，曲線で描くことができる。

　需要曲線とは，ある価格が与えられたときに，家計が選択する需要量を
示す曲線である。図表5－r1 から，限界便益をグラフにしたものが需要
曲線になることがわかる。つまり，需要曲線の各点はその需要量における
限界便益を表す。

効用関数と需要曲線

　次に，家計が購入可能な2財が存在する場合における，家計の効用最大
化の結果と需要曲線の関係について考察する。

　家計には所得 I が与えられる。家計が購入可能な2財を各々財 X と財 Y
と呼び，財 X の価格を p_x，消費量を x，財 Y の価格を p_y，消費量を y と
表す。各財には従量税型の消費税として，消費1単位当たり τ_x および τ_y
が課されている。このとき，以下の**予算制約式**を得る。

$$I = (p_x + \tau_x)x + (p_y + \tau_y)y \qquad (5\text{－}r1)$$

| 図表 5 − r2 | 予算制約線 | 図表 5 − r3 | 無差別曲線と MRS |

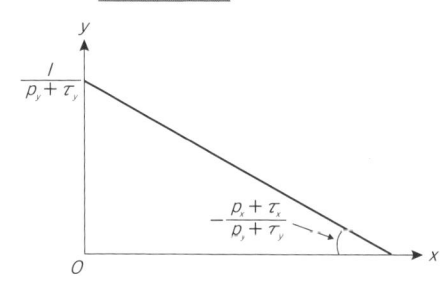

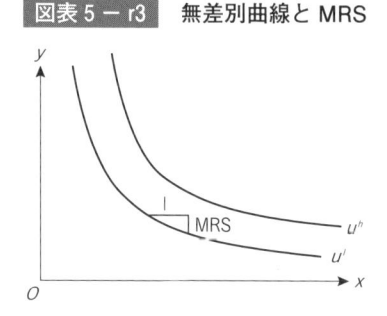

（5−r1）式を y について式を変形すると，$y = -\left[(p_x + \tau_x) / (p_y + \tau_y)\right]$ $x + I / (p_y + \tau_y)$ と表すことができる。この予算制約式を，横軸に x，縦軸に y を示した図に書き入れると予算制約線として**図表 5 − r2** のように表される。

　次に，予算制約線で示された購入可能な財の組み合わせの中で，家計にとり最も望ましい状況となる組み合わせを考える。家計の満足度を示すものを効用水準とし，財 X と財 Y の消費量に対応して定まる家計の効用水準を効用関数 $u(x, y)$ にて示す。この $u(x, y)$ が一定の値をとるとした上で，その値を実現可能な x と y の組み合わせを図示したものを無差別曲線と呼ぶ。同じ無差別曲線の上では，同じ効用水準である。したがって，無差別曲線上において，一方の財の消費量が増加すると効用水準が増加するから，同一の無差別曲線上にあるためには，もう一方の財の消費量は減少しなければならない。そのため，無差別曲線の形状は右下がりとなる。さらに，無差別曲線上にある消費財の組み合わせの上で，無差別曲線に沿って，1 単位横軸の x を増やした場合，どれだけ y が減っても同じ効用水準に留まることができるのかを示したものを限界代替率（Marginal Rate of Substitution：MRS）と呼ぶ。横軸に X，縦軸に Y を示した図における無差別曲線と MRS は**図表 5 − r3** で示される。図表 5 − r3 における，左下の無差別曲線 u^l よりも右上の u^h のほうが高い効用水準を示す。家計は，図表 5 − r2 の予算制約線上で購入可能な財の組み合わせのうち，最も効用水準が高い各財の組み合わせを実現したいと考えている。

　図表 5 − r4 で，その組み合わせは，無差別曲線と予算制約線が 1 点で

接する E_0 点 (x^0, y^0) にて実現する。この点 (x^0, y^0) は以下の 2 つの性質を満たしている。

(1) MRS と価格比 $(p_x + \tau_x) / (p_y + \tau_y)$ が等しい
(2) 予算制約線上に存在している

　ここまでの議論を土台として，財 X の需要曲線を導出してみよう。ただ，効用関数が $u(x, y)$ のような一般的な関数であると，扱いが難しい。そのため，効用関数が持つべき性質を損なわない範囲において，以下の自然対数を使った，単純な対数線形関数を効用関数と仮定する。

$$u(x, y) = \alpha \ln x + (1 - \alpha) \ln y, \quad 0 < \alpha < 1 \tag{5-r2}$$

　ここで示されている α は，財 X の財 Y に対する相対的な望ましさを示している。一般的に，効用関数は，他財の消費量を一定とした上で，特定の 1 財を消費していくと，その追加的な 1 単位の消費から得られる嬉しさである限界効用が逓減していく性質を持つ。対数関数 $\ln x$ に関し，x に関する微分は $1 / x$ となることを考えると，(5-r2) 式で示される効用関数において，財 X と財 Y の限界効用は，各々 α / x，$(1 - \alpha) / y$ であり，この性質を満たしている。
　家計の効用最大化条件 (1) および (2) から，効用を最大とする消費量を求め

図表 5 - r4　家計効用を最大化する消費

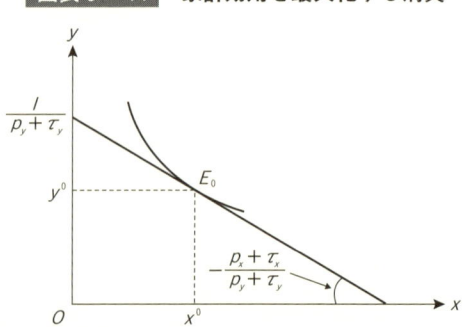

ようｴ。まず、財 *X* を1単位増加させると、効用水準は限界効用の分、α/x だけ増加する。一方、財 *Y* を1単位減らすと、効用水準は限界効用の分、$(1-\alpha)/y$ だけ減少するので、財 *Y* を $(\alpha/x)/((1-\alpha)/y)$ 単位減らすと、効用水準は α/x だけ減少する。したがって、財 *X* が1単位増加するとき、効用水準が変化しないために必要な財 *Y* の減少量である MRS は $(\alpha/x)/((1-\alpha)/y)$ である。(1)の条件である、価格比と MRS が等しいという条件は(5−r2)式のような効用関数の場合、以下となる。

$$\frac{\alpha/x}{(1-\alpha)/y} = \frac{p_x + \tau_x}{p_y + \tau_y}$$

次に、(2)の条件を利用し各期の消費量を求めることができる。上式で示された(1)の条件を *y* についてまとめると、$y = (p_x + \tau_x)(1-\alpha)x/[(p_y + \tau_y)\alpha]$ である。この *y* を予算制約式である(5−r1)式に代入し、*x* についてまとめると、$x = \alpha l/(p_x + \tau_x)$ が得られる。したがって、家計の最適消費量は以下となる。

$$x = \frac{\alpha l}{(p_x + \tau_x)}, \ y = \frac{(1-\alpha)l}{(p_y + \tau_y)} \tag{5−r3}$$

(5−r3)式を変形すると、以下の式が導出される。

$$p_x = \frac{\alpha l}{x} - \tau_x, \ p_y = \frac{(1-\alpha)l}{y} - \tau_y$$

左の式は、価格 p_x が与えられたときに、財 *X* の需要量 *x* を与えるので、財 *X* の需要曲線を表しているといえる。同様に右の式は、財 *Y* の需要曲線である。したがって、需要曲線は、右下がりであり、消費者に課税される消費税額 τ_x が上がると下へシフトする。

◉**注**

1　1949-1950 年にシャウプ（Shoup, C.）を長としたシャウプ使節団が日本の税制について，GHQ に対してシャウプ使節団日本財政報告書（シャウプ勧告）を提出した。戦後の日本の税制制度はこの報告を参考して構築された。

2　土地の譲渡・賃貸，住宅の賃貸，金融・保険，医療，教育，福祉等は消費税が非課税となっている。

3　卸売業者と小売業者を考えた場合，課税負担を卸売業者が小売業者に転嫁することを前方転嫁，小売業者が卸売業者に転嫁することを後方転嫁と呼ぶ。

4　ここで示す需要量は，正確には補償需要である。補償需要とは，価格が変化した際，効用水準を一定に保つように所得が補整されるときの需要を示す。

5　課税前の均衡点における，ゲーム機の需要の価格弾力性は $-[(q_1 - x_0)/x_0]/[(p_1 - p_0)/p_0]$，リンゴの需要の価格弾力性は $-[(q_1 - y_0)/y_0]/[(p_1 - p_0)/p_0]$ である。したがって，前者のほうが後者より大きいと場合，$x_0 > y_0$ となる。

6　本章の REVIEW①参照。

◉**引用・参考文献**

井堀利宏［2003］『課税の経済理論』岩波書店。

金子昭彦・田中久稔・若田部昌澄［2015］『経済学入門　第 3 版』東洋経済新報社。

神野直彦［2007］『財政学　改訂版』有斐閣。

竹内信仁編著［2007］『スタンダード財政学　第 2 版』中央経済社。

第 6 章
所得税

ポイント

本章では，我が国の所得税制度について概観する。まず収入金額そのものに課税をされるのではなく，さまざまな調整が行われたのちに税額が算定されることを示す。さらに現行の制度が抱えている問題点についても説明する。また課税のもたらす資源配分上の問題点について理論的な分析を用いて示す。

キーワード

総合課税，分離課税，申告納税制度，源泉徴収制度，課税最低限，超過負担

1 所得税の仕組み

1.1 所得税制度の概要

　戦後の日本の税制の基盤は，コロンビア大学のシャウプ教授（Shoup, C.）を中心とする税制使節団により 1949 年にとりまとめられた**シャウプ勧告**に基づき形作られてきたといえる。シャウプ勧告の中では，固定資産税の創設や住民税の見直しに代表される地方財政の強化，青色申告制度の導入などの納税制度の改革とともに直接税中心主義の確立がうたわれた。その中でも所得税は，我が国の税制の中で常に主要な位置を占めてきており，基幹税としての役割を担っている。

　日本の**所得税**においてはその所得の源泉にかかわらず，すべての所得を合算して課税所得を計算した上で超過累進税率を適用して税額を計算する**総合課税**（包括的所得税）を原則としている。具体的には，所得は給与所得，譲渡所得，一時所得，事業所得，不動産所得，利子所得，配当所得，退職所得，

山林所得，雑所得の10種類に区分されており，それぞれの区分における所得金額が計算された上で合算される。ただし，退職所得と山林所得については所得の獲得までの長期性を考慮し他の所得とは切り離して課税する，つまり**分離課税**（分類所得税）が適用されており，また利子所得などについても分離課税によって課税され，源泉徴収のみで課税が完結している。

国税である所得税における課税標準は，地方税である道府県民税や市町村民税のうち個人住民税とほぼ共通のものとなっている。

1.2 所得税の計算方法

所得税を算出するプロセスは**図表6－1**にまとめられている。重要な点は稼得した収入に対して税金が直接課されるのではなく，さまざまな調整が行われたのちの課税所得に，税金が課される点である。まず収入を得るにあたっては相応の経費が必要となるはずである。この収入から必要経費を控除したものを所得と呼ぶ。自営業者などの場合は，その必要経費は実額で処理されるが，サラリーマンなどのように実額でとらえにくい場合は収入の一定割合を必要経費とみなす**給与所得控除**制度が用いられ，必要経費が概算で算定される[1]。この制度はまた，必要経費が実額で処理される他の所得との負担調整の意味を持っていると考えられている。給与所得控除額は年収300万円の人は108万円，800万円の人は200万円となっており（2018年度），基

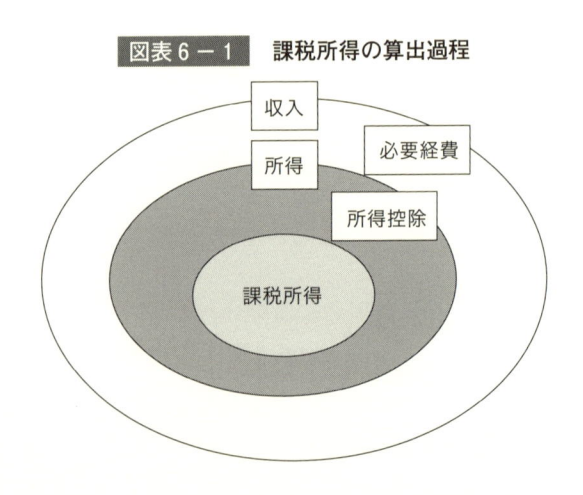

図表6－1 課税所得の算出過程

図表6−2	所得税の税率構造（2018年度）	

課税所得金額	税率
195万円以下	5％
195万円超　330万円以下	10％
330万円超　695万円以下	20％
695万円超　900万円以下	23％
900万円超　1,800万円以下	33％
1,800万円超　4,000万円以下	40％
4,000万円超	45％

本的には収入の増加に伴って大きくなっている。しかし収入が大きいことが必ずしも大きな必要経費を意味するわけではないことから，2017年度以降，収入が1,000万円を超えるときには220万円の上限が設定されている。

　このようにして算定された所得から，さまざまな所得控除を行うことで課税所得が求められる。所得控除とは，同じ収入であったとしても個々の事情によって異なってくる担税力に配慮した考え方である。たとえば扶養している人数が多いほど，あるいは災害等により住宅家財などに大きな損害を受けた人ほど税金を負担する能力が低くなるというケースが考えられる。所得控除は基礎控除，配偶者控除，扶養控除などの人的控除と雑損控除，社会保険料控除，医療費控除などのその他の控除に分けられる[2]。

　さらに求められた課税所得に対して，**図表6−2**で与えられる累進構造を持った税率をかけて税額が算定される。現在は税率が5％から45％の7段階となっている。実際の税額は，課税所得金額を区分しそれぞれの所得階級（ブラケット）の所得に対してその区分の税率を適用し，それらを合算する**超過累進税率**方式で求められる。課税所得金額が一定以上となるとすべての所得に高い税率を適用する単純累進税率方式の下では，所得の増加以上に税負担が上昇してしまい手取り所得が減少してしまうことがあるが，超過累進税率方式の下ではそのようなことが起こらない。

　課税所得金額が700万円である人のケースを考えると，700万円に対して23％の税率を適用するのではなく，700万円を195万円以下，330万円以下，695万円以下，900万円以下の4つの所得階級に区分し，それぞれの階級ご

との税率を適用する。したがってここから算出される税額は次のようになる。

算出税額

$$= 195 \times 5\% + (330 - 195) \times 10\% + (695 - 330) \times 20\% + (700 - 695) \times 23\%$$

$$= 9.75 + 13.5 + 73.0 + 1.15$$

$$= 97.4\,万円$$

　最後にこのようにして算出された税額に対して税負担を軽減するために**税額控除**が行われ，最終的な納付税額が決定される。税額控除には，自国に加え外国でも所得を稼得する場合に発生する二重の税負担の調整を意図した外国税額控除，住宅ローンがある場合の税負担の減免である住宅借入金等特別控除，所得税と法人税の二重の負担の調整のための配当控除などが存在している。

　税負担を軽減するという観点からは，上でみた所得控除と税額控除は同じ効果を持つものと考えられる。ただ，その性質は若干異なる。所得控除は課税所得を圧縮する効果を持つため，税率の高い人ほど税負担の軽減効果が大きくなり富裕層ほどその恩恵が大きいと考えられる。一方税額控除は税額そのものを軽減することになるので税負担の軽減効果はすべての人に等しくなる。そのため基礎控除などの人的控除については税額控除化するべきであるという考え方も存在する。

1.3　所得税の問題点

1.3.1　課税単位の問題

　課税単位とは税額を算定する場合の人的単位のことをいい，大きく分けると個人ごとの所得に対する課税である個人単位課税と，世帯ごとの所得に対する課税である世帯単位課税の2つがある。日本の所得税制は原則として個人単位課税であるが，フランスなどは世帯単位課税の考え方をとっている。世帯の中に複数の稼ぎ手が存在する場合，課税単位が異なる制度の下では負担すべき税額が異なるケースが出てくる。

図表 6 − 3   課税単位の問題

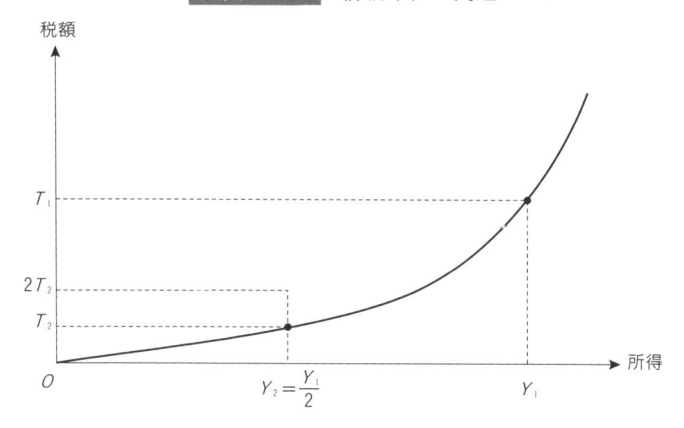

　図表 6 − 3 は累進税の状況下における所得と税負担の関係を表したもの
であり，平均税率 T/Y が所得とともに増加していることが確認できる。こ
こで世帯としては同じ所得を稼得するが，所得の稼得者が 1 人のケース（所
得は Y_1），2 人のケース（1 人の所得は $Y_2 = Y_1/2$，世帯所得は Y_1）を考える。
世帯単位課税の下では稼得者の人数にかかわらず同じ世帯所得を得ているの
で税負担は等しくなる。これに対して個人単位課税を前提とすると 2 つの
ケースの税負担が異なってくる。累進税の下では所得が大きいほどより高い
限界税率に直面し税負担が大きくなるため，稼得者が 1 人のケースでの税負
担額は T_1 となる一方，稼得者が 2 人のケースではそれぞれの所得に対する
税負担は T_2，つまり世帯では 2 人の税負担を加えた $2T_2$ が税負担となる。
これは明らかに稼得者が 1 人のケースと比べると小さな負担となっている
（$T_1 > 2T_2$）。

1.3.2   所得捕捉率の問題

　所得税は，所得稼得者の自発的な申告に基づいた納税が原則であり，これ
は**申告納税制度**と呼ばれ，納税者が年度末に納税額を申告して納税する。こ
れに対して給与所得者であるサラリーマンは徴税コストを軽減するために，
給与の支払者（事業主あるいは雇用主）はサラリーマンの納税額を差し引い
て給与を支払い，サラリーマンの代わりに納税するという**源泉徴収制度**を利

用することが一般的である。これらの納税方法の違いが業種間の**所得捕捉率**の違いを生じさせると考えられている。

　主に申告納税制度を利用する自営業者や農家などの事業者は，必要経費の不透明さから所得が過少申告となる可能性が指摘され，それらの事業者に対する実際の所得の把握を困難にしている。これに対してサラリーマンの場合は１年間に源泉徴収をした所得税等の合計額と１年間に納めるべき所得税等の税額を一致させる手続である**年末調整**などにより，給与の支払者を通じた所得の把握を容易に行うことができる。このようにして発生する業種間の所得捕捉率の違いをクロヨン（給与所得者：自営業者：農家＝９：６：４）やトーゴーサンピン（給与所得者：自営業者：農家：政治家＝10：５：３：１）と表現することがある。

　所得の捕捉率が業種によって異なるということは，担税力が等しい人は同額の税負担をすべきであるという水平的公平の観点から大きな問題であるといえる。また，仮に高額所得者の所得捕捉率が極めて低くなるような場合は，垂直的公平も崩壊していることを意味する。いずれの観点からも税制度そのものへの信頼を失わせることになってしまう。

1.3.3　課税最低限ラインの問題

　所得税制度では，課税所得を算出する際に，基礎控除，配偶者控除，社会保険料控除などのさまざまな所得控除が用いられている。これらはいずれも納税者の担税力に配慮し，個別の世帯状況を考慮した調整を行っていることを意味する。またこれらの所得控除を差し引くことで課税所得が算定されることから所得控除の大きさは，税金のかからない一定水準の所得金額を規定する仕組みにもなっている。この水準を**課税最低限**と呼ぶが，その性質から個別の世帯状況によりその大きさは異なる。たとえば，2018 年現在における課税最低限は，夫婦・子２人（片働き，大学生・中学生）のケースで約285 万円となっている（**図表６−４**）。

　この課税最低限が大きくなると課税所得が小さくなるため，一定の税収をあげるためには実際に税金を負担する人々の限界税率は上昇する必要があり，一部の人の税負担が大きくなる。また課税最低限以下の所得の人にとっては，

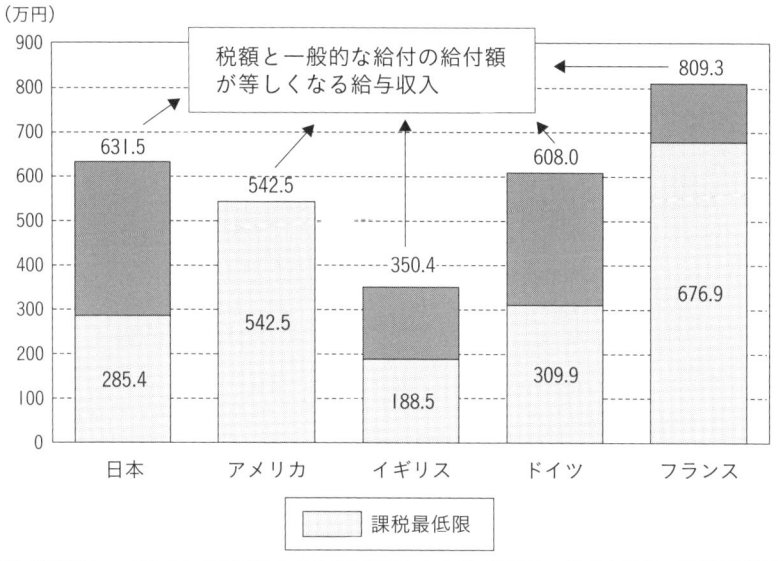

図表 6 － 4　所得税における課税最低限の国際比較

（出所）財務省ウェブサイト「所得税の「課税最低限」および「税額と一般的な給付の給付額が等しく
なる給与収入」の国際比較」（年度）より筆者作成。
（https://www.mof.go.jp/tax_policy/summary/income/028b.pdf：2018 年 11 月 10 日閲覧）

税率を下げるという減税政策によって負担の軽減は実現しない。もし低所得
者への配慮をするのであれば**給付付き税額控除制度**の活用が考えられる。こ
の制度は所得税額を算定する際に，税額控除等を適用したのちにその税額が
マイナスとなる場合は，そのマイナス分の給付を行うという制度である。現
行の制度では計算上マイナスの税額となったとしても，所得税額がゼロにな
るだけであるが，この給付付き税額控除制度の下ではマイナスの税額となる
分だけ給付を受けることができる。アメリカにおける低所得の労働者の勤労
意欲を高めることを目的とした勤労所得税額控除などが代表例である。

　また近年では税負担という点から課税最低限と同様に，「税額と一般的な
給付の給付額が等しくなる給与収入」という考え方も用いられている。給付
されるさまざまな手当て（児童手当など）を考慮し，その給付と負担が釣り
合う，つまり実質的な所得税の負担がゼロになる給与水準が図表 6 － 4 に示
されている。これによると課税最低限でみた場合，日本の水準は高いもので
はないが，実質的な所得税がゼロとなる水準については他の先進国と比べて

も比較的高水準であることがわかる。

1.3.4 インフレによる影響

所得税の課税標準は名目所得である。しかし私たちの経済活動は，景気の良し悪し，自国や外国のさまざまな経済政策などに直面しており，物価水準についても日々変動することが想定されている。超過累進課税制度の場合，限界税率は課税所得が大きくなるに従ってより高くなるので，物価の上昇により名目所得が増加すると実質的な増税をもたらしてしまうことがある。

図表6−2を使って次の事例を考える。課税所得が名目所得で300万円の人が，物価が20%上昇したときに名目所得が360万円になったとする。物価上昇率と名目所得の上昇率が同じなので，実質的所得は何ら変化していない。このケースにおける事前の税負担率と事後の税負担率を計算すると，

$$\text{(事前の税負担率)}\ \frac{195 \times 5\% + 105 \times 10\%}{300} \fallingdotseq 7\%$$

$$\text{(事後の税負担率)}\ \frac{195 \times 5\% + 135 \times 10\% + 30 \times 20\%}{360} \fallingdotseq 8\%$$

となり事後のケースの税負担率が上昇していることがわかる。つまり実質的な所得は増加していないのに税負担率が上昇しているため，実質的な可処分所得が減少していることになる。このようにインフレによる名目所得の増加により，より高い税率区分に直面してしまう問題をブラケット・クリープの問題という。その要因であるインフレを考慮した何らかの調整が必要と思われるが税務コストの点からは実質的な対応が困難である。

過去においては税率が10%から75%の19段階（1974年度）であった税率構造は，現在では5%から45%の7段階へと変化している。最高税率の引き下げと税率の刻みを少なくしたことがその特徴といえる。これらは高すぎる限界税率に直面する人々の労働意欲の低下に対処するものであったと同時にブラケットの数を少なくすることでブラケット・クリープの弊害を抑えることにもつながった。

2　労働所得税の理論

　ここでは労働所得税が労働時間に与える影響について考察する。個人は1日のうちどれだけ働くかを選択し，その労働時間に応じて所得を得ると同時に，残りの時間は余暇として過ごす。稼得した所得は全額を消費に使うものとし，個人は消費と余暇から効用を得るとする。ここで消費を C，余暇を l，時間当たりの賃金率を w，労働所得税率を t とし1日を1と基準化すると，この問題は $U(C, l)$ で表される個人の効用を，次の予算制約式の下で最大化することになる。

$$C = (1 - t)w(1 - l) \tag{6-1}$$

1日の時間を1としているので労働時間は $1 - l$ となり，所得は $w(1 - l)$ となる。労働所得税率が課されていないケースでは $t = 0$ となるが，通常の税率は100％未満であるため $0 < t < 1$ の範囲で考えられる。この状況を横軸に余暇，縦軸に消費をとって表したものが**図表6-5**である。

図表6-5　労働供給量の決定

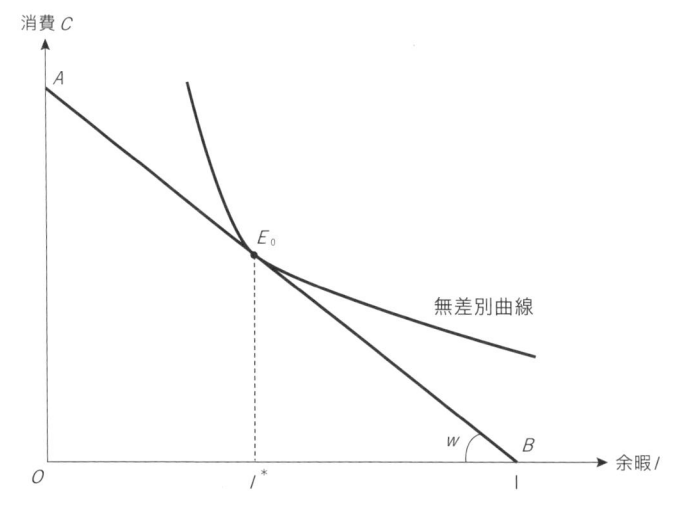

　1日を1と基準化したため，余暇の選択範囲は0から1の間となっており，右に動くと余暇時間が長くなる，つまり労働時間が短くなることを意味している。したがって労働を行わない個人は余暇が最大値である1をとり，所得を得られないので消費は0となりB点上に存在する。ここから労働時間を増加させると時間当たりwの賃金を得られるので，傾きwの直線を予算制約線ABとして書くことができる。個人は予算制約式を満たす中で最大の満足度を実現する点であるE_0を選択し，このときの余暇時間はl^*，つまり労働時間が$1 - l^*$となる。

　ここで正の値をとる労働所得税が導入されたとしよう。その様子をみたものが**図表6－6**である。労働所得税率は時間当たりの賃金率を実質的に低下させ，税引き後は$(1 - t)w$へと変化させる。そのため予算制約線の傾きはwから$(1 - t)w$となり，予算制約線はABからDBへとシフトする。それに伴って無差別曲線u_1とDBの接点である選択点はE_1へと変化する。この例では余暇時間がl^*からl^{**}へ短くなっているため労働時間は逆に長くなっていることを示している。

　このような労働所得税の労働時間への影響は**代替効果**と**所得効果**に分けて考えることができる。ここでの代替効果とは労働所得税によって実質的な賃

図表6－6　労働所得税の効果

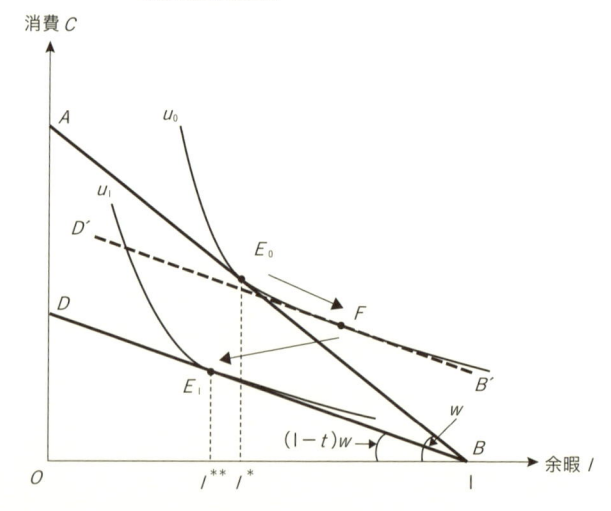

金率が低下することによって労働することのうまみが減少するため，労働時間を減少させようとする効果である。また所得効果とは労働所得税によって課税後所得が減少してしまうため，その減少分を補うために労働時間を増加させる効果のことをいう。図表6－6における無差別曲線u_0と接する点線$D'B'$は課税後の予算制約線DBと平行に書かれたものであり，代替効果はE_0からFへの動きとして表されている。つまり課税前の効用水準を維持した状態において余暇の相対価格下落により余暇が増加する効果を示している。また所得効果はFからE_1への動きであり，労働時間の増加を示している。労働時間が労働所得税によってどのような影響を受けるかはこの所得効果と代替効果の大きさによって決まってくる。所得効果のほうが大きければ労働時間は増加し，代替効果のほうが大きければ労働時間は減少する。両者の大きさが等しい場合は，結果として労働時間は変化しない。

3 超過負担の考え方

3.1 労働所得税の超過負担

　課税に伴う負担については直接的な税額の負担分だけではなく，資源配分が損なわれることで生じる**超過負担**についても考える必要がある。市場において最も効率的な資源配分を達成しているときに課税が導入されると，人々の行動に変化をもたらし効率的な資源配分ではなくなってしまう。そのため経済厚生の損失が発生する。この損失の大きさは相対価格の変化に伴う選択行動の変化を表している代替効果の大きさと対応している。すでにみたように所得効果は相対価格の変化がない状況で，課税による実質的な所得の変化が生じたときの効果であった。これに対して代替効果は一定の効用を維持する前提で，課税により生じた相対価格の変化に伴う効果である。

　ここでは労働所得税によってもたらされる超過負担について，一括固定税と比較しながら確認する（**図表6－7**）。一括固定税とは人頭税とも呼ばれ，労働所得の大きさなどの個人の経済活動とは無関係に課される税である。この一括固定税は，相対価格を変化させないことから資源配分に悪影響をもた

らさない税であると言われている。一括固定税を T と表すと個人の予算制約式は(6-2)式のように表される。

$$C = w(1 - l) - T \tag{6-2}$$

労働所得税を課したときには，予算制約線の傾きが変わったのに対して，この式からは，一括固定税を課したときには，個人の予算制約線を，その傾きを変えることなく T だけ下方に平行移動させることがわかる。

　これまでの分析と同様，課税が行われていないときには予算制約線が AB となるため均衡は E_0 である。また労働所得税を課すことで，予算制約線が DB となることから均衡は E_2 として得られ，そのときに達成される満足度は無差別曲線 u_1 で表されている。この u_1 で与えられる効用水準を維持する一括固定税を考えると，その大きさは $\overline{T}$ であり，そのときの予算制約線は $A'B'$ となり，均衡が E_1 として得られる。税収については元の予算制約線 AB との垂直方向の距離がそれにあたるので，一括固定税の税収が HE_1，労働所得税の税収が FE_2 となり一括固定税のほうが E_2G だけ大きくなっている。つまり課税により満足度を同じだけ下げたにもかかわらず労働所得税で

図表 6 - 7　労働所得税における超過負担

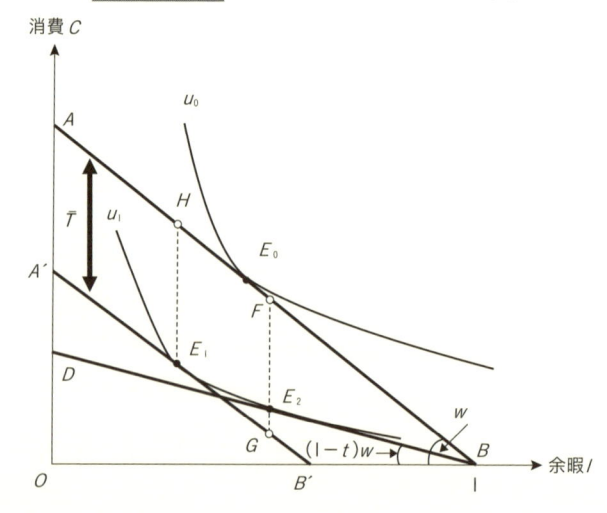

は小さな税収しかあげられなかったので，一括固定税のときに得られた税収との差である E_2G が超過負担に対応する。この超過負担は代替効果が大きいほど，つまり予算制約線 DB の傾きが緩やかになればなるほど大きくなる。

ただし，労働所得税に伴う所得効果と代替効果の大きさが等しいときには，労働時間への影響が全く現れないため，労働所得税が中立的なものと感じられるかもしれない。しかし，代替効果は存在していることから，労働所得税による超過負担が発生していることには注意を要する。

超過負担の大きさを税収の大きさで捉えてきた上の議論は，満足度の観点から評価を行うことも可能である。すなわち，労働所得税の税収である FE_2 と同じだけ一括固定税で徴収するとすれば予算制約線 $A'B'$ は右上方にシフトするため，無差別曲線と接する点を考えると明らかに満足度が高くなる。

このような一括固定税の持つ優れた性質については，あくまでも効率性の観点からの評価であるということには留意しなくてはならない。先述のように一括固定税は所得水準などとは無関係に課されるため，高所得者も低所得者も同額の税負担をすることになる。これは逆進的な性質を意味するため公平性の点からは問題とされる可能性がある[3]。

3.2 線形の累進所得税の超過負担

日本の税制は，所得再分配機能をスムーズに行うために累進課税制度をとっている。第4章で触れたように，累進税とは所得水準の高さに応じて税負担の割合が高まる税のことをいう。そこで，ここでは累進所得税の超過負担の問題について，単純な線形の累進所得税を用いて考える。

まず，所得を $Y = w(1 - l)$，税率を一定率である t_1，税額控除を一定額である a であるとすると，税負担額である T は次のように表される。

$$T = t_1 w(1 - l) - a \qquad (6-3)$$

(6-3)式から平均税率を求めると(6-4)式が得られ，平均税率 T/Y が所得の上昇とともに大きくなることから，累進税の性質をみることができる。

$$T / Y = t_1 - a / Y \qquad (6-4)$$

また可処分所得 $Y - T$ が消費に充てられることを考えると次の関係を得る。

$$C = (1 - t_1) w (1 - l) + a \qquad (6-5)$$

なお税額控除は所得水準にかかわらず支給される補助金であるとみなせる。

ここで同じ税収をあげる労働所得に関する比例税と線形の累進所得税を比較すると税額控除に伴う補助金を支給する必要がある分だけ累進所得税の税率が高くなる必要がある（$t < t_1$）。この関係を表したものが**図表 6 − 8** である。

ここでは一括固定税の下での予算制約線が $A' B'$，比例税の下での予算制約線が DB，累進税の下での予算制約線は FGB となっている。無差別曲線 u_1 との接点である E_1，E_2，そして E_3 はそれぞれ一括固定税，比例税，累進税の下で同じ満足度の水準を与える均衡である。したがって超過負担を比例

図表 6 − 8　**累進所得税のものでの超過負担**

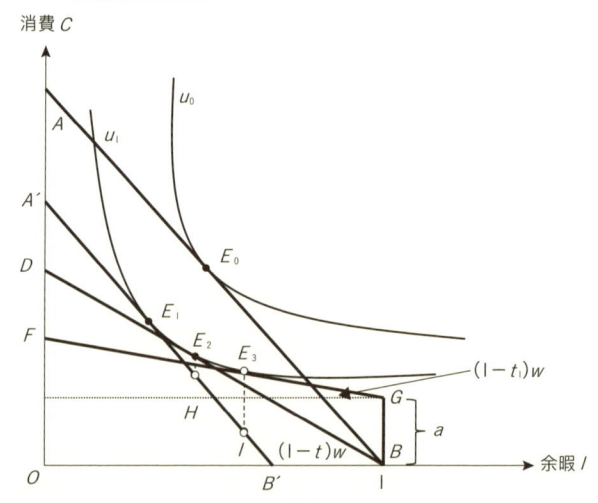

税，累進税の下で比較すると，比例税の下では E_2H，累進税の下では $E_3 I$ となり累進税の下での超過負担のほうが大きくなる。累進税は所得再分配を進めるという点で公平性の観点からは望ましい性質を有しているが，効率性の観点からは比例税の場合に比べても代替効果がより大きくなることで超過負担をさらに大きくしてしまっていることから，資源配分上の効率性を損なっているといえる。

●注

1　サラリーマンにおいても通勤費や転任に伴う引っ越し費用等がある一定額を超えた場合は実額で控除できる特定支出控除制度が存在する。

2　配偶者特別控除制度については，女性の積極的な労働市場への参加を妨げているとの批判（いわゆる 103 万円の壁）をうけて，2018 年度から配偶者の収入基準を緩和した。これにあわせて税収中立の考え方から配偶者控除制度については納税者本人の所得制限を設けた。

3　イギリスではサッチャー政権下において，所得額に関係なく税負担を行う人頭税（一括固定税の性質を持つ）が導入されたが，低所得者の税負担の大きさが問題となり数年で廃止された。

●引用・参考文献

麻生良文・小黒一正・鈴木将覚［2018］『財政学 15 講』新世社。
土居丈朗［2017］『入門財政学』日本評論社。

第7章
法人税

ポイント

本章では，まず，日本における法人税の現状を概観し，法人税の課税根拠として，法人擬制説，法人実在説について論じる。次に，法人税が投資に与える影響を理論的に議論する。最後に，グローバル化のもとで法人税が企業行動に与える影響について考察する。

キーワード

法人税制度，法人擬制説，法人実在説，国際課税制度，国際間財政競争，租税回避，租税競争

1 法人税の概要

1.1 法人税制度

　日本における企業への課税は，法人税，地方法人税，事業税，法人住民税などがある。法人税と地方法人税は国税であり，法人住民税（道府県税・市町村税）と法人事業税（道府県税）は地方税であり，後者を**地方法人二税**と呼ぶ。本節では，国税である法人税についてみていこう。

　法人税とは，法人の企業活動により得られる所得に対して課される税であり，内国法人（国内に本店または主たる事務所を有する法人）と外国法人（内国法人以外の法人）とに分けて納税義務を定めている。内国法人は，所得の源泉が国内にあるか国外になるかを問わず，そのすべてに納税義務を負うものの，外国法人は国内に源泉のある所得についてのみ納税義務を負う。

　法人には普通法人，協同組合，公共法人，公益法人，人格のない社団などがある。普通法人（株式会社，合名会社，合資会社，合同会社など）と協同組合等（農業協同組合，信用金庫，労働者協同組合など）は，すべての所得

| | 図表 7－1 | 法人税の税率 （2018 年度現在） | |

<table>
<tr><th colspan="2">法人の区分</th><th>所得</th><th>税率</th></tr>
<tr><td rowspan="3">普通法人</td><td>資本金 I 億円以下</td><td>年 800 万円以下の部分</td><td>19% (15%)</td></tr>
<tr><td>資本金 I 億円以下</td><td>年 800 万円超の部分</td><td>23.2%</td></tr>
<tr><td>資本金 I 億円以上</td><td></td><td>23.2%</td></tr>
<tr><td rowspan="2" colspan="2">公益法人等</td><td>年 800 万円以下の部分</td><td>19% (15%)</td></tr>
<tr><td>年 800 万円超の部分</td><td>19%</td></tr>
<tr><td rowspan="2" colspan="2">協同組合，特定の医療法人</td><td>年 800 万円以下の部分</td><td>19% (15%)
＊ 20% (16%)</td></tr>
<tr><td>年 800 万円超の部分</td><td>19%
＊20%</td></tr>
<tr><td colspan="2">協同組合，特定の医療法人，
特定の協同組合等</td><td>年 10 億円超の部分</td><td>22%</td></tr>
</table>

(注1) 括弧内の税率は，中小法人による租税特別措置法により適用されている税率である。括弧前の税率は本則税率である。
(注2) ＊の税率は，協同組合等又は特定の医療法人である連結親法人について適用される。
(出所) 国税庁ウェブサイトより筆者作成。
　　　(https://www.nta.go.jp/taxes/shiraberu/taxanswer/hojin/5759.htm：2018 年 7 月 7 日閲覧)

に課税される一方，公共法人（地方公共団体，公社，公庫など），公益法人等（学校法人，社会福祉法人，社団法人，財団法人，宗教法人など），人格のない社団等（PTA，協議会など）は，法人税を課税されない。ただし，公益法人等と人格のない社団等については，収益事業から生じた所得には法人税が課税される。

　法人税が課税の対象とする所得金額は，益金から損金を引いた額となっている。益金とは，商品・製品などの販売による売上収入や土地・建物などによる売却収入などであり，損金とは，売上原価や販売費などの費用などである。法人税額は，この所得金額に法定税率をかけ，税額控除額を差し引くことで算出する。法定税率は，**図表 7－1**のように，法人の区分，資本金，所得額の違いによって税率が異なっている。

　実際に，普通法人を例に挙げ，図表 7－1 を用いて，法人税の計算をしてみよう。たとえば，資本金が 1 億円以下である法人が所得を 1,000 万円得たとき，法人税額は以下のように計算できる[1]。

$$法人税額 = (1{,}000\,万 - 800\,万) \times 23.2\% + 800\,万 \times 15\% = 166.4\,万円$$

もし，資本金が1億円以上である法人が所得を1,000万円得たとき，

$$法人税額 = 1{,}000\,万 \times 23.2\% = 232\,万円$$

このように，同じ法人所得を得ていても，資本金の大きい大企業のほうが大きな税負担に直面する制度となっている。

1.2 法人税負担の現状

図表7-2は，法人税率の推移を示したものである。この図からわかるように，1987年以降，法人税率は引き下げられている。日本では，法人の所得額に対して法人税，法人住民税，法人事業税が課税される。これらの合計額に対する法人所得額に対する割合（実質的な負担率）を実効税率と呼んでいる。日本における法人実効税率は，以下のように計算される。

$$法人実効税率 = \frac{法人税率 \times (1 + 地方法人税率 + 法人住民税率) + 法人事業税率}{1 + 法人事業税率}$$

図表7-3は，法人実効税率の国際比較を示したものである。法人が課される税額は，2016年度の税制改革により，法人税率が引き下げられ，法人実効税率は30%以下となった。2013年度では実効税率は37%と他の国と比べて高い税率であったものの，2018年度1月時点ではその差は小さくなっており，フランスやドイツよりも低くなっている。

　企業による税負担の実態を知るためには，法人税率や法人実効税率をみるだけでは十分ではない。なぜなら，法人税は黒字法人にのみに課税され，赤字法人には課税されないからである（地方税である法人事業税も同様である）。赤字企業のことを**欠損法人**と呼んでおり，日本における欠損法人比率は約3分の2となっている。すなわち，企業の約3分の2は法人税の負担を

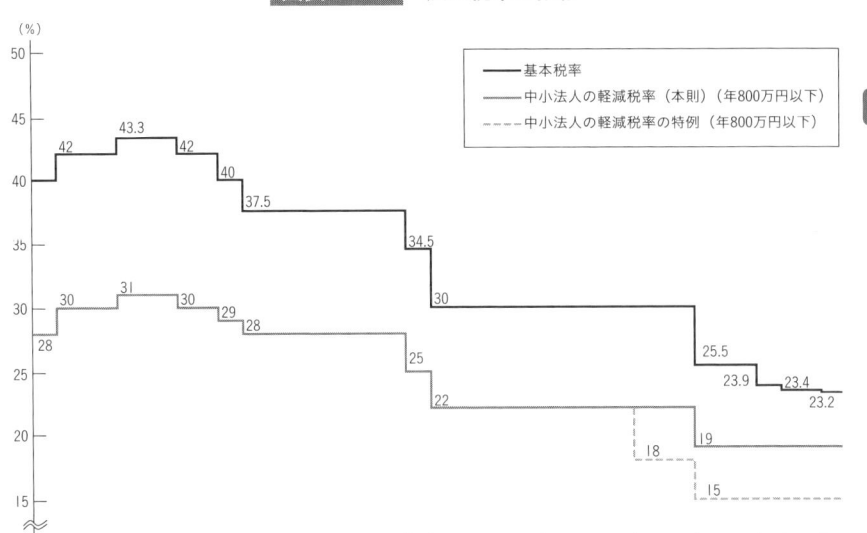

図表7-2 法人税率の推移

(出所）財務省ウェブサイト。
（https://www.mof.go.jp/tax_policy/summary/corporation/c01.htm：2018年7月7日閲覧）

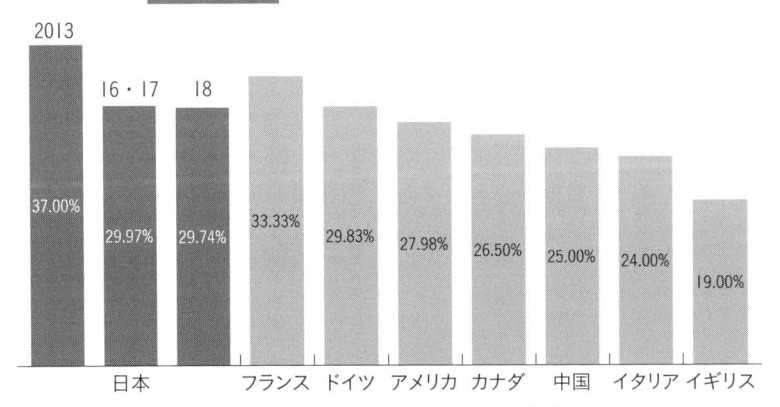

図表7-3 法人実効税率（2018年1月現在）

（注1）法人所得に対する税率（国税・地方税）。地方税は，日本は標準税率，アメリカはカリフォルニア州，ドイツは全国平均，カナダはオンタリオ州，フランスについては，課税所得のうち50万ユーロ以下の部分の税率は28％。なお，法人所得に対する税負担の一部が損金算入される場合は，その調整後の税率を表示。
（注2）フランスにおいては，2018年から税率を段階的に引き下げ，2022年には25％となる予定。イギリスにおいては，2020年度から17％に引き下げる予定。
（出所）財務省ウェブサイト。
（https://www.mof.go.jp/tax_policy/summary/corporation/084.pdf：2018年7月7日閲覧）

第7章

法
人
税

99

しておらず，法人税の負担が一部の企業に集中している状況であると言える。

2 法人擬制説と法人実在説

法人税の課税には，以下の2つの考え方がある。1つは**法人擬制説**であり，もう1つは**法人実在説**である。法人擬制説は，法人が出資者である株主によって所有されているという考えである。一方，法人実在説は，法人の所有者である個人とは別にあたかも法人という存在を認め，株主とは別の課税対象とみなすことができるという考えである。法人実在説には，個人形態よりも法人形態のほうが事業を行う上で有利な点があるという考えが根底にある。

法人が得た収入は，生産要素（材料費，給与，賃貸料）の支払いに支払われ，残りの所得は法人の所有者である株主に配当という形で分配される。このように，法人の所得は株主の所得となるため，株主に課税すれば，法人が稼いだ所得に対して課税できていることになる。したがって，法人擬制説のもとでは，法人税が存在する必要性はない。しかし，法人実在説による課税では，法人の所有者である株主への配当に課税するだけでなく，法人自体にも課税することになる。その結果，配当には企業段階と株主段階で**二重課税**されることになる。

法人税が課された場合，税の**転嫁**と**帰着**について注目する必要がある。法人税が課されることにより，企業は製品価格に転嫁するか，株主への配当を減らすか，従業員の賃金を下げるといった手段を取るであろう。実際に誰がどれだけ税負担するかについては，経済状況や時間的長さなどに依存する。たとえば，法人税が課されたとき，株主の配当に充てられる利潤（＝収入－費用）が課税標準となるため，法人の税引き後所得が減少し，株主への配当は減少する。このように，短期的に法人税は株主が負担することになる。しかしながら，時間が経過すると，企業の価格設定や賃金・利潤の分配などに影響を与えるため，消費者や労働者などにも税が帰着することになる。

3 法人税が投資に与える影響

　法人税が企業の投資行動に与える影響をみてみよう。議論を簡単にするため，企業は工場や機械設備などの資本 K のみを用いて生産活動を行うものとする。したがって，生産関数は $F(K)$ と表すことができる。企業は資本 K を増加させることにより，生産量を増加させることが可能であるものの，K の増加に伴いその増加幅は小さくなる（**限界生産性逓減の法則**）。このため，収入曲線は**図表7－4**の上図のように表すことができる。

　資本は生産に用いられると，減耗してしまう。この資本減耗が，資本1単位当たり δ の割合で生じるとする。この δ は資本減耗率と呼ばれ，0以上1以下の値である。したがって，企業が資本を K 単位投入すると，δK 単位の資本減耗が発生する。

　まず，法人税が課される前の状況を考える。企業の利潤 π は，売り上げである収入から費用（資本を調達する費用と資本の減耗に関わる費用の和）を引いたものとなるので，以下のように表される。

$$\pi = pF(K) - (r + \delta)K$$

ここで，p は生産物価格，r は利子率（資本ストック1単位を調達するための費用）である。企業は利潤を最大化するように資本ストック K を決定し，その1階条件は $\Delta\pi/\Delta K = 0$ より，以下のように表される。

$$p \frac{\Delta F(K)}{\Delta K} = r + \delta \tag{7-1}$$

左辺は資本1単位追加したことによる限界収入，右辺は資本1単位追加したことによる限界費用を表している。図表7－4の上図における収入曲線と費用曲線の傾きは，それぞれ限界収入と限界費用を表している。下の図では，横軸に K，縦軸に限界収入と限界費用を取り，課税前の限界収入曲線と限界費用曲線を描いたものである。限界収入曲線は，資本の限界生産性 $\frac{\Delta F(K)}{\Delta K}$ に

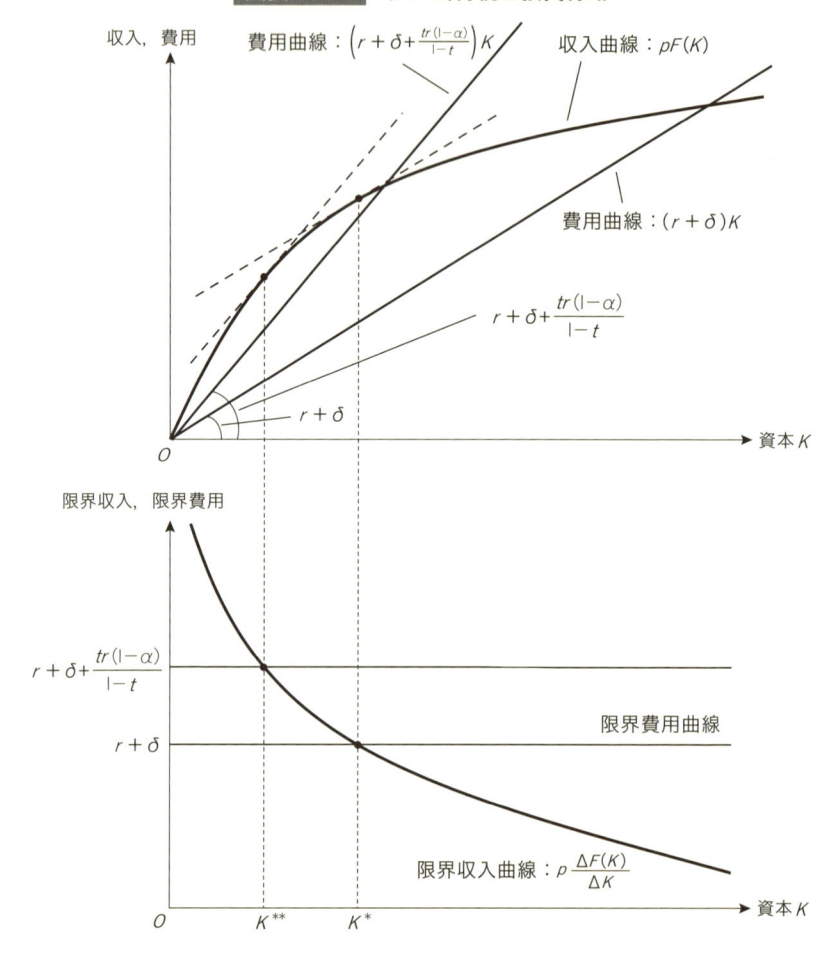

図表 7 − 4　　法人所得税と投資行動

価格 p を乗じたものであり，K に関して逓減するので，右下がりの曲線として描くことができる。一方，限界費用曲線は利子率と資本減耗率が一定であるとすると，水平な直線で描くことができる。法人税が課されない状況において，これらの限界収入曲線と限界費用曲線が交わる点 K^* が利潤最大化を達成する資本量となる。

　　ここで，K が負債からの資本と，自己資本（内部留保や株式）からの資本に分けることが可能であるとする。資金調達における借り入れの割合を α

$(0 \leq \alpha \leq 1)$，資金調達における自己資本の割合を $1 - \alpha$ とすると，以下のように表せる[2]。

$$K = \alpha K + (1 - \alpha)K$$

　企業利潤に対して法人税率 t が課されるとすると，税引き後の利潤は以下のように表すことができる。

$$\pi = (1 - t)[pF(K) - (r + \delta)K] \tag{7-2}$$

このときの利潤最大化の条件は，(7-1)式と同じになる。すなわち，法人税が利潤に課税される場合には，法人税は資本水準，つまり投資に影響を与えないことがわかる。利潤を課税標準とした場合の法人税は，**課税の中立性**を満たしているといえる。

　しかしながら，現実の法人税は以下の2点において利潤への課税とは異なっているといえる。まず，日本における法人税では，資金調達コストのうち借り入れ（負債）による資金調達である利子費用 $r\alpha K$ のみが課税標準から控除されるものの，留保や株式による資金調達による費用 $r(1 - \alpha)K$ は控除されない。この制度のもと，法人がすべての資金を借り入れた場合（$\alpha = 1$ の場合），費用が全額控除されることになるため，税引き後利潤が(7-2)式として表されることから，法人税は投資に影響を与えないことがわかる。一方，自己資本による資金調達がある場合（$0 \leq \alpha < 1$ の場合）には，税引き後利潤は，

$$\pi = (1 - t)[pF(K) - \delta K - r\alpha K] - r(1 - \alpha)K$$

となる。この利潤を最大化するとき，以下の条件が得られる。

$$p\frac{\Delta F(K)}{\Delta K} = r + \delta + \frac{tr(1 - \alpha)}{(1 - t)} \tag{7-3}$$

したがって，自己資本による資金調達がある場合には，利潤を最大化する(7
−3)を満たす資本ストックは，図表7−4におけるK^{**}になる。すなわち，
この場合には，法人税は投資を抑制させることになる。

次に，現実の減価償却率（資本減耗率）が税法上の減価償却率と異なるこ
とに注意すべきである。税法上の減価償却率が現実の減価償却率を上回れば
（下回れば），控除される減価償却費が大きく（小さく）なるので，投資を促
進（阻害）することになる。実際に，投資促進政策を促進するために，耐用
期間の初期に大きな割合の償却をする加速度償却制度が採用されている。

4 国際課税制度

4.1 国際課税方式

グローバル化に伴い，国内のみならず海外でも経済活動を行っている多国
籍企業が増加しており，それらの企業は国際課税に直面するようになってい
る。法人税の国際課税には**源泉地主義**と**居住地主義**という課税形式がある。
源泉地主義では，所得が発生した場所で課税される。一方，居住地主義では，
居住者（その国に本社を置く企業）の全世界所得に対して課税される（**全世
界所得課税方式**）。現実には，これら2つの原則が混在している状態である。
我が国では，居住者の全世界所得に対して，課税することになっている。他
方，外国に源泉がある所得については，源泉地においても課税が行われるこ
とが一般的であるため，**国際的二重課税**が生じる。これを避けるため，自国
企業が外国で納めた税額を自国の法人税額から控除する**外国税額控除**という
システムが存在する。

外国税額控除の仕組みを理解するために，自国が居住地国課税で他国が源
泉地国課税を使用している状況を考えよう。自国の税率が40％，海外の税
率が30％であるとしよう。ここで，法人税が高い自国で生産活動を行うケー
スと，外国で生産活動を行うケースを比較する。国内の生産活動によって
100の所得が得られた場合，その企業は40の税負担をしなければならない。
一方，外国での生産活動を行う場合，同じ100の所得に対して30の税負担

ですむものの，国外源泉の所得として，国内で 40 の税負担が発生する。結果として，70 の税負担となる。しかし，外国税額控除によって，国内の法人税額 40 から国外の納税額 30 を控除することにより，国内での法人税額は 10 となる。したがって，国内で生産活動を行った場合と海外で行った場合の税負担額は同じになる。

4.2 租税回避

活動拠点を 1 つの国だけに限らず複数の国にわたって活動している多国籍企業の中には，各国の税制が異なることから，できるだけ税負担を軽くしようとする国際的な**租税回避**を行う企業が存在する。国際的租税回避の方法として，**移転価格操作**がある。これは，多国籍企業が企業グループ内での取引価格を操作することによって，企業の所得を低税率の国に移転させることである。

たとえば，高税率である自国の親会社が製造原価 50 を使って製品を生産し，低税率である外国子会社を通じて，外国の消費者に製品を 150 で販売する状況を考えよう。ここで，親会社が子会社への販売価格を 100 で売ることにしよう。このとき，親会社は 50 の所得，子会社は 50 を得ることになる。もし，親会社が子会社への販売価格を 70 に変えるとすると，親会社の所得を 30 減らし，子会社の所得を 30 増やすことができる。このように，企業グループ内で移転（取引）価格を操作することによって，低税率国に所得を移転することが可能となり，租税回避を行うことができる。

以上のような移転価格操作による租税回避に対処するため，**移転価格税制**と呼ばれる制度がある。移転価格税制とは，グループ企業ではない第三者との取引価格と移転価格が異なる場合，独立企業間価格で取引したとみなして課税する制度である。

その他に，**タックスヘイブン**（租税回避地）を利用した租税回避がある。タックスヘイブンとは法人税，所得税などが一切かからないあるいは低い税率の国々などを指し，これらの国々に実態として事業活動のみられないペーパーカンパニーを設立し，そこに資金を移すことによって租税回避する方法である。

これら租税回避への対応だけでなく，国境を越えた電子商取引の拡がり等，経済のグローバル化に対し，現行の国際課税ルールが追いついていないのが現状である。このような状況下では，国家間での協調関係が必要不可欠である。そこで，OECD 租税委員会は，BEPS（Base Erosion and Profit Shifting：税源浸食と利益移転）に関するプロジェクトを立ち上げ，財務大臣・中央銀行総裁会議の要請により策定された 15 項目の「BEPS 行動計画」に沿って，2015 年 9 月に「最終報告書」がとりまとめられた。BEPS プロジェクトとは，一部の多国籍企業が行っていた過度な租税回避行為を抑制すべく，国際課税ルールを見直し，各国税務当局が協調して対処することを目的とするものである。その後，各国が BEPS プロジェクトの行動計画を協調的に実施することによって，世界規模で税源が適正かつ公平な形で確保され，現代的な国際課税システムが構築されるような取り組みが続けられている。

4.3　国際的租税競争

経済がグローバル化するのに伴い，企業による海外進出が促進され，企業活動は国内に留まらない状況になっている。このような状況下では，法人税率の低い国に本社を置くことで，租税のコストを削減可能となる。そのため，各国の政府は，他の国に比べて法人税を高く設定しておくと，法人税を確保できなくなるため，他国よりも税を低くすることにより，企業を呼び込む**租税競争**が発生してしまう。

議論を簡単化するため，2 国 A，B が存在する経済を考え，各国には企業が 1 社ずつ存在し，いずれの国で生産活動を行っても 100 の利潤を得ることができるとしよう。なお，各企業は移動するための費用はゼロであるとする。

各国の政府は，法人税率を 30％に設定しているとする。この状態から，各国の政府は法人税率をそのまま維持し続けるか，あるいは 20％に減らすかを決定できるとする。A 国，B 国がともに税率を 30％に維持した場合，各国の税率が等しいため，企業は他国に移動する誘因を持たない。そのため，各国とも 30 の利得（税収）を得ることができる。また，各国とも税率を 20％に設定した場合も，企業は他国に移動しないため，各国とも 20 の利得を得ることができる。A 国が 30％，B 国が 20％の税率を設定した場合は，

		B 国	
		30%	20%
A 国	30%	(30, 30)	(0, 40)
	20%	(40, 0)	(20, 20)

図表7－5 租税競争による利得

B 国の企業が A 国に移動するため，A 国の利得は 0，B 国の利得は 40 となる。一方，A 国の税率が 20%，B 国の税率が 30% の場合，A 国と B 国の利得は，それぞれ，40 と 0 となる。これらの利得は，**図表7－5**のようにまとめられる。

　ここで，各国が自国のことのみを考えて行動する（非協力的に行動をする）としよう。A 国が法人税率を 30% に維持する場合を考える。このとき，B 国は法人税率を 30% に維持した場合には 30 の利得が得られ，法人税率を 20% に下げた場合には 40 の利得が得られるため，B 国は法人税率を下げるほうを選択する。次に，A 国が法人税を 20% に下げる場合を考えると，B 国は法人税率を維持した場合には利得が 0 となり，法人税率を下げた場合には 20 の利得が得られるため，B 国は法人税率を下げるほうを選択する。以上からわかることは，A 国がどちらの行動を選択したとしても，B 国は税率を下げることを選択するということである。同様に，B 国がいずれを選択したとしても，A 国は税率を下げる選択をする。以上のことから，両国はともに税率を下げる選択を行うことになり，各国の利得は 20 となる。この状態が**ナッシュ均衡**である。ナッシュ均衡の状態は，各国が税率を維持し続ける場合の利得 30 よりも，各国とも少ない利得となっている。ナッシュ均衡として実現する均衡のもとでは，税収が減少することになる。その結果，財政状況が悪化し，十分な公共サービスを行うことが難しくなりうる。

　図表7－5からわかることは，各国が協調して税率を維持し続けたほうが，各国にとって**パレート改善**であるということである[3]。しかし，協調の維持可能性が何らかの形で担保されない限り，各国は自己利益の追求と相手が裏切るかもしれないという不信感から，各国とも税率を引き下げる行動を選択してしまう。図表7－5からもわかるように，お互いが税率を維持するとい

う協調関係を取っていたとしても，出し抜いて税率を引き下げることにより，協調した場合よりも大きな利得が得られるため，この関係は安定的ではない。

　国際的租税競争は，理論的に大国（経済規模の大きな国）に不利に働くことが知られている。大国が税率を大幅に引き下げることは，国際市場に大きな影響を与えるため，実行することが難しい。一方，小国は自身の政策が国際市場に影響を与えることはないため，税率引き下げに積極的になりうる。タックスヘイブンとして知られている国が，軒並み小国であることからも，この議論の妥当性がうかがえる[4]。

●注

1　2018年度現在，租税特別措置法により，図表7-1における括弧内の税率が適用されているため，その税率を用いて計算を行っている。
2　自己資本による資金を金融資産で運用する場合，利子率rを受け取ることができる。このように，自己資本における費用は，機会費用で表されている。
3　パレート改善とは，ある資源の配分を変更する際に，誰の効用も悪化させることなく，少なくとも1人の効用を高めることができるように資源配分を改善することである。詳しくは，REVIEW⑥参照。
4　タックスヘイブンとして知られている場所として，バハマ，バミューダ，ケイマン諸島，ガーンジー島，ジャージー島，マルタ，パナマなどが挙げられる。

●引用・参考文献

竹内信仁編著［2007］『スタンダード財政学　第2版』中央経済社。
『図説日本の税制』財経詳報社，各年度版。

第 **8** 章

公　債

ポイント

本章では，中央政府の発行する国債に着目し，日本の財政における国債の役割とその現状について説明をする。さらに，公債発行と財政収支の維持可能性の関係と，財源調達手段としての課税と公債発行の相違について等価定理を基に説明をする。

キーワード

建設国債，特例国債，財政収支，財政の維持可能性，等価定理，世代重複モデル

1　公債とは何か？

　公債とは，行政機関（たとえば中央政府・地方政府・政府関係機関等）が，一時的な資金不足を補うために発行する債券の総称である。また，公債は，発行主体の将来の収入をもって償還することが期待される債務である。本章では，代表的な公債として国が発行する**国債**を考え，その基本的な性質や財政への影響について考察する。

1.1　国債とその分類

　日本における国債の発行は，法律で定められた発行根拠に基づいて行われており，その償還や利払い財源の違いにより，大きく**財政投融資資金特別会計国債（財投債）**と**普通国債**とに分類される。財投債について，その償還や利払い財源は，財政投融資資金の貸付回収金により行われる。つまり，その償還や利払い財源は租税ではないため，財投債は，国民経済計算（Systems of National Accounts：SNA）上では一般政府の債務には分類されない。一方，普通国債は，償還や利払い財源は租税を予定している。普通国債は発行

根拠により，借換債（国債整理基金特別会計法）など複数存在するが，代表的なものとして建設国債と特例国債の2つを挙げることができる。

1.2　建設国債と特例国債

財政法は，1947年3月より施行された，国の財政における会計区分や予算，決算などを規定する法律である。財政法第4条第1項では，国の歳出は，原則として国債等の借入金を使わないことを規定している。一方，そのただし書きには，公共事業費などへの用途に限り，国債による調達を認めている。このただし書きに基づいて発行される国債のことを**建設国債**（もしくは**四条国債**）と呼ぶ。

たとえば，公共財として，政府が耐用年数60年の橋を建設する場合を考えてみよう。橋の建設費用が非常に大きい場合，単年度の税収から捻出することが困難となることがある。一方，橋の建設時にはまだ生まれていない者も，将来この橋の便益を享受できるため，橋の建設費用の一部を負担することは合理的と考えられる。このため，橋の建設費用の一部を公債発行により調達し，将来の公債償還の際に，その将来時点に存在する者に償還にかかる額を課税として負担してもらうという発想も自然なものであると思われる。戦後の日本において，公共財の効用発揮期間が概ね60年と想定されたことから，国債は，借換債の発行を通じて60年で償還が終わる，60年償還ルールに沿って償還されている。

財政法では，人件費や事務費などに対し国債発行を用いてまかなうことは認められていない。そのため，建設国債を発行してもさらに歳入が不足する場合，その発行ごとに特別な法律を作り，それに基づいて発行する国債が存在する。この国債を**特例国債**と呼び，その発行理由から**赤字国債**とも呼ばれてきた。特例国債は，公共事業費等以外の歳出に充てる財源として用いられているため，この財源が生み出す公共サービスの便益は主に現在世代が受け，その償還は便益を享受しにくい将来世代が負担することになりやすい。次項では，我が国の国債残高の現状について説明する。

図表 8 － 1　　国債発行額と国債残高の推移

年度	国債発行額（億円）							普通国債残高（億円）	残高/GDP（％）
	小計		特例国債	復興債および年金特例債	財投債	借換債	計		
	建設国債	特例国債							
1965 昭和40	1,972	–	1,972		–	–	–	1,972	2,000	0.6
1966　41	6,656	6,656	–	–	–	–	6,656	8,750	2.2
1967　42	7,094	7,094	–	–	–	–	7,094	15,950	3.4
1968　43	4,621	4,621	–	–	–	–	4,621	20,544	3.7
1969　44	4,126	4,126	–	–	–	–	4,126	24,634	3.8
1970　45	3,472	3,472	–	–	–	–	3,472	28,112	3.7
1971　46	11,871	11,871	–	–	–	–	11,871	39,521	4.8
1972　47	19,500	19,500	–	–	–	–	19,500	58,186	6.0
1973　48	17,662	17,662	–	–	–	5,958	23,620	75,504	6.5
1974　49	21,600	21,600	–	–	–	6,358	27,958	96,584	7.0
1975　50	52,805	31,900	20,905	–	–	4,156	56,961	149,731	9.8
1976　51	71,982	37,250	34,732	–	–	3,712	75,694	220,767	12.9
1977　52	95,612	50,280	45,333	–	–	3,128	98,741	319,024	16.8
1978　53	106,740	63,300	43,440	–	–	6,326	113,066	426,158	20.4
1979　54	134,720	71,330	63,390	–	–	–	134,720	562,513	25.0
1980　55	141,702	69,550	72,152	–	–	2,903	144,605	705,098	28.4
1981　56	128,999	70,399	58,600	–	–	8,952	137,951	822,734	31.1
1982　57	140,447	70,360	70,087	–	–	32,727	173,175	964,822	34.9
1983　58	134,863	68,099	66,765	–	–	45,145	180,009	1,096,947	38.0
1984　59	127,813	64,099	63,714	–	–	53,603	181,417	1,216,936	39.5
1985　60	123,080	63,030	60,050	–	–	89,573	212,653	1,344,314	40.7
1986　61	112,549	62,489	50,060	–	–	114,886	227,435	1,451,267	42.4
1987　62	94,181	68,800	25,382	–	–	154,490	248,672	1,518,093	41.9
1988　63	71,525	61,960	9,565	–	–	139,461	210,986	1,567,803	40.4
1989 平成元	66,385	64,300	2,085	–	–	150,798	217,183	1,609,100	38.7
1990　2	73,120	63,432	9,689	–	–	186,532	259,652	1,663,379	36.8
1991　3	67,300	67,300	–	–	–	188,757	256,057	1,716,473	36.2
1992　4	95,360	95,360	–	–	–	214,969	310,329	1,783,681	36.9
1993　5	161,740	161,740	–	–	–	218,129	379,869	1,925,393	39.9
1994　6	164,900	123,457	41,443	–	–	228,817	393,717	2,066,046	41.1
1995　7	212,470	164,401	48,069	–	–	253,767	466,238	2,251,847	43.6
1996　8	217,483	107,070	110,413	–	–	265,524	483,007	2,446,581	46.3
1997　9	184,580	99,400	85,180	–	–	314,320	498,900	2,579,875	48.4
1998　10	340,000	170,500	169,500	–	–	424,310	764,310	2,952,491	56.1
1999　11	375,136	131,660	243,476	–	–	400,844	775,979	3,316,687	63.5
2000　12	330,040	111,380	218,660	–	–	532,697	862,737	3,675,547	69.5
2001　13	300,000	90,760	209,240	–	438,831	593,296	1,332,127	3,924,341	75.6
2002　14	349,680	91,480	258,200	–	318,435	696,155	1,364,271	4,210,991	81.8
2003　15	353,450	66,930	286,520	–	285,086	749,489	1,388,025	4,569,736	88.2
2004　16	354,900	87,040	267,860	–	401,297	844,505	1,600,702	4,990,137	95.7
2005　17	312,690	77,620	235,070	–	282,494	1,055,195	1,650,379	5,269,279	100.2
2006　18	274,700	64,150	210,550	–	255,595	1,081,206	1,611,502	5,317,015	100.5
2007　19	253,820	60,440	193,380	–	167,696	991,894	1,413,410	5,414,584	102.0
2008　20	331,680	69,750	261,930	–	86,000	939,095	1,356,775	5,459,356	107.2
2009　21	519,550	150,110	369,440	–	94,100	904,803	1,518,453	5,939,717	120.7
2010　22	423,030	76,030	347,000	–	84,000	1,008,355	1,515,385	6,363,117	127.4
2011　23	427,980	83,680	344,300	112,500	131,000	1,090,200	1,761,680	6,698,674	135.6
2012　24	474,650	114,290	360,360	48,875	142,200	1,109,579	1,775,303	7,050,072	142.6
2013　25	408,510	70,140	338,370	26,035	107,000	1,101,569	1,643,114	7,438,676	146.6
2014　26	384,929	65,770	319,159	1,200	140,000	1,193,728	1,719,857	7,740,831	149.3
2015　27	349,183	64,790	284,393	13,200	134,000	1,142,308	1,638,691	8,054,182	150.9
2016　28	380,346	89,014	291,332	7,909	196,000	1,094,798	1,679,053	8,305,733	154.0
2017　29	335,546	72,818	262,728	768	120,000	1,063,820	1,520,134	8,531,789	155.5
2018　30	336,922	60,940	275,982	9,563	120,000	1,032,371	1,498,856	8,827,525	158.2

（注）　国債発行額は収入金ベース，普通国債残高は額面ベース，また，2017 年度までは実績，2018
年度は当初額とする。

（出所）　財務省ウェブサイトより筆者作成。

（https://www.mof.go.jp/jgbs/reference/appendix/hakkou01.pdf：2018 年 6 月 24 日閲覧）

第 **8** 章

公

債

1.3 　国債残高

2018 年現在，日本の普通国債残高は，およそ 883 兆円であり，日本の 2018 年度名目 GDP であるおよそ 550 兆円を超える額がすでに発行されている。**図表 8 - 1** は，建設国債や特例国債の発行額，**普通国債残高**の推移が示されている。

特例国債は 1965 年度補正予算において初めて発行されている。1965 年は東京オリンピックの翌年であり，日本は景気低迷に陥っている状況であった。その後，オイル・ショック後の低成長による財政悪化をうけて，1975 年より継続的に特例国債が発行されるようになる。1991 年 - 1993 年には好調な税収から特例国債の発行額は抑えられるが，バブル崩壊後の 1994 年より，再び積極的に特例国債が発行されるようになった。1996 年には，特例国債の発行額は建設国債を追い抜き，2018 年の発行額は 27.6 兆円と，建設国債 6.1 兆円の 4 倍以上の水準となっている。図表 8 - 1 からわかるように，1965 年より普通国債残高は増加する一方であり，GDP に対する普通国債残高も 1970 年や 1987 年 - 1991 年の期間を除いて増加を続けている。

2 　公債発行の影響

本節では，継続的に公債発行残高が増加する状況下における，**財政の維持可能性**について議論する。ここでは，財政の維持可能性の条件として，GDP に対する公債発行残高が発散することなく一定の水準が維持されるという条件を想定する。まず，財政状況の指標として，財政収支と基礎的財政収支の説明を行う。次に，経済成長下で，仮にそれぞれの財政収支が赤字であっても，財政が維持可能な状況があるかどうかについて議論をする。

2.1 　財政収支と基礎的財政収支

第 2 章ですでに示されているように，国の一般会計の財政状況を分析する上で，**財政収支**と**基礎的財政収支**（プライマリー・バランス）という 2 つの考え方が存在する。財政収支は，税収等から政策的経費と利払費の和を引い

たものと定義され，基礎的財政収支は，税収等から政策的経費を引いたものと定義される。したがって，これらは以下のように表される。

$$財政収支 = 税収等 - (政策的経費 + 利払費)$$
$$基礎的財政収支 = 税収等 - 政策的経費$$

(8-1)

(8-1)式からわかるように，財政収支は赤字であっても，基礎的財政収支は黒字となる場合は存在する。以下，財政の維持可能性について考えるために，各財政収支と国債残高の関係をみていこう。

まず，期首に存在する国債残高を B_t と表す。利子率は一定で r とすると，利払費は rB_t となる。t 期の税収等および政策的経費を T_t, E_t と表すと，(8-1)式の財政収支は $T_t - (E_t + rB_t)$，基礎的財政収支は $T_t - E_t$ となる。

一方，一般会計の歳入は公債金収入と税収等からなり，歳出は債務償還費，利払費および政策的経費からなる。政府は，各期首に存在する国債残高に一定率の δ を掛けた額だけ国債を償還するとしよう。すると，債務償還費はこの政府の償還行動から δB_t，t 期末の国債残高は $(1 - \delta)B_t$ となる。公債金収入は新規国債発行と等しいが，$t + 1$ 期の期首に存在する国債残高は B_{t+1} で，t 期末の国債残高は $(1 - \delta)B_t$ であるから $B_{t+1} - (1 - \delta)B_t$ となる。したがって，t 期における政府の歳入は $T_t + B_{t+1} - (1 - \delta)B_t$ と表され，歳出は $E_t + \delta B_t + rB_t$ と表される。歳入と歳出が等しいという政府予算制約式は $T_t + B_{t+1} - (1 - \delta)B_t = E_t + \delta B_t + rB_t$ と書くことができるが，この政府予算制約式を用いると，財政収支 $T_t - (E_t + rB_t)$ と基礎的財政収支 $T_t - E_t$ は，結局以下のように表すことができる。

$$財政収支 = -(B_{t+1} - B_t)$$
$$基礎的財政収支 = -(B_{t+1} - B_t) + rB_t$$

(8-2)

(8-2)式における各々の式の値が正であれば，これらの収支は黒字である。(8-2)式は，財政収支が黒字であれば，公債残高は減少していくことを示す。また(8-2)式は，基礎的財政収支が黒字であれば，政策的経費が，税収等の

収入でまかなえていることも示している。一方，仮にこれらの収支は赤字であっても，国の経済規模であるGDPが成長する状況下では，借金よりも大きな収入が見込める場合があり，GDPに対する公債比率である債務残高対GDP比が無条件に拡大し続けるかどうかは自明ではない。債務残高対GDP比が一定値で推移するのであれば，財政は維持可能であると考えられる。以下では，(8-2)式を使いGDP成長下における，債務残高対GDP比が一定となる条件を考えてみよう。

2.2 財政の維持可能性

ここでは，財政の維持可能性について考察を行う。以下 ΔX_t は変数 X_t の1期後の変化量，$X_{t+1} - X_t$，を表す。まず，GDPを Y_t とし，その成長率 $\Delta Y_t / Y_t (= (Y_{t+1} - Y_t) / Y_t)$ は一定で g であると考えよう。t 期における債務残高対GDP比を B_t / Y_t として，これを b_t と表す。$t + 1$ 期において $B_{t+1} = b_{t+1} Y_{t+1}$ が成立し，これを書き直すと $B_t + \Delta B_t = (b_t + \Delta b_t)(Y_t + \Delta Y_t)$ となる。この式を展開し，$\Delta b_t \Delta Y_t$ は変分同士の掛け算のため無視できるほど小さく0であると仮定すると，

$$\Delta B_t / B_t = \Delta b_t / b_t + \Delta Y_t / Y_t \qquad (8-3)$$

が成立する [1]。以下では，財政収支・基礎的財政収支の各々の赤字を一定とする政策を考え，そのような政策のもとで債務残高対GDP比が一定となる，つまり $\Delta b_t / b_t = 0$ が実現するかどうかを考察してみよう。

2.2.1 GDPに対する財政収支の赤字が一定下での財政維持可能性

政府がGDPに対し財政収支の赤字が一定値 $\alpha_1 (> 0)$ となる政策を採用する状況を考える。この政策は(8-2)式の関係から，$(B_{t+1} - B_t) / Y_t = \alpha_1$ と表すことができる。一方，$\Delta B_t / B_t = (B_{t+1} - B_t) / B_t$ であるから，債務残高対GDP比が $B_t / Y_t = b_t$ であることを考慮し，α_1 と b_t を用いると，$\Delta B_t / B_t = \alpha_1 / b_t$ と変形できる。よって，(8-3)式より，$\Delta b_t / b_t$ は以下のように表さ

れる。

$$\Delta b_t / b_t = \alpha_1 / b_t - g$$

このとき，b_t が一定となる $\Delta b_t / b_t = 0$ となる状況では，$b_t = \alpha_1 / g$ が実現している。この b_t を b_t^* とする。政策実施前の債務残高対 GDP 比が b_t^* よりも小さい場合，$\Delta b_t / b_t > 0$ であるため，この政策のもとで b_t は増加していき，b_t^* に至るときに増加が止まり一定値となる。逆に，政策実施前の債務残高対 GDP 比が b_t^* よりも大きい場合，この政策のもとで b_t は減少していき，b_t^* に至るときに減少が止まり一定値となる。よって，正の成長率 g の下では，政策実施前の b_t の値がどうであれ，この政策を取り続けていれば，いずれ一定の正の債務残高対 GDP 比 b_t^* が実現することがわかる。ドーマー（Domar, E.D.）は，GDP に対する新規国債発行の比率を一定とする場合，GDP に対する公債比率は一定値に収束する，と主張した（**ドーマーの命題**）。(8−2)式より，財政収支の赤字は，国債の新規発行額と同値であるため，ここでの議論はこのドーマーの主張を示している。

2.2.2 GDP に対する基礎的財政収支の赤字が一定下での財政維持可能性

政府が GDP に対する基礎的財政収支の赤字が一定値 $\alpha_2 (> 0)$ となる政策を採用していると考える。この政策は(8−2)式の関係から，$(B_{t+1} - (1 + r) B_t) / Y_t = \alpha_2$ と表すことができる。一方，$\Delta B_t / B_t = (B_{t+1} - B_t) / B_t$ であるから，α_2 を用いると $\Delta B_t / B_t = \alpha_2 / b_t + r$ と変形される。よってこれを(8−3)式に代入すると，$\Delta b_t / b_t$ は以下のように表される。

$$\Delta b_t / b_t = \alpha_2 / b_t + r - g$$

$r \geq g$ の状況では，政策実施前の債務残高対 GDP 比がどのような状況でも，$\Delta b_t / b_t$ は常に正の値となり，b_t は収束せずに正の方向へ発散する。一方，$r < g$ の状況では，財政収支の赤字が一定下の状況と同様，政策実施前の債

務残高対 GDP 比がどのような状況でも，正の b_t に収束し，債務残高対 GDP 比 B_t / Y_t は一定となる。

近年のピケティ（Piketty, T.）による推定によれば，19 世紀初頭から 20 世紀までのフランスなどにおいて，資本の収益率は国民所得の成長率よりも大きく $r > g$ の状況であったとされている。このような状況の下では，この政策では財政を維持することができないことがわかるだろう。ただし，以上の議論では，r や g が一定値であると想定し考察を行ったに過ぎない。家計や企業の最適化行動により r や g が決定される場合，さらに詳しい議論が必要となる。

3 公債負担

財政学において，政府の公債は誰が負担するのか，という議論は古くから行われてきた。まず，公債を発行した時点での現在世代と，その後の将来世代のどちらに公債の負担が発生するのかに関し，どのような議論がなされてきたのかを紹介する。次に，ある前提条件の下では，必要な財源を公債発行と課税のどちらから調達しても経済に与える影響が同じであることを示す，**リカードの等価定理**（Ricardian Equivalence Theorem）について議論する。

3.1 公債負担の既存議論

まず，アダム・スミスに代表される古典派は，政府支出は生産的ではないという前提のもとで，その財源調達のための公債発行は将来の償還が課税でなされるため，償還時点の将来世代に負担をもたらすと主張した。モディリアーニ（Modigliani, F.）は，民間の資本蓄積や経済成長への影響に着目し，公債発行は将来世代に負担をもたらすと主張した。公債発行は民間貯蓄を抑制し，民間投資をクラウドアウトしてしまうため，将来の生産水準と所得を減少させてしまうためである。ブキャナン（Buchanan, J. M.）は，負担を効用水準の低下であると定義して議論をしている。彼は，公債の購入は自発的になされているため，公債発行時の現在世代は効用水準が低下しないが，公債の償還時の課税は，それが強制的な資源の移転であるため，将来世代の効

用水準を低下させると主張した。ボーエン（Bowen, W. G.），デービス（Davis, R. G.）およびコップ（Kopf, D. H.）は，公債償還が公債発行時の世代内で完結しない場合，公債の発行時の家計は減税などの形で恩恵のみを受け，償還時の家計は恩恵を受けず増税の負担のみを受けるため，負担の転嫁が生じると主張した。

　一方，ラーナー（Lerner, A. P.）に代表される新正統派は，内国債[2]の場合は，公債発行は将来世代の負担をもたらさず，外国債の場合には負担をもたらすと主張した。彼らの議論では，一国全体で利用可能な資源が減少するときに，負担が生ずるとされている。内国債である場合は，公債の発行および償還によって，資源が民間部門と政府との間で移動するだけで，一国全体で利用可能な資源は変化しない。一方，外国債である場合，公債の発行時には，国内の利用可能な資源が増加するが，償還時点では海外への資源が流失することから，これが将来世代の負担になると主張している。

　リカード（Ricardo, D.）は，ある前提の下では，政府支出を公債発行と課税のいずれかの方法により個人に負担させても，個人の行動に，さらには経済全体に与える影響は同じであると主張している。これは，**リカードの等価定理**と呼ばれるものであり，以下で説明する。

3.2　リカードの等価定理

　本項では，政府にとって必要な財源を，公債発行と課税のどちらから調達しても，経済に与える影響は同じであることを確認する。考察する上での前提条件として，政府の財政支出は一定であり，家計への課税は一括固定税を用い，貯蓄する場合と同じ利子率で借り入れもでき，家計は将来の税負担を正しく見通している，という状況を想定する。以下では，公債償還が世代内で完結する場合としない場合について，リカードの等価定理の成立に着目して考えていく。

3.2.1　公債償還が世代内で完結する場合

　家計が若年期と老年期の2期を生きるモデルを用いて，リカードの等価定理の成立について議論する。まず，政府は，家計の若年期に行う財政支出で

あるG のための財源を必要としており，その財源の調達方法として以下の2つの政策が存在しているとしよう。

政策(a)：若年期の家計に一括税を課す。

政策(b)：家計の若年期に公債を発行し，その公債収入を財源とする。老年期には元本と利子を償還するが，その償還のために老年期の家計に一括税を課す。

以下，これら2つの政策が家計の消費量に及ぼす影響についてみてみよう。

まず，政策(a)について検討しよう。若年期の家計への課税額を T^y とする。家計の予算制約に関し，若年期の所得を w，消費を c^y，貯蓄を s とし，利子率は一定で r，老年期の消費を c^o とする。家計の若年期と老年期の予算制約式はそれぞれ $w - T^y = c^y + s$，$(1 + r)s = c^o$ となる。政府の予算制約式は $T^y = G$ である。家計の予算制約式と政府の予算制約式より，家計の生涯予算制約式は以下となる。

$$w - G = c^y + c^o / (1 + r) \tag{8-4}$$

この生涯予算制約式の下での家計の効用最大化を実現する消費の組み合わせは，**図表8－2**の予算制約線と無差別曲線の接点 $E_0(c^y, c^o)$ にて示される。ここで重要な点は，政策による家計の予算制約線の変化の有無である。予算制約線が変わらなければ，家計は効用を最大にするため E_0 を取り続ける。

次に政策(b)を検討する。政府は家計の若年期に公債を b だけ発行し，老年期に公債を償還するために T^o だけ課税する。家計は若年期に公債を b だけ購入し，老年期に T^o だけ税を支払うから，若年期と老年期の予算制約式はそれぞれ $w = c^y + b + s$，$(1 + r)(b + s) - T^o = c^o$ となる。公債の償還に当たっては，貯蓄と同じ利子率が適用される。なぜなら，もし貯蓄の利子率が公債の利子率を上回っていれば誰も公債を購入しようと思わず，逆であれば皆公債のみを購入しようとするためである。このような行動は，公債利子率の上昇あるいは低下をもたらし，結果的に，公債の利子率と貯蓄の利子

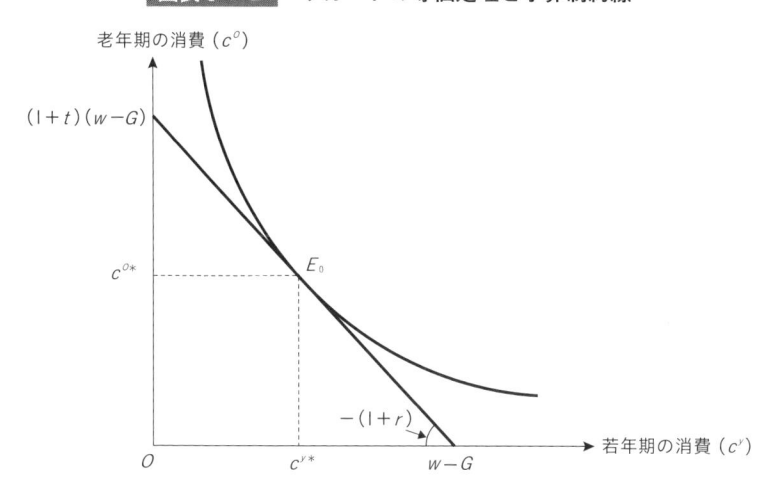

図表 8 − 2 リカードの等価定理と予算制約線

率は等しくなる。政府の予算制約式は $b = G$ および $T^o = (1 + r)b$ である
から，家計の生涯予算制約式は以下となる。

$$w - G = c^y + c^o / (1 + r) \tag{8-5}$$

(8−4)式および(8−5)式より，政府が政策(a)と政策(b)のどちらを採用
しても，家計の予算制約線は同一であることがわかる。したがって，効用最
大化を実現する消費の組み合わせも E_0 点(c^{y*}, c^{o*}) で同じである。これは，
各期の課税後の所得が異なる場合でも，家計は公債の償還が行われることを
予想しているので，償還のための増税に備えて貯蓄を行うからである。つま
り，家計は異時点間の資産移動により，各期の最適消費量を保つことができ
るのである [3]。結果として，政府の財源調達手段の差異は，家計の最適消費
量を変更させない。この主張をリカードの等価定理と呼ぶ。

リカードの等価定理の成立から導かれる結論は，政府調達手段が税と公債
の間で無差別であるという点のみではない。この状況が成立する状況下では，
標準的なマクロ経済学が想定する財政支出の乗数効果などは存在せず，財政
収支の赤字や公債残高，財政支出や減税政策なども実体経済に影響を与えな
い。リカードの等価定理は，前述の条件下で成立するため，現実社会におい

て厳密に成立することは難しいが，どのような条件が鍵となり，リカードの等価定理が成立しないのか，を考えることは有益であり重要な論点である。

3.2.2 公債償還が世代内で完結しない場合

次に，公債償還が世代内で完結しない場合について考える。前述の家計を世代1，世代1の老年期に生まれる家計を世代2とし，この世代2も若年期と老年期の2期間生きるとする。つまり，老年期の世代1と若年期の世代2が同時期に存在している。このような複数の世代が同時点に存在するモデルを**世代重複モデル**と呼ぶ。政府は，世代1の若年期に財政支出 G の財源として公債である b を発行し，世代1への課税は一切行わず，若年期の世代2への一括税である T_2 にて償還する，という政策(c)をとることが可能と考える。

まず，利他的な遺産動機が存在しない場合を考えよう。政府が政策(c)をとる場合，世代2は公債償還のための税負担を課されるため，世代2の所得と消費は減少する。一方，世代1は税負担を免れたため(8-4)式で示された世代1の予算制約式の左辺は $w-G$ から w となり増加するため，図表8-2の世代1の予算制約線は右上にシフトする。世代1の効用最大化消費量は増加し，リカードの等価定理は成立しなくなる。

一方，家計が子孫の効用水準を考慮するような利他的な遺産動機が存在する場合を考える。理論的には，世代1が世代2への遺産額を調整することを通じて，世代1と世代2の消費量は政府による財源調達方法に対して中立的になることがバロー（Barro, R.）により示された。これを**バローの中立命題**と呼ぶ。前項の議論から，政策(a)と(b)において，世代1は老年期への資産移動を通じて各期の消費量を一定とすることができることがわかった。政策(a)と(c)においても，世代1は世代2の消費量を変えないように遺産を増減することができる。したがって，利他的な遺産動機が存在する場合には，世代1の効用最大化条件の下で，世代1は子孫の消費量が一定となるように遺産を残すことになる。

　ここでは，本文と同様に家計は若年期と老年期の2期のみ生きるが，経済は無限期間続く経済を考える。ある世代の老年期に次世代が誕生する。つまり第 t 期に生まれる家計を世代 t とすると，第 $t+1$ 期において老年期の世代 t と若年期の世代 $t+1$ が同時に存在する世代重複モデルである。経済の生産部門も明示的に記述し，本文では無差別曲線で表していた家計の選好について，ここでは効用関数を用いて表す。公債償還が世代内で完結する場合，このようなモデルにおいてもリカードの等価定理が成立することを示す。

　まず，生産部門について考えてみよう。生産の技術水準を A，第 t 期に存在する経済全体の労働を L_t，経済全体の資本を K_t とすると，経済全体の生産 Y_t は

$$Y_t = AK_t^{\gamma} L_t^{1-\gamma}, 0 < \gamma < 1 \tag{8-r1}$$

というコブ=ダグラス型生産関数と呼ばれる生産関数に従うと考える。より一般的には，新古典派生産関数と呼ばれる生産関数は，以下の2つの性質を持つことが知られている。

　①規模に関して収穫一定の性質（一次同次性とも呼ばれる）
　②限界生産力は正で逓減する性質

①は，すべての投入量を2倍にすると，生産も2倍になるという性質であり，②は，他のすべての生産要素の量を固定した状況で，ある生産要素の量を増加させた場合，生産量は増加するがその増加量は順次減っていくという性質である。以上2つの性質は(8-r2)式のコブ=ダグラス型生産関数も満たしているため，コブ=ダグラス型生産関数は新古典派生産関数の一例であることがわかる。(8-r1)式の生産関数の下で，ミクロ経済学で学ぶ完全競争企業の利潤最大化条件より，第 t 期の賃金を w_t，利子率を r_t

とすると，以下が成立する。

$$w_t = A(1-\gamma)K_t^\gamma L_t^{-\gamma} = A(1-\gamma)k_t^\gamma$$
$$1 + r_t = A\gamma K_t^{\gamma-1}L_t^{1-\gamma} = A\gamma k_t^{\gamma-1} \tag{8-r2}$$

ここで，労働1単位当たりの資本を $k_t = K_t/L_t$ と表している。また，第 t 世代の人口である N_t の下で，1人当たりの労働供給が1である場合には $L_t = N_t$ となる。そのため，k_t は1人当たりの資本である K_t/N_t とも等しい。

　第 t 期に誕生した世代 t の家計は若年期と老年期の2期を生き，若年期に労働力を非弾力的に1単位供給し所得である w_t を得ている。政府は，毎期 G だけの財政支出をする必要があるため，その支出の一部を若年世代への課税により，残りを公債の発行により調達する政策を採用すると考える。この政策は本文中の政策(a)−(c)よりもより一般的な政策であることに注意してほしい。まず，若年期の一括税，消費量，公債購入量，貯蓄量を T_t^y, c_t^y, b_t, s_t と表そう。老年期には，利子率 r_{t+1} の下で収益 $(1+r_{t+1})(s_t+b_t)$ を得て，それをもって老年期の一括税である T_t^o を支払い，消費 c_t^o を行っている。消費財価格を1とすると，若年期の予算制約式は $w_t - T_t^y = c_t^y + s_t + b_t$ であり，老年期のそれは $(1+r_{t+1})(s_t+b_t) - T_t^o = c_t^o$ である。これらから，家計の生涯予算制約式は以下となる。

$$w_t - T_t^y = c_t^y + \frac{c_t^o + T_t^o}{1 + r_{t+1}} \tag{8-r3}$$

この式において，右辺は今期と来期の消費の割引現在価値，つまり生涯消費を表している。

　世代 t の効用 U_t は以下のように自らの各期の消費量に依存すると考える。

$$U_t = \ln c_t^y + \beta \ln c_t^o, \qquad 0 < \beta < 1 \tag{8-r4}$$

ここで，β は主観的割引率と呼ばれており，老年期の消費から生じる効用を，若年期時点において家計が評価するための割引率であり，通常は 1 よりも小さい正の値をとる。

　家計の効用最大化条件を求めよう。第 5 章の REVIEW ① より，家計の効用最大化条件は，(1)MRS と価格比が等しい，(2)予算制約線上に存在している，の 2 つを満たさなければならない。まず，(1)について考えてみよう。(8−r4)式より，c_t^y を 1 単位増加させると，効用水準は $1/c_t^y$ だけ増加する。一方，c_t^o を 1 単位減らすと，効用水準は β/c_t^o だけ減少するので，c_t^o を $(1/c_t^y)/(\beta/c_t^o)$ 単位減らすと，効用水準は $1/c_t^y$ だけ減少する。したがって，c_t^y が 1 単位増加するとき，効用水準が変化しないための c_t^o の減少量である MRS は $(1/c_t^y)/(\beta/c_t^o)$ である。したがって，(1)の条件は以下となる。

$$\frac{1/c_t^y}{\beta/c_t^o} = 1 + r_{t+1} \tag{8−r5}$$

次に，(2)の条件を利用し各期の消費量を求めることができる。(8−r5)式を書き直すと，$c_t^o = \beta(1 + r_{t+1})c_t^y$ となり，これを(8−r3)式に代入すると以下となる。

$$w_t - T_t^y = c_t^y + \frac{\beta(1 + r_{t+1})c_t^y + T_t^o}{1 + r_{t+1}}$$

これを書き直すと $c_t^y = (w_t - T_t^y)/(1 + \beta) - T_t^o/[(1 + \beta)(1 + r_{t+1})]$ となり，世代 t の若年期の消費量が求まった[4]。若年期の予算制約式である $w_t - T_t^y = c_t^y + s_t + b_t$ を使うと，家計の貯蓄は以下のように表される。

$$s_t = \frac{\beta}{1 + \beta} w_t + \frac{1}{1 + \beta} \left(T_t^y + \frac{T_t^o}{1 + r_{t+1}} \right) - b_t - T_t^y \tag{8−r6}$$

いま，(8−r6)式の右辺の $\dfrac{1}{1+\beta}\left(T_t^y + \dfrac{T_t^o}{1+r_{t+1}}\right) - b_t - T_t^y$ を z_t とおく。政府が支出 G の一部を公債 b_t で調達する場合，各期の一括税額は，$T_t^y = G - b_t,\ T_t^o = (1 + r_{t+1})b_t$ となる。したがって，どのような b_t の量においても $z_t = -\dfrac{\beta}{1+\beta}G$ となるため，同一の貯蓄額が実現することがわかる。

人口成長率を $n = (N_{t+1}/N_t - 1)$ とする。資産市場の均衡条件は，資産供給である $N_t\, s_t$ と資産需要である $K_{t+1}(= k_{t+1}\, N_{t+1})$ が等しいことであるから，$s_t = (1 + n)k_{t+1}$ が成立する。(8−r6)式より $s_t = \beta(w_t - G)/(1 + \beta)$ であるので，(8−r2)式の w_t をこの式に代入すると以下の関係が成立する。

$$(1 + n)k_{t+1} = \frac{\beta}{1+\beta}\left[A(1 - \gamma)\,k_t^\gamma - G\right] \tag{8−r7}$$

この式は第 t 期の資本が決まれば第 $t+1$ 期の資本が決まるという関係を示している。さらに，この式を繰り返し使うことにより，将来にわたっての資本量が決定される。(8−r7)式に b_t が現れないことから，国債発行額に関する政策の差異は資本量に影響を与えないため，これに依存する賃金や利子率にも影響を与えないことがわかる。よって，(8−r3)式の予算制約式は政策により変化しないため，リカードの等価定理が成立している。

●注

1　$B_t + \varDelta B_t = (b_t + \varDelta b_t)(Y_t + \varDelta Y_t)$ を展開すると，$B_t + \varDelta B_t = b_t\, Y_t + b_t\, \varDelta Y_t + Y_t\, \varDelta b_t + \varDelta b_t\, \varDelta Y_t$ となる。$B_t = b_t\, Y_t$ や $\varDelta b_t\, \varDelta Y_t = 0$ を考慮すると，先の式は $\varDelta B_t = b_t\, \varDelta Y_t + Y_t\, \varDelta b_t$ となる。この式の両辺を B_t で割り，$B_t = b_t Y_t$ であることを考慮すれば，$\varDelta B_t/B_t = (b_t\, \varDelta Y_t + Y_t\, \varDelta b_t)/b_t\, Y_t$ となることがわかる。

2　償還時の納税負担者と債権者が同一国民であるような国債を内国債，償還時の納税負担者は自国民であるが債権者は外国の国民である国債を外国債と呼ぶ。

3　本文では説明の明快さのために，公共支出の財源について，公債を全く発行せずに若年期の課税で調達するか（政策(a)），すべて公債で調達するか（政策(b)），という極端な政策を使って説明をした。当然，財政支出の一部を課税，残りを公債で調達するような一般的な政策も考えられる。たとえば，政府は，ある量の公債 b を発行し，$T^y = G - b, T^o = (1 + r)b$ の課税を行うという政策が考えられよう。この政策においても，家計の生涯予算制

約式は，$w - G = c^y + c^o/(1 + r)$ となり，公債 b の水準よって，家計の予算制約式は変化せず，それに対応する E_0 点 (c^{y^*}, c^{o^*}) も変化しない。したがって，このような政策においてもリカードの等価定理が成立することがわかる。詳しくは本章の REVIEW ②を参照せよ。

4　$(8-r5)$式に，ここで求まった世代 t の若年期の消費量を代入することで，世代 t の老年期の消費量も求まる。

◉引用・参考文献

竹内信仁編著［2007］『スタンダード財政学 第2版』中央経済社。

畑農鋭矢・林正義・吉田浩［2015］『財政学をつかむ 新版（テキストブックス［つかむ］）』有斐閣。

本間正明・武藤恭彦・井堀利宏・阿部暢夫・神取道宏・跡田直澄［1987］「公債の中立命題：理論とその実証分析―財源調達方式と家計の反応―」経済分析第106号，経済企画庁経済研究所編集。

第 **8** 章

公

債

第III部
政府の支出

第 9 章
社会保障

ポイント

本章では，戦後の日本の社会保障制度の変遷について概観する。その後，社会保障制度の大きな柱である，公的扶助，健康保険制度，年金制度について，それらを公的に提供することの正当性を議論する。特に，年金制度については貯蓄行動や退職行動への影響を理論的側面から学ぶ。

キーワード

公的保険制度，現金給付，現物給付，温情主義，積立方式，賦課方式

1 戦後日本の社会保障制度の歴史

　日本の社会保障制度は第2次世界大戦からの復興とともに，本格的に議論され整備されてきた。これは，1947年に施行された日本国憲法第25条において，いわゆる「生存権」が規定され，戦後の日本が福祉国家の建設を目指すことを宣言したことに由来する。この憲法第25条を受けて設置された社会保障制度審議会では，生活困窮者に対する最低限度の生活の保障，公衆衛生および社会福祉の向上が国家の責任であると規定された。具体的には，1958年に国民健康保険法，1959年に国民年金法が制定され，1961年に「**国民皆保険・皆年金**」制度が実現した。特筆すべきは，終戦から15年ばかりで高度成長期の初期に国民皆保険・皆年金を達成したことである。

　1950年代から1970年代前半の高度経済成長を背景に，福祉の充実が図られ特に1973年は田中角栄内閣において「福祉元年」と宣言され，大幅な制度の拡充が行われた。具体的には，老人医療費の無料化，健康保険給付水準の引き上げ，年金給付への物価スライド・賃金スライドの導入が行われた。

　皮肉なことに，1973年は第1次オイルショックが起こり，日本が安定成

長期に入った年でもあった。成長率低下による税収減の一方，経済対策のために財政支出が拡大され，1975年以降恒常的に赤字国債が発行されることになった。社会保障費も給付水準のインフレへの調整により急増し，社会保障制度の見直しが求められた。他方，高度成長期の終わりにより，雇用問題に対処する必要が生じ失業給付の見直しや雇用調整給付金の創設などの対策がとられた。

　具体的な社会保障制度の見直しは，1980年代に入って行われた。1982年度予算では**ゼロ・シーリング**，1983年度予算では**マイナス・シーリング**が採用され，社会保障関係予算についても厳しい抑制が図られた。制度面では，老人保健法の制定（1982年），国民年金法の改正（1985年）による**基礎年金制度**の成立という形で現れた。老人保健法では老人医療費の無料化を廃止し，高齢者にも一部負担を求めることになった。国民年金法の改正では，すべての国民が新国民年金に加入し基礎年金を支給されることになった。これ以前には，職業により加入する年金制度が異なり，給付と負担の両面で格差が生じていた。新国民年金制度により，制度間の格差がある程度改善されることになり，さらに基礎年金の費用は，税財源による国庫負担と加入者の持ち寄る拠出金により，全国民が公平に負担することになり，国民年金の財政基盤の安定にも寄与した。2015年度の改正により現在の年金制度は**図表9−1**のような，いわゆる2階建て方式となっている。この制度では，現役世代はすべて国民年金の被保険者となり，高齢期となったときに基礎年金の給付を受ける（1階部分）。民間サラリーマンや公務員などはこれに加え，厚生年金保険に加入し，基礎年金の上乗せとして報酬比例年金の給付を受ける（2階部分）。

　1970年代後半は，高度経済成長期の終焉だけではなく，少子・高齢化の進展が始まった時期でもあった。1970年には65歳以上人口比率が7%を超え，その後わずか24年で14%を超え，国連の定義による高齢化社会に入った。これは，平均寿命の大幅な増加（1960年の男65.32歳，女70.19歳から1990年には75.92歳，女81.90歳へ）とともに合計特殊出生率[1]の急速な低下（1960年の2.00から1990年には1.54へ）によるものである。その後も，合計特殊出生率は低下し続け，2005年には1.26を記録した。

図表9－1　公的年金制度の仕組み

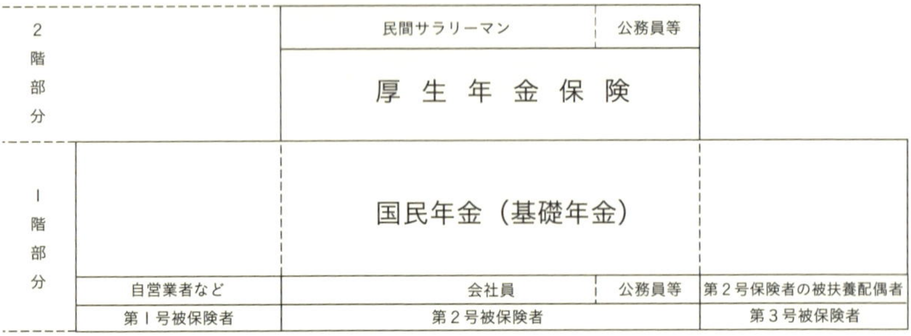

（出所）厚生労働省ウェブサイト。
　　　（https://www.mhlw.go.jp/stf/seisakunitsuite/bunya/nenkin/nenkin/zaisei01/index.html：
　　　2019年6月19日閲覧）

　少子高齢化に対する対策としては，まず1989年の「高齢者保健福祉推進
十ヵ年戦略」，いわゆる**ゴールドプラン**が挙げられる。これにより，在宅福
祉や特別養護老人ホームなどの施設の拡充が目標とされた。一方，施設の整
備だけではなく，高齢者介護需要に対するサービス提供の手段として介護保
険制度が創設された（1997年に介護保険法成立，2000年4月施行）。介護保
険制度では，40歳以上の国民全員が保険料を支払う代わりに，要介護認定
を受ければ，介護サービスを受けられるようになった。介護保険制度の創設
は，国民皆保険・皆年金実現以来の新たな社会保険制度の創設である。

　少子高齢化により，若年層の保険料負担増加，年金制度の維持が懸念された
ため，2001年から段階的に年金支給年齢が引き上げられ，厚生年金の定
額部分が2013年には男子65歳となった（女子は5年遅れで実施）。男子の
報酬比例部分についても2000年の厚生年金保険法の改正により，2025年ま
でに男子65歳までに引き上げられる予定である（女子は5年遅れで実施）。

　少子化問題への対策としては，1994年の**エンゼルプラン**の制定が挙げら
れる。エンゼルプランの中心は，保育サービスの拡充で，低年齢児保育の待
機の解消や延長保育の拡大などが図られた。

2　社会保障の負担と給付

　第2章で触れた財政指標を用いながら，我が国の社会保障に関する負担お

図表9−2 社会保障の負担と給付

年度	社会保障負担率（%）	国民負担率（%）	潜在的な国民負担率（%）	社会保障給付費　（億円）			
				合計	医療	年金	福祉その他
1970	5.4	24.3	24.9	35,239	20,758	8,562	5,920
1975	7.5	25.7	33.3	117,693	57,321	38,047	22,325
1980	8.8	30.5	38.7	247,736	107,598	103,330	36,008
1981	9.6	32.2	40.4	275,638	115,536	119,122	40,979
1982	9.8	32.8	40.6	300,973	124,447	131,992	44,534
1983	9.7	33.1	40.1	319,733	131,319	142,563	45,852
1984	9.8	33.7	39.7	336,396	136,379	152,877	47,141
1985	10.0	33.9	39.0	356,798	143,595	167,193	46,009
1986	10.1	35.3	39.6	385,918	152,299	185,664	47,956
1987	10.1	36.8	39.6	407,337	160,800	197,965	48,572
1988	9.9	37.1	38.5	424,582	167,506	208,437	48,639
1989	10.2	37.9	38.9	450,554	177,547	223,192	49,816
1990	10.6	38.4	38.5	474,153	186,254	237,772	50,128
1991	10.7	37.4	37.9	503,697	197,824	253,073	52,801
1992	11.2	36.3	40.8	540,712	212,539	270,717	57,456
1993	11.5	36.3	43.0	570,560	221,326	286,817	62,417
1994	11.9	35.4	43.6	607,240	233,126	306,268	67,846
1995	12.4	35.8	44.9	649,842	246,608	330,614	72,619
1996	12.4	35.5	43.9	678,253	257,816	344,994	75,443
1997	12.9	36.5	44.0	697,151	259,227	358,882	79,042
1998	13.3	36.3	45.8	724,226	260,269	378,092	85,865
1999	13.2	35.5	47.4	753,114	270,132	392,359	90,623
2000	13.1	36.0	45.5	783,985	266,049	405,367	112,570
2001	13.9	36.7	45.7	816,724	272,320	419,419	124,985
2002	13.9	35.2	45.8	838,402	268,767	433,107	136,528
2003	13.7	34.4	44.5	845,306	272,020	441,989	131,297
2004	13.7	35.0	42.6	860,818	277,173	450,514	133,131
2005	13.8	36.3	41.9	888,529	287,444	461,194	139,890
2006	14.1	37.2	44.4	906,730	293,173	471,517	142,040
2007	14.5	38.2	41.6	930,794	302,290	481,153	147,350
2008	15.8	39.3	48.5	958,441	308,654	493,777	156,009
2009	15.8	37.2	51.7	1,016,714	321,038	515,524	180,153
2010	15.7	37.2	49.5	1,053,646	336,439	522,286	194,921
2011	16.6	38.8	50.8	1,082,706	347,808	523,227	211,671
2012	17.0	39.7	50.0	1,090,741	353,384	532,303	205,054
2013	16.8	39.9	49.2	1,107,755	360,706	538,772	208,277
2014	17.2	42.1	49.6	1,121,688	367,759	535,076	218,854
2015	17.2	42.6	48.7	1,154,007	381,592	540,900	231,515
2016	17.7	42.8	49.1	1,169,027	383,965	543,770	241,291

（出所）国立社会保障・人口問題研究所「平成28年度社会保障費用統計」および財務省ウェブサイト。
（https://www.mof.go.jp/budget/topics/futanritsu/：2018年11月14日閲覧）

よび給付についてみていく。国民所得に占める社会保障負担の割合である**社会保障負担率**については，**図表9－2**にあるように2016年度では約17.7%で，ここ数年は横ばい状態である。**租税負担率**と社会保障負担率との合計である**国民負担率**については，1970年には約24.3%だったものが，2016年度では40%を超えるまでに至っている[2]。

　社会保障給付費の総額は2016年度に116兆9,027億円にのぼっている。2000年度には約78兆円であったから，15年ほどで40%以上増加したことになる。2016年度について部門別にみると，年金部門が54兆3,770億円（約46.5%）で最も多く，次いで医療部門38兆3,965億円（約32.8%），福祉その他の24兆1,291億円（約20.6%）が続く。高齢化の影響のため，年金部門の占める割合が1990年に50%を超えたが，その後も高水準を保っていることがわかる。

3 社会保障の機能と意義

　社会保障の機能としては，主として，①生活安定・向上機能，②所得再分配機能，③経済安定機能の3つが挙げられる。

　①に主に対応するのが，**健康保険制度**と年金制度である。これら2つの制度は保険の仕組みを用いた社会保険方式で運営されている。②に対応するのが公的扶助である。日本では生活保護が公的扶助に当たり，その公的扶助は税金を財源として運営されている。一方で，以下でみるように年金制度にも所得再分配機能がある。③の経済安定機能を果たしている制度としては，雇用保険が挙げられる。また，年金制度も景気に左右されず一定額の給付を行うという点で，高齢者の生活を下支えし経済を安定させる機能があるといえる。

3.1 公的扶助

　公的扶助の主な目的は所得再分配である。**図表9－3**は，日本の2014年における再分配前の所得および再分配所得を，所得階層ごとの世帯分布によって示したものである。再分配前の所得は，50万円未満および1,000万円

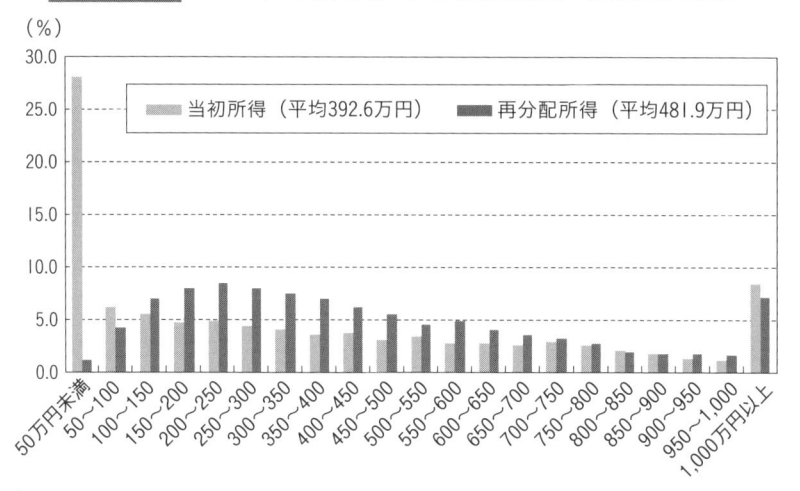

図表9－3　2014年の所得分配による所得階級別の世帯分布の変化

（出所）厚生労働省ウェブサイト「平成26年所得再分配調査報告書」。
　　（https://www.mhlw.go.jp/file/04-Houdouhappyou-12605000-Seisakutoukatsukan-
　　Seisakuhyoukakanshitsu/h26hou.pdf：2018年7月9日閲覧）

以上の所得水準の世帯が多かったのに対して，再分配後所得は，100万円未満および1,000万円以上の所得階級世帯の割合が減少し，100万円以上のほぼすべての世帯の割合が増加している。また，平均所得も再分配前の392.6万円から481.9万円へ増加している。このように日本の所得再分配政策は，所得が最も高い世帯から所得を再分配し，所得格差を縮めるように行われていることがわかる。この所得分布に影響を与える所得再分配政策は，具体的には，第6章で示された累進的な課税，以下で説明される公的扶助，社会手当，保健医療，社会福祉などによって行われている。

　それでは所得再分配政策はどのような理由で行われているのであろうか。所得再分配は個人の所得を強制的に移転するものであるから，そもそも政府が介入することの正当性を議論する必要がある。以下では，所得再分配に対する正当性を議論する。

3.1.1　社会厚生最大化

財政学および厚生経済学では，社会厚生関数を導入して，社会の評価を

行ってきた。社会厚生関数とは，その社会全体の構成員の効用についての完全でかつ整合的な順序づけであり，いわば社会が持つ効用関数である。社会が個人Aと個人Bで構成されているとき，一例として社会厚生関数SWは以下のように与えられる。

$$SW = U^A + U^B$$

U^A, U^Bは個人の効用関数であり，各個人の効用関数は，通常の効用関数の性質である限界効用逓減を満たしているとする。詳細は第14章で説明されるが，このような社会的厚生関数を前提とすると，社会厚生最大化はなるべく個人間の所得を平等にすることにより達成されることがわかっている。

3.1.2 機会の平等と結果の平等

所得の偏りはさまざまな原因により発生する。たとえば，肉体的な健康，知性，努力，教育，家族構成，性差，運等が原因として考えられる。近年では，技術の発展とともに，大学卒業者と高校卒業者との所得の差が拡がっている。もし，教育機会が平等であるのであれば，この所得の差は個人の意思決定の結果であるので，政府が是正する必要はないだろう。しかし，現実には**機会の平等**が保たれているのかどうかを判断するのは難しい。したがって，**結果の平等**をある程度達成するために，政府の介入が正当化される。

3.1.3 社会的混乱の防止

過度な不平等が社会的混乱や不正をもたらすという指摘がある。特に政治的腐敗や不正が起こると経済成長へ負の影響をもたらすことが実証的にも指摘されている。経済の停滞は社会全体に影響を及ぼすので，過度な不平等を是正することは正当化される。

3.2 現金給付と現物給付

公的扶助の具体的政策としての生活保護は，生活扶助，教育扶助，住宅扶助，医療扶助，介護扶助，出産扶助，生業扶助，葬祭扶助という8つの柱に

よって運営されている。このうち，医療扶助，介護扶助は**現物給付**で，その他は原則**現金給付**である。

公的扶助を現物給付で行うか，現金給付で行うかについてはさまざまな議論がある。たとえば現金給付には「現金で給付すると生活必需品ではなく，遊興費に使ってしまい生活の立て直しには役立っていない」という反対意見がある。以下では，現物給付と現金給付の比較を簡単な図を使って行う。

図表 9 - 4 は現物給付と現金給付のもたらす効用の変化を表している。横軸が財 X（生活必需品），縦軸が財 Y（その他の財）の消費量を表す。当初，消費者は AB という予算線に直面し E_0 という点で消費を実現している。予算線と無差別曲線 U_0 が接していることから，このとき消費者の効用は最大化されている。

いま，政府が生活必需品である財 X を OC だけこの消費者に現物給付したとする。消費者が現物給付された財 X は別の財に交換できないとすると，この政策によって，消費者が直面する予算線は AIB' となる。最も高い効用

図表 9 - 4　現物給付と現金給付

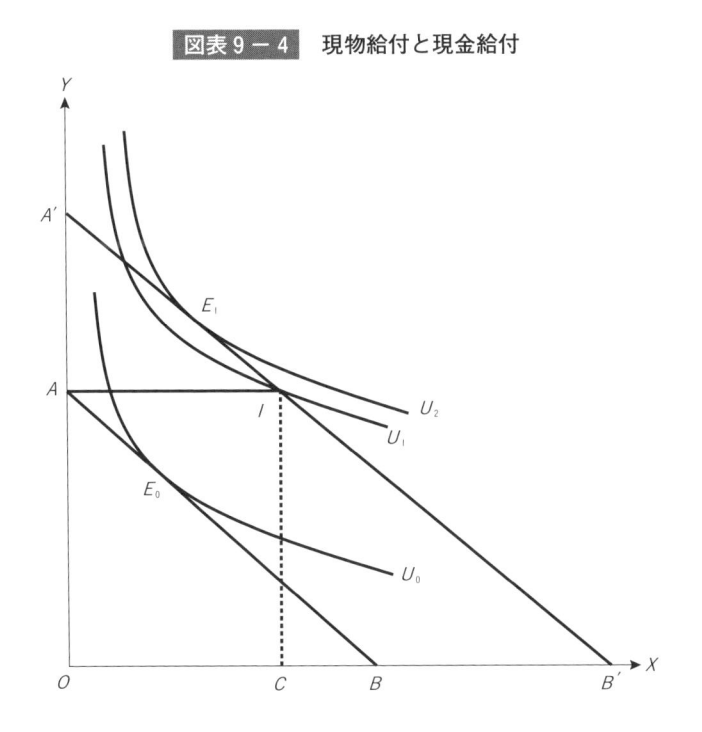

を生み出す消費点は，無差別曲線 U_1 と予算線 AIB' が接する I であるから，この消費者は，財 X を OC だけ消費し，自分の所得はすべて財 Y に使うであろう。次に政府が現物給付でなく，現金給付を行った場合を考える。現物給付と比較するために，現金給付の水準は，I の消費を行えるだけの現金給付とする。この政策は，予算線 AB を点 I を通るように平行移動させ，$A'B'$ が新しい予算線となる[3]。このとき，無差別曲線との接点は E_1 となり，明らかに現物給付よりも効用は高くなっている。これは，現金給付の場合，消費者に消費配分の決定権があるからである。現物給付が常に現金給付より効用が低くなるわけではないが，現物給付が現金給付よりも効用を高めることはない[4]。

以上の簡単なモデル分析では，現金給付が望ましいことがわかるが，現実には現物給付で行われているものもある。現物給付の正当化としては，必要としている人に届きやすいということがあげられる。率としては約 0.44% と極めて低いものの生活保護の不正受給は存在する[5]。そもそもの給付が，現物であれば必要な人以外は受給しようと思わないので，不正受給は発生しない。

3.3　社会保障制度としての保険制度

第1章にあるように経済学では，さまざまな財が市場を通じて私的に売買されることの効率性を強調することが多い。社会保障は国によって主に賄われているが，市場を通じた私的な取引によっても可能である。たとえば，さまざまな民間保険会社が生命保険や医療保険や年金保険を提供している。これらの民間保険への加入は当然のことながら私たちの意思によって自由に選択ができるが，皆保険・皆年金制度において加入は強制である。いわば，強制的に保険を購入させられているのである。経済学で社会保障制度を学ぶに当たっては，いかなる根拠でこのような強制が正当化されているのかを理解することが重要である。

3.3.1　公的保険制度の必要性

政府が医療や年金の保険制度を公的に運営し，かつ強制的に加入させる理

由としては以下のような点が挙げられる。

⑴情報の非対称性

　保険市場の場合問題になるのが，**情報の非対称性**である。情報の非対称性とは，市場取引に参加する人々や取引される財に関する情報が，一部の人にしか共有されていない状態をいう。保険市場の場合には，一般に被保険者（加入者）の情報について，保険者（保険会社）は完全に知ることはできない。このようなとき，市場の失敗の１つである**逆選択**という状態が起こることが知られている。逆選択は以下のように説明される。

　いま，保険が市場で取引されるとしよう。つまり，保険への加入も脱退も自由である。もし，保険会社が，保険を購入しようとする人々の情報（病歴や生活習慣）を完全にわかっていれば，１人１人に見合った保険料を徴収するだろうが，情報の非対称性のためそれはできない。保険会社は一律の保険料をすべての人に請求せざるを得ない。このとき，保険が保険会社から売りに出された場合，真っ先に購入しようとするのはどのような人であろうか。それは，自分が死亡する確率が高いあるいは病気になる確率が高いと知っている人々である。自分が健康であると知っている人はわざわざ保険料を支払って保険に入る必要を感じないのである。死亡リスク，疾病リスクおよび**長生きのリスク**の高い人ばかりが保険を購入する結果，多額の保険金支払いにより民間保険会社は破綻する，もしくは，初めから保険を提供しようとしないであろう[6]。このように，保険市場にリスクの高い人ばかりが参加し，保険市場が機能しなくなることを逆選択という。

　どのような人でも，リスクがない人はいないから，保険市場がないというのは，リスクの軽減ができず，あらゆる人にとって望ましくない状況である。公的保険により保険加入を強制化すれば，そもそも逆選択は起こらない。

⑵外部性

　外部性とは市場を通じずにある経済主体の行動が他の経済主体に影響を与えることである（詳しくは第11章で説明する）。医療サービスの購入には外部性が存在する。たとえば伝染病にかかったときに，早めに医者にかかり治すことは本人にとってだけでなく，周りの人にとっても望ましいことである。一方，抗生物質を大量に服用することは，耐性菌の発生を促し，他の人の健

康を損なうことがあるかも知れない。公的な医療保険に強制加入させることにより，適切な水準の医療サービスを受けるようにコントロールできるかもしれない。

(3)温情主義

客観的な疾病・死亡リスクなどに比べて，本人の主観的なリスク評価が低い場合，そのような人々は保険に加入しようとしない。しかし結果的には保険が必要になる可能性が高いので，政府が強制的に保険に加入させることにより，本人の期待効用を高めることができる。このような考え方を**温情主義**（**パターナリズム**）という。特に公的年金制度は，老後に備えて強制的に貯蓄を行わせることにより，生活保護などの公的扶助の負担を減らすことにもなる。

(4)規模の経済

強制加入にして国が年金制度を運営すれば，事務手続に規模の経済性が働くことや，私的保険のように販売努力の必要もないため大幅に事務費用を減らすことができる。一方で，保険制度が画一的になるため，保険料運用に選択肢がないなどのデメリットも生じる。

(5)インフレーション

年金の場合は保険の加入期間は長期にわたるが，将来の物価上昇率を予測することはほとんど不可能に近い。**予期せぬインフレーション**が起きた場合，年金給付額は実質的に減少するが，そのようなリスクに対しては，民間保険市場では対応が不可能であり，公的保険での対応が必要とされる。

3.3.2　公的保険の問題点

医療保険に加入できるのであれば，実際にかかる費用よりも安く受診できるので，健康管理に気を遣わなくなるかもしれない。このように保険契約の成立前と成立後で契約者の行動が変わってしまう現象を，経済学では**モラルハザード**（Moral Hazard）という。モラルハザードが起これば，医療保険に入っていることが原因で，かえって重い病気になるということもありうる。ただし，モラルハザードは私的保険でも公的保険でも起こりうる問題である。

4 年金制度

ここでは公的保険制度のうち，年金制度を取り上げ，その運営方式および経済への影響についてみていく。

4.1 年金制度の運営

年金制度の運営には大きく分けて2つの方式がある。**積立方式**と**賦課方式**である。積立方式は若年期に保険料を支払い，それを老年期に取り崩して年金を受け取る方式である。賦課方式は，同時期の若年期に当たる就労者が保険料を払い，その保険料を財源として老年世代に年金を給付する方式である。

積立方式は支払った保険料が同じ世代に年金として支払われるので，世代間の再分配という役割はない。同世代で早く死亡した人から長生きした人との間での世代内再分配だけが起こる。一方，賦課方式は，世代内再分配とともに若年世代から老年世代への世代間再分配が起こる。

そもそもの年金制度の目的である，リスクの軽減という観点からは賦課方式のほうがメリットは大きいと考えられる。長生きのリスクは，積立方式では世代内再分配で，賦課方式では世代間再分配で対処できるが，インフレーションに対しては積立方式の場合は積立額全体の実質額が目減りするので対処できない。インフレーションが起こっているときには，名目賃金も上昇している可能性が高いので，賦課方式において若年世代からの保険料も増え，より対処しやすい。

一方で，賦課方式年金制度については，人口構成変化を受けやすいというデメリットがある。老年世代の年金給付が同時期の若年世代に頼っているため，少子化が進んでいる状態では，年金給付額を下げない限り若年世代の保険料が高くなってしまう（逆に人口が増加しているときには，若年層の負担が減っていく）。積立方式については世代内での再分配であるので，人口構成変化の影響はないと考えてよい。

現在の日本の公的年金制度は，実質的に賦課方式によって運営されている（正確には，**修正積立方式**と呼ばれている）。日本の年金制度は1944年の制

度設立時には積立方式を採用していたが，1954 年に国庫負担の導入により修正積立方式となった。そもそも積立方式を採用したのは，昭和 34 年度版厚生白書によれば「現在のわが国のように，老齢人口の占める比率が急速に高まりつつある国においては，将来の生産年齢人口の負担が重くなるという不合理も生ずるので，積立方式を採用して制度の安定と確立を期した」（平成 23 年度厚生労働白書）からである。しかし，その後のインフレーションにより，年金給付の実質的な目減りが起こり，国庫負担の導入を余儀なくされた。その後，予想されたように（あるいは予想以上に）少子高齢化が進んだため，1 節で述べたように 1980 年代以降，給付額の抑制や年金支給開始年齢の引き上げなど，若年世代の負担を軽減する措置が執られた。

4.2　公的年金制度の経済的影響

　公的年金制度はさまざまな経済的影響をもたらすことが指摘されている。以下ではその中から，人々の貯蓄行動や労働行動に関するものを取り上げる。

4.2.1　貯蓄行動

　多くの人々の貯蓄動機が，引退後の生活を考えてのことであるから公的年金制度が貯蓄に影響するのは当然のことである。ここでは，簡単なモデル分析を行って，賦課方式と積立方式の貯蓄行動に与える違いをみていく。

(1)　積立方式のケース

　今期と来期の 2 期を生きる家計を例に積立方式の貯蓄に与える影響を考える。家計は今期のみ働いて所得を得，それが消費，私的な貯蓄と公的年金の積み立てに使われる。来期には，今期に行った貯蓄および年金の元本および利子により消費を行う。今期の所得，消費，公的年金の積立額および貯蓄を w, c^y, b, s とし，来期の消費を c^o とする。利子率は r と表し一定と考える。積み立てられた年金の収益率と私的な貯蓄の収益率も，それぞれ利子率と等しいと考えると，各期の予算制約式は

$$w = c^y + s + b \tag{9-1}$$

$$(1 + r)(b + s) = c^o \tag{9-2}$$

となる。(9-1)式と(9-2)式を使い貯蓄を消去すると，

$$w = c^y + \frac{c^o}{1 + r} \qquad (9-3)$$

となる。この式において，右辺は今期と来期の消費の割引現在価値の合計，つまり生涯消費を表している。(9-3)式を制約として，家計は効用を最大化する。たとえば第8章の REVIEW ②で説明されているような効用関数を持つ家計を考えてもよいが，どのような効用関数を持っていたとしても，(9-3)式には b が現れないことから，各期の望ましい消費水準は公的年金の積立額とは独立に決定されることがわかる。これは，積立方式の場合，私的な貯蓄と公的年金が全く同じ収益率であるので，家計にとって両者は無差別であるからである。公的年金制度により強制的に貯蓄された分と同額の私的貯蓄が減少し，経済全体の貯蓄量は変化しない。

(2) 賦課方式のケース

賦課方式は世代間の所得再分配を伴うので，その影響を考えるには2世代を同時に考えることが必要である。今期に生まれる世代を世代 t とし，次期に生まれる世代を世代 $t+1$ とする。それぞれの世代の人口を N_t, N_{t+1} とし，人口成長率を $n(= N_{t+1}/N_t - 1)$ とする。1人当たり年金拠出額を b, 年金受取額を β とすると，第 $t+1$ 期における世代 t（老年世代）の総年金受取額は βN_t, 世代 $t+1$（若年世代）の総年金拠出額は bN_{t+1} となる。賦課方式では，同一時点における総年金受取額と総年金拠出額が等しくなるので，

$$\beta N_t = bN_{t+1}$$

が成立する。人口成長率が n であるから，この式から $\beta = b(1 + n)$ が成立する。したがって，賦課方式制度のもとでは年金の収益率 $(\beta/b - 1)$ は人口成長率と等しいことがわかる。

各期の予算制約式を考えると，今期生まれた世代の若年期の予算制約式は(9-1)式と等しいが，老年期における予算制約式は

$$(1 + r)s + (1 + n)b = c^o$$

となる。この式と(9-1)式を組み合わせると，

$$w + b\,\frac{n - r}{1 + r} = c^y + \frac{c^o}{1 + r}$$

となる。人口成長率と利子率が等しいとき，この予算制約式は(9-3)式もしくは，年金制度がないときと全く同じである。この経済では私的な貯蓄のみが経済全体の貯蓄であるから，bの増加は同額の貯蓄量減少をもたらすことになる。利子率より人口成長率のほうが高いときは，bが大きいほど左辺の生涯所得が増える。逆に人口成長率より利子率が高いときは，bの増加は生涯所得を減少させる。各期の消費が正常財であれば，生涯所得の増加は各期の消費を増やす。したがって，利子率より人口成長率のほうが高いとき，年金拠出額bの増加は私的貯蓄を減らす。一方，人口成長率より利子率が高いとき，年金拠出額bの増加は若年期の消費を減らすが，年金拠出額も増加しているので貯蓄への影響ははっきりしない。

(3) 遺産動機の存在

　賦課方式のケースでは，年金制度により経済全体の貯蓄量が変化したが，この結論は**遺産動機**の存在により変わりうる。これまでの議論では貯蓄動機をもっぱら自身の老後の生活のためと考えていたが，実際にはさまざまな理由があり得る。その中でも大きな理由としては，遺産動機が挙げられる。賦課方式の年金制度の場合は，若年世代（つまり子供）から老年世代（つまり親）に年金という形でお金が流れている。これは若年世代の負担でもあるが，遺産動機があれば，親世代はこの負担を軽減するように遺産を増やすであろう。極端な場合には若年世代の負担が完全に相殺するように遺産を増やすかもしれない。その場合，賦課方式においても経済全体の貯蓄量は全く変化しないことになる。

4.2.2　退職行動

　公的年金制度は退職後の生活をある程度保障するものであるから，退職行動を早める可能性がある。しかし，ある人が年金をもらえる年齢になったとしても，繰り下げ受給をすることにより毎年受け取る額を増やすことができる（日本の場合は，65歳時点の老齢厚生年金額を基準として，1年繰り下げると8.4%〜16.1%増額される）。人々の寿命が延びているようなときは，退職年齢を繰り下げた方が，一生涯で得られる年金額が増える可能性が高い。

　その他，退職行動の決定には，賃金水準，寿命の変化，産業構造の変化などさまざまな要因がある。また，多くの企業は退職年齢を一律に決めているので，年金制度の有無が人々の退職行動に与える影響は限定的かも知れない。公的年金制度が必ず退職を早めるかどうかは慎重に考えなければならない。

●注

1　合計特殊出生率とは女性の年齢別の出生率を合計したもので，1人の女性が生涯に産む子供の数の平均を表す。

2　財政赤字の国民所得に占める割合である財政赤字対国民所得比を，国民負担率にさらに加えた値は潜在的な国民負担率と呼ばれる。財政赤字は，将来に現れる「隠れた負担」といえるため，潜在的な国民負担率は将来負担を加味した国民負担率と解釈される。

3　簡便化のため，政策は財の価格を変えないと考えている。

4　より傾きの急な無差別曲線を考えてみよ。

5　平成29年度全国厚生労働関係部局長会議の資料（https://www.mhlw.go.jp/topics/2018/01/tp0115‐1.html：平成31年1月6日閲覧）より，筆者が算出。

6　多くの人は退職後のことを考えて貯蓄を行うが，問題は退職後の生活が何年続くかわからないことである。65歳で定年を迎え85歳まで生きると想定して貯蓄をしていても，実際は100歳まで生存する可能性がある。これが長生きのリスクである。

●引用・参考文献

厚生労働省［2011］『平成23年版 厚生労働白書』。
厚生労働省［2012］『平成24年版 厚生労働白書』。
Rosen, H. S. and T. Gayer［2013］*Public Finance 10th edition*, McGraw-Hill Education.

第**10**章
社会資本

ポイント

本章では，まず，日本における社会資本の状況を把握する。次に，市場の失敗として挙げられる公共財を取り上げ，公共財の特徴，公共財の最適供給条件を表すサミュエルソン条件について説明する。また，公共財が自発的供給されるもとでは，公共財供給が過少になることを明らかにする。最後に，社会資本整備などの政策評価手法として，費用便益分析について紹介する。

キーワード

社会資本，非排除性，非競合性，公共財の最適供給，フリーライド（ただ乗り），公共財の自発的供給，費用便益分析

1 社会資本

　社会資本は，一般的に政府の**公共投資**等によって形成された資本を指すものとして定義され，主に，**インフラストラクチャー**を意味している。しかしながら，その対象範囲は広範にわたっており，政府が整備する公共資本だけではなく，民間が整備する民間資本の中にも，教育，交通，通信などの部門において，社会資本と捉えることができるものもある[1]。以下では，公的部門による社会資本を取り上げる。

　国が関与する公共投資の規模を表すものとして，一般会計の歳出項目に公共事業関係費がある。2018 年度の公共事業関係費は，対前年度比 26 億円増の 5 兆 9,789 億円を計上しており，国の歳出総額の 6.1％を占めている。その内訳は，**図表 10 － 1** のとおりであり，社会資本総合整備事業費と道路整備事業費で 5 割以上を占めている状況である。

　図表 10 － 2 は，日本における一般政府（中央政府・地方政府・社会保障基金）の総固定資本形成（投資）が GDP に占める割合を他の主要国と比較

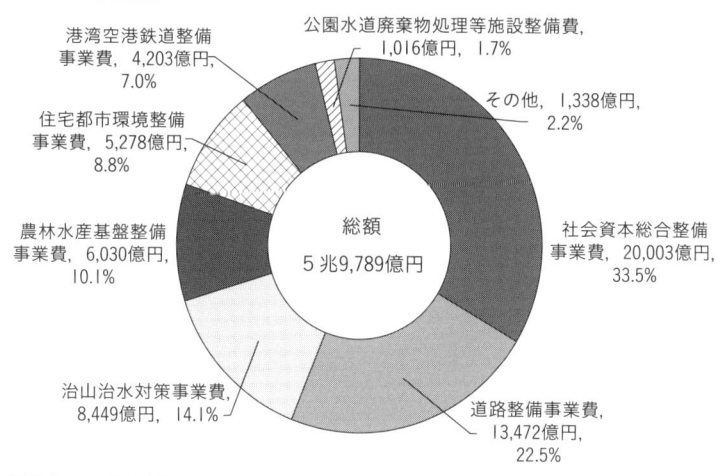

図表 10 － 1　公共事業関係費の予算の内訳（平成 30 年度当初予算）

公園水道廃棄物処理等施設整備費，1,016億円，1.7%

港湾空港鉄道整備事業費，4,203億円，7.0%

住宅都市環境整備事業費，5,278億円，8.8%

農林水産基盤整備事業費，6,030億円，10.1%

治山治水対策事業費，8,449億円，14.1%

その他，1,338億円，2.2%

総額 5 兆9,789億円

社会資本総合整備事業費，20,003億円，33.5%

道路整備事業費，13,472億円，22.5%

（出所）国税庁ウェブサイト。

（https://www.nta.go.jp/taxes/kids/hatten/page05.htm：2018 年 8 月 9 日閲覧）

図表 10 － 2　一般政府の総固定資本形成（対 GDP 比）の推移

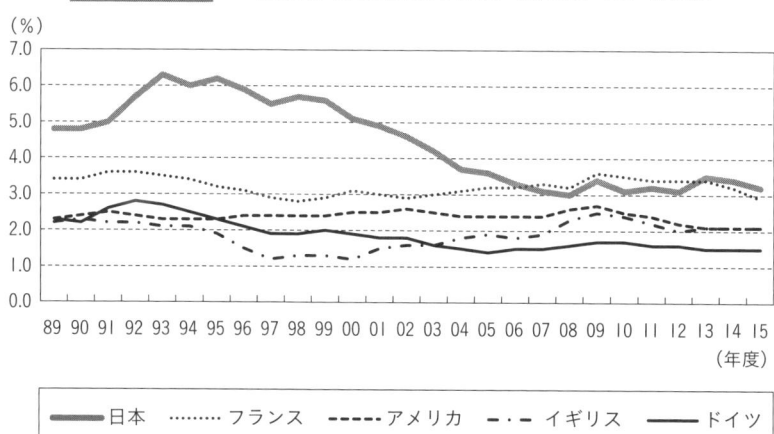

（注 1 ）日本…内閣府「国民経済計算」に基づいて計算した数値。諸外国…OECD「National Accounts」に基づいて計算した数値。

（注 2 ）日本は年度ベース，諸外国は暦年ベース。

（注 3 ）2008 年までは旧基準（93SNA ベース等），2009 年以降は 08SNA ベースの公的固定資本形成より研究開発投資（R&D）や防衛装備品分を控除。

（出所）財務省ウェブサイト「日本の財政関係資料」。

（https://www.mof.go.jp/budget/fiscal_condition/related_data/201803_00.pdf：2018 年 8 月 9 日閲覧）

したものである。1990年代には，一般政府の総固定資本形成の対GDP比が6%を超える時期もあったが，2000年代以降，財政再建の観点から，公共投資の抑制が行われ，その比率は低下した。他の主要国との比較においては，日本政府の公共投資は2000年代初めぐらいまで非常に高い比率であったものの，21世紀に入ってからは日本の公共投資は減少し，現在はフランスと同水準となっている[2]。

　日本の社会資本ストックは高度経済成長期に集中的に整備された。今後，この時期に整備された社会資本が耐用年数を迎えるため，維持管理・更新費の増加が懸念されている。国土交通省における推計によると，2013年度の維持管理・更新費は約3.6兆円であったが，10年後の2023年度には約4.3〜5.1兆円，20年後の2033年度には約4.6〜5.5兆円になると推計されている。先に述べたように，2018年度の公共事業関係費は約6兆円であった。この額がこのまま維持されるとしても，2033年には公共事業予算のほとんどを既存の社会資本の維持管理・更新費に充てなければならない。すなわち，新規の社会資本を行うことがほとんどできない状況である。

　以上のことから，人口が減少している社会において，これまで同様の社会資本をどのように維持管理・更新するかは，大きな課題となっている。すなわち，厳しい財政状況であるなか，いかなる社会資本を維持管理・更新あるいは新規に投資するかといった選択と集中が必要となってきている。また，社会資本の建設・管理に民間資金とノウハウを活用した**PFI**（Private Finance Initiative）などといった手法を検討する必要もあろう[3]。

　社会資本は，一度整備されると多くの個人や企業が使用することが可能となる。そのため，市場を通して効率的な供給を行うことができないことが知られている。そのような問題を理論的に考えられるのは，公共財の理論である。次節では公共財について考察することで，社会資本の整備は公共部門が積極的に関わる必要があることをみていこう。

2 公共財

2.1 公共財の特徴

公共財とは，**非排除性**と**非競合性**という２つの性質を持つ財である[4]。非排除性とは，財・サービスの対価を支払わなくてもそれらの消費を行うことができる性質である。一方，非競合性とは，ある人が財・サービスを消費したとしても，他の人々も同じ財・サービスを消費することができる性質である。この公共財の非競合性により，すべての人が等しく消費することが可能となるため，**等量消費**が可能となる性質を持つことになる。これらの性質を持つ公共財に対して，排除性と競合性という性質を持つ財を私的財と呼ぶ。

公共財の中には，非排除性や非競合性の度合いに違いがある。非排除性と非競合性の２つの性質を共に持つ公共財のことを**純粋公共財**と呼ぶ。具体的な例として，立法，司法，警察，国防，などが挙げられる。また，非排除性，非競合性のどちらか一方のみの性質を持つ財を**準公共財**と呼ぶ。準公共財は，純粋公共財と私的財の中間の性質を持った財といえる。たとえば，渋滞した道路を考えると，対価を支払わなくても利用できるため，非排除性の性質を持っているものの，混雑していることによって各個人が享受できる便益が低下するため，競合性の性質を持っているといえる。準公共財のうち，非競合性の性質を満たすものの，非排除性を満たさないものを**クラブ財**と呼び，非排除性の性質を満たすものの，非競合性を満たさないものを**コモンプール財**と呼ぶ。財を性質別に分類したものが，**図表 10 − 3** である。

図表 10 − 3　公共財と私的財の特徴

	非排除性	排除性
非競合性	純粋公共財	準公共財（クラブ財）
競合性	準公共財（コモンプール財）	私的財

2.2 公共財の最適供給

　個人 A と個人 B が存在する経済を考えよう。個人 A と個人 B が公共財の追加的な消費から得る**限界便益**をそれぞれ $MB_A(g)$ と $MB_B(g)$ で表す[5]。公共財の供給については，公共財 1 単位当たりの費用（**限界費用**）が p で一定であるとする。**図表 10 − 4** では，横軸に純粋公共財の供給量 g をとり，縦軸に公共財の限界便益と限界費用をとり，限界便益曲線と限界費用曲線が描かれている。ここでは，個人 B が個人 A より公共財に対して高い評価をしているものとする。そのため，図表 10 − 4 では，個人 B の限界便益曲線である曲線 BB' のほうが個人 A の限界便益曲線である曲線 AA' よりも，高い位置によって描かれている。

　純粋公共財は，非競合性を持つ財であるため，社会的限界便益曲線は個人 A と個人 B の便益を縦軸方向に足し合わせた曲線 CDB' によって表される[6]。社会的限界便益曲線 CDB' と限界費用曲線は点 E^* で交わり，社会的に最適な公共財の供給量は g^* に決まる。このように，公共財の最適供給量では，公共財の限界費用 p が個人 A の限界便益と個人 B の限界便益の総和に等し

図表 10 − 4　　**公共財の最適供給**

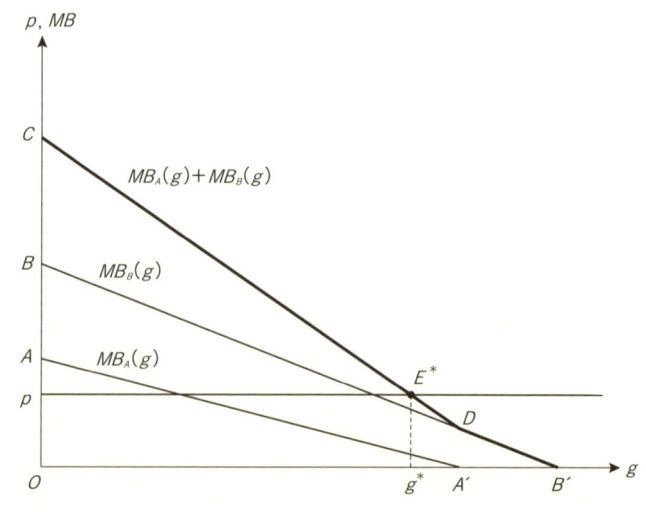

くなるところで決定されることから，以下の式が成立する。

$$p = MB_A(g^*) + MB_B(g^*)$$

この公共財の最適供給量を表す条件を**サミュエルソン条件**と呼ぶ。なお，もしN人の個人が存在する経済を考えた場合，サミュエルソン条件は，公共財の限界費用とN人の公共財の限界便益の総和が等しくなるという条件になる。

2.3 公共財の自発的供給

2.2項では，最適な公共財供給量を達成するための条件を示した。ここでは，自己の利益のみを追求する個人が，自発的に純粋公共財の供給を行う場合を考えよう。その下でも，社会的に最適な水準g^*の供給がされるであろうか。ここでは，数値例を使って考えていこう[7]。

図表10－5は個人Aと個人Bの公共財の限界便益と限界費用を表している。まず，社会的に最適な公共財供給を行った場合，公共財の供給量は，個人Aと個人Bの限界便益の合計である社会的限界便益と限界費用が等しくなる7となる。

次に，個人が公共財を自発的に供給する場合を考えよう。公共財が持つ非排除性・非競合性の性質から，個人A，個人Bは，相手が供給する公共財から便益を得ることができる。すなわち，個人Aは，個人Bがどれだけ公共財を供給するかによって，自身でどれだけ公共財供給するかを決定し，また，個人Bも個人Aがどれだけ公共財を供給するかによって，自身でどれ

図表10－5　公共財の最適供給：数値例

公共財の供給量	1	2	3	4	5	6	7	8
個人Aの限界便益	10	9	8	7	6	5	4	3
個人Bの限界便益	9	8	7	6	5	4	3	2
社会的限界便益 （限界便益の合計）	19	17	15	13	11	9	7	5
限界費用	7	7	7	7	7	7	7	7

だけ供給するかを決定するであろう。

　個人Aは，たとえ自身の費用負担を伴ったとしても，自身の限界便益と限界費用が等しくなる4単位まで，公共財供給を行うインセンティブを持つ。そのため，個人Bが公共財を全く供給しないのであれば，個人Aは4単位の公共財供給をすることを選択する。また，個人Bが公共財を1単位供給するのであれば，個人Aは3単位の公共財供給することを選択する。すなわち，個人Bの公共財供給量が増えれば，個人Aは公共財供給量を減らすようにする。この関係を図にしたものが，**図表10－6(i)**である。このような関係性は，公共財を**フリーライド（ただ乗り）**できることから生じる。図表10－6(i)の曲線を個人Aの**反応曲線**と呼ぶ。

　同様に，個人Bも，自身の限界便益と限界費用が等しくなる3単位まで，公共財供給を行うインセンティブを持つ。個人Aが公共財を全く供給しなければ，3単位の公共財供給量を選択する。個人Aが1単位の公共財を供給した場合，個人Bは2単位の公共財供給量を選択する。これらの関係を図にしたものが，**図表10－6(ii)**であり，この曲線が個人Bの反応曲線である。

　ここで，図表10－6(i)の縦軸と横軸を入れ替えて，図表10－6(ii)と重ね合わせたものが**図表10－6(iii)**である。この図において，両者の反応曲線は，座標（4，0）で交わっている。個人Aが4単位供給し，個人Bは全く供給しない状況であり，公共財を高く評価している個人Aだけが公共財を供給している状態である。ここでは，すべての主体（プレーヤー）が相手の戦略のもとで，自らの利得が最大となる最適な行動を選択し合うことによって得られる状態であり，**ナッシュ均衡**と呼ばれる。

　この点が安定的であることは，図表10－6(iii)における点線の矢印によって示されている。たとえば，まず，個人Bが2単位の公共財を供給しようとする。このとき，個人Aは2単位の公共財を供給しようとする。しかし，この状態にとどまり続けることはない。なぜなら，個人Bは個人Aが2単位の公共財を供給するのに反応して，供給を1単位に減少させるからである。これに反応するように，個人Aは3単位の供給を行おうとし，最終的には，個人Bは供給しなくなる。その結果，個人Aのみが4単位の供給を行い，この状態が均衡として実現される。ここでは，個人Bが2単位の公共財を

供給することから始めたが，両者のどちらがあるいはどのような水準から供給し始めたとしても，この均衡に到達するため，安定的であると言える。

最後に，社会的最適な公共財供給と自発的な公共財供給される場合について比較しよう。先に述べたように，社会的最適な公共財供給は7単位であった。それに対して，自発的に供給される場合には，個人Aだけが4単位の供給を行うことになり，社会的最適な公共財供給よりも過少になる。この結果は，各個人はできるだけ相手が供給した公共財にただ乗りしようとするために生じる。

図表 10 - 6 **市場での公共財供給（自発的供給）の場合**

(i)個人Aの反応曲線

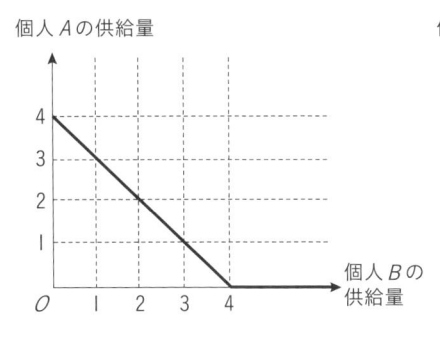

(ii)個人Bの反応曲線

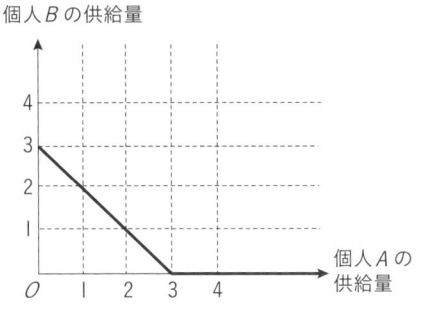

(iii)公共財の自発的供給におけるナッシュ均衡

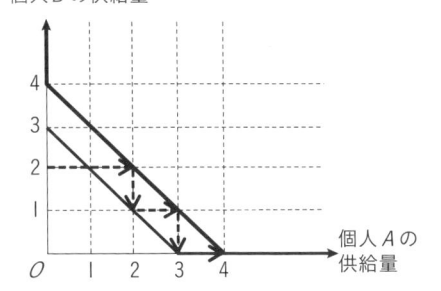

3 費用便益分析

3.1 費用便益分析の考え方

社会資本を整備するために公共投資を行ったり，公共財・サービスを供給したりする場合，望ましい規模の水準および供給の可否をどのように判断するのであろうか。この節では，それを判断する方法の1つとして，**費用便益分析**の考え方を紹介する。

費用便益分析の考え方は，その名の通り，費用と便益を比較することを意味する。すなわち，費用便益分析は，政策を実施することで必要となるすべての費用（建設費用だけでなく，管理費や修繕費も含む）とその政策によって発生する社会的便益を貨幣価値で評価し，それらを比較した上で，政策の実施の是非や政策の優先順位をつける手段である。

費用便益分析の考え方および計算方法についてみていこう。まず，ある社会資本整備による t 年の費用を C_t，便益を B_t，社会資本を整備し始める時点を 0 年とし，費用も便益も T 年まで発生するとしよう。このとき，各年の**社会的純便益**（社会的便益－社会的費用）は $B_t - C_t$ で表される。ここで，この 0 年から T 年までの社会的純便益をどのように合計すればよいかに注意が必要である。

社会的便益を計算するうえで，重要となることは，現在の価値と将来の価値を調整する必要がある。なぜなら，現在の1万円と来年の1万円の価値は異なるからである。たとえば，現在の1万円を銀行に預金した場合，来年には元金の1万円に加えて，利子を受け取ることができる。すなわち，現在の1万円と（1＋利子率）×1万円が等しくなる。そのため，将来の価値を現在の価値に調整するためには，割り引いて考える必要がある。ここで，社会的割引率 r が一定であるとすると，1年目の価値は $1/(1＋r)$，2年目の価値は $1/(1＋r)^2$，T 年目の価値は $1/(1＋r)^T$ で割り引かれることになる。

以上の概念を用いると，T 年までにもたらされる社会的純便益の割引現在価値は，

$$B_0 - C_0 + \frac{B_1 - C_1}{1 + r} + \frac{B_2 - C_2}{(1 + r)^2} + \cdots + \frac{B_T - C_T}{(1 + r)^T} = \sum_{t=0}^{T} \frac{B_t - C_t}{(1 + r)^t}$$

$$(10-1)$$

と表される。このように計算された社会的純便益の割引現在価値の合計がプラスの値をとる場合には，この社会資本整備などのプロジェクトを実行に移すことが望ましいと評価できる。逆に，マイナスの値を取る場合には，この整備を実施しないほうがよいと判断できる。

その他の判定方法として，**費用便益比法**と**内部収益率法**による判定法もある。費用便益比法による判定は，現在価値化した費用便益の比率

$$\sum_{t=0}^{T} \frac{B_t}{(1 + r)^t} \Bigg/ \sum_{t=0}^{T} \frac{C_t}{(1 + r)^t}$$

が1以上であれば，このプロジェクトを実行に移すことが望ましいと評価する。内部収益率法では，純便益の割引現在価値をゼロとなるような，すなわち，

$$B_0 - C_0 + \frac{B_1 - C_1}{1 + \rho} + \frac{B_2 - C_2}{(1 + \rho)^2} + \cdots + \frac{B_T - C_T}{(1 + \rho)^T} = 0$$

が成り立つ割引率 ρ を求める。この ρ は内部収益率と呼ばれ，この値が社会的割引率 r より大きければ，当該プロジェクトを実行に移すべきであると評価する。

3.2 便益と費用の計測の困難さ

各年の便益と費用を貨幣単位で求めるのは，簡単なことではない。社会資

本は，公共財の性質を持つことが多く，そのサービスが市場において金銭的な取引がされていない場合には，便益評価をすることは難しい。仮に，金銭的な取引がなされていたとしても，社会資本が直接的に利用者の便益を上げるだけではなく，間接的な影響を与えることがある。たとえば，高速道路が整備されたことによって，利用者の直接的な便益だけでなく，企業の生産活動の活性化などの間接的便益を正確に評価することは難しい。その一方，費用について考えてみると，プロジェクトに必要な資材等については比較的容易に貨幣価値で測ることは可能である。しかし，財源調達を行うために課税された場合の厚生低下の評価や市場を経由しない外部性が発生する場合の費用評価を貨幣価値で計算することは非常に難しい。

3.3　社会的割引率の問題

　費用便益分析においては，便益や費用をどのように測るかだけではなく，割引率をどのように設定するかということも重要である。割引率の設定次第で，費用と便益の総和の大小が異なってくるからである。資本市場が完全であるならば，先の例のように，市場利子率を割引率と考えることができるが，資本市場が税制，不確実性，情報の非対称性のために不完全であるなら，市場利子率は公共投資の割引率として適切でない可能性がある。事業が失敗して便益が実現しないリスクを織り込んだ社会的割引率を設定する必要がある。

　一般的な公共投資は，初年度の費用はそれ以降の費用に比べて大きなものとなる（$C_0 > C_t$）一方，便益は年を経てもそれほど変化がない。そのため，割引率を低めに設定すると，費用に比べて便益を高く評価することになり，プロジェクトが実施されやすくなる。我が国では4%の割引率が使われることが多い。

REVIEW③　公共財の社会便益曲線

　私的財は，市場メカニズムにおいて需要と供給が一致するところで均衡の取引量や価格が決定する。すなわち，需要者と供給者が自己利益を追求することによって，最適な取引が行われるので，市場は理想的なものである（「**神の見えざる手**」と呼ばれる）。このようなことから，市場を崇拝する市場原理主義者がいるぐらいである。一方，公共財が存在する経済では，神の見えざる手は働かず，市場の失敗が生じる。このコラムでは，私的財の需要曲線と公共財の社会的便益曲線との違いについてみていこう。

　以下では，私的財の需要曲線と公共財の社会的便益曲線の描き方をみていこう。議論を簡単にするため，社会には個人 A と個人 B の 2 人しかいない状況を考える。

　まず，私的財における需要曲線を描いてみよう。図表 10 - r1 で表されている個人の需要曲線の式は，それぞれ，$P = 100 - 10x_A$ と $P = 60 - 5x_B$ であり，P は価格，x_A と x_B は，それぞれ，個人 A と個人 B の需要量を表している。価格が 30 であるとき，個人 A の需要量は 7，個人 B の需要量は 6 であるため，社会における需要量は 13 となる。価格が 60 となると，個人 A の需要量は 4 であるものの，個人 B の需要量は 0 となるため，社会における需要量は個人 A だけによる 4 となる。価格が 100 以上となると，両者とも需要量が 0 となるため，社会における需要量も 0 となる。

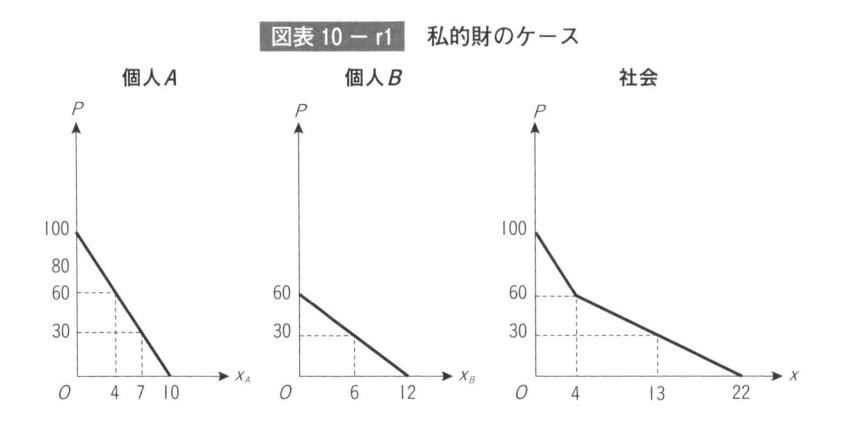

図表 10 - r1　私的財のケース

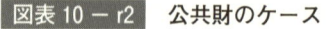

図表 10 − r2 公共財のケース

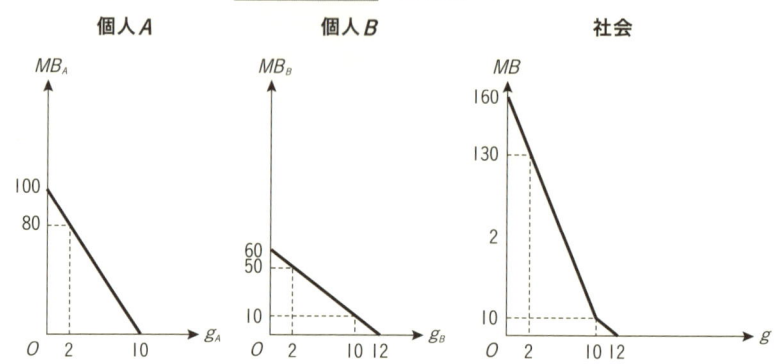

これらの考え方を用いて，私的財における需要曲線を描いたものが図表
10 − r1 における一番右の図である。

　次に，公共財における社会的便益曲線を描いてみよう。**図表 10 − r2** で
表されている限界便益曲線の式は，それぞれ，$MB_A = 100 − 10g_A$ と MB_B
$= 60 − 5g_B$ であり，先の私的財の需要曲線と基本的に同じ式である。た
だし，公共財の場合には，等量消費の性質を持つため，$g_A = g_B = g$ とな
る。このような状況で，公共財が 2 単位供給されたとすると，両者ともに
2 単位の公共財を使用可能となり，個人 A の限界便益は 80，個人 B の限
界便益は 50 となる。2 単位の公共財供給がなされると，社会では 130 の
限界便益を生み出すことになる。このように，10 単位の公共財供給までは，
個人 A と個人 B の限界便益の和が社会的限界便益となる。10 単位を超え
ると，個人 A の限界便益は 0 となるため，個人 B の限界便益 10 が社会的
限界便益となる。このようにして，社会的限界便益曲線は一番右の図とし
て描くことができる。

　以上からわかることは，私的財の場合にはすべての人が同じ価格に直面
するため，需要曲線は与えられた価格のもとでの需要量を合計することで
描くことができる。一方，公共財の場合，すべての人は同じ量の財を消費
可能であるため，社会的便益曲線は与えられた量のもとでの限界便益を合
計することで描くことができる。すなわち，私的財における需要曲線は各
個人の需要曲線を横に足したものであるのに対し，公共財における社会的

> 限界便益曲線は各個人の限界便益曲線を縦に足したものである。

●注

1　社会資本は，本文のように，経済学においてインフラを意味している。しかし，社会学やより広範な社会資本を捉える場合に，人間関係や社会関係を構築するための「社会関係資本（Social capital）」を使用する場合もある。なお，インフラの意味で使用される場合には，Social overhead capital といった英語が使用される。

2　ここでは，フローのデータについて話をした。ストックのデータについては，内閣府が公表している「日本の社会資本」などを参照するとよい。

3　PFI は**ニュー・パブリック・マネージメント**（New Public Management : **NPM**）に含まれる経営手法である。NPM とは，1980 年半ば以降に英国やニュージーランドなどで形成された行政手法であり，以下のような試みを行うことをいう。⑴民営化，民間委託，PFIの活用により競争原理を導入することで，より効率的で質の高い行政サービスを提供する。⑵事業に関する事前評価業績や成果に関する目標設定と事後的な検証，評価結果の政策決定へのフィードバック，公会計制度の充実により，行政活動の透明性や説明責任を高める。⑶独立行政法人化などにより政策の企画立案と実施施行の分離を図ることで，国民の満足度を向上させることを目指す。

4　公共財は公共部門が供給する財であるとは限らないことに注意すべきである。

5　限界便益（私的財）については，第 5 章の REVIEW①を参照。

6　私的財の需要曲線と公共財の社会的便益曲線については，本章の REVIEW③を参照。

7　正確に述べると，ここの数値例は，個人 A と個人 B の限界便益曲線が，それぞれ，MB_A = 11 − g, MB_B = 10 − g となっている状況を考えている。

●引用・参考文献

ジョセフ・E. スティグリッツ著，藪下史郎訳［2003］『スティグリッツ公共経済学 第 2 版（上）』東洋経済新報社。

林正義・小川光・別所俊一郎［2010］『公共経済学（有斐閣アルマ）』有斐閣。

第**11**章
文教・科学振興

ポイント

本章では，まず教育や科学技術振興のために使われている予算について概観する。その後，なぜ政府が教育や科学技術の発展・普及に予算を割く必要があるのかについて，経済学的に分析する。さらに，経済成長理論モデルを使って，教育の普及や技術進歩と経済成長率の関係について解説する。

キーワード

私的限界便益，社会的限界便益，外部性，新古典派成長理論，内生的成長理論

1 文教・科学振興費の概観

　文教・科学振興費は教育や科学技術の発展のために使われている。2018年度（平成30年度）に国の一般会計歳出に占める文教及び科学振興費は5兆3,647億円で歳出の約5.5％を占める（**図表11－1**）。その内訳はさらに，教育のために使われる教育振興助成費および義務教育国庫負担金と，研究開発などの推進のために使われる科学技術振興費等に分けられている。

　教育振興助成費は，教科書の配付や国公立大学法人・私立学校の援助のために使われ，義務教育国庫負担金は公立小・中学校の教員の給与などの3分の1を負担するために使われている。

　日本の教育制度では，保護者が小学校・中学校あわせて9年間の普通教育を子供に受けさせる義務を負う。そして，公立小中学校においては，教育は基本的に無償である。義務教育費国庫負担金は公立小・中学校の教員給与などの3分の1を負担するのみであるから，その他は都道府県・市町村など地方政府によって負担されている。また，私立学校に対しても国，地方政府や

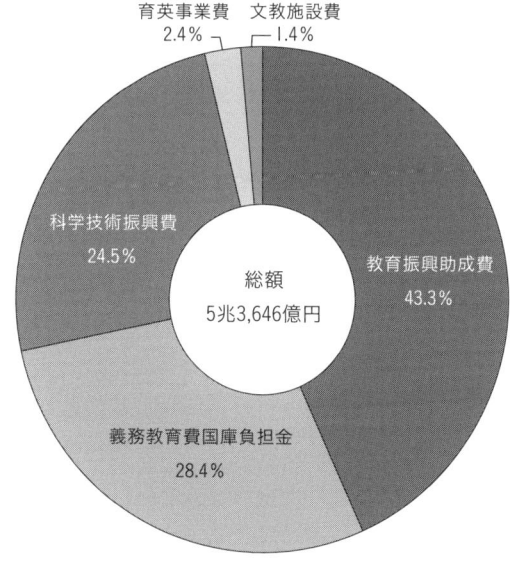

図表 11 − 1 平成 30 年度当初予算における文教及び科学振興費内訳

育英事業費
2.4%

文教施設費
1.4%

科学技術振興費
24.5%

総額
5兆3,646億円

教育振興助成費
43.3%

義務教育費国庫負担金
28.4%

（出所）国税庁ウェブサイト。
（https://www.nta.go.jp/taxes/kids/hatten/page06.htm：2018 年 7 月 17 日閲覧）

日本私立大学振興・共済事業団を通じて多額の補助金が投入されている。た
とえば，2016 年度の東京都に所在する私立学校 1 校当たりの補助金額は，
小学校約 1 億 2,000 万円，中学校約 1 億 4,000 万円，高等学校約 2 億 8,000
万円となっている。このように，我が国では教育の各段階において，国・地
方・私の役割分担を通じた教育財政の資金配分システムが構築されている。

　我が国の科学技術行政は，内閣総理大臣を議長とする総合科学技術・イノ
ベーション会議の基本方針の下で，関係府省が連携しつつ推進している。
2016 年度 1 月には，10 年先を見通した 5 年間の科学技術振興に関する総合
的な計画である「第 5 期科学技術基本計画」が策定され，2016 年度はその
初年度となった。計画においては，政府研究開発投資の目標として対 GDP
比 1％，5 年間の総額約 26 兆円とし，国を挙げて科学技術イノベーション政
策を強力に推進するという姿勢を示している。

　一般会計歳出の科学技術振興費は文教及び科学振興費の 25％，つまり予
算全体の 1％程度であるが，科学技術関係予算はそれだけではない。**図表 11**

図表 11 - 2 科学技術関係予算

（単位：億円）

	平成 30 年度当初予算
科学技術関係予算	38,401
うち科学技術振興費	13,159

（出所）内閣府ウェブサイト。
　　　（http://www8.cao.go.jp/cstp/budget/index2.html：2018 年 7 月 18 日閲覧）

図表 11 - 3 2018 年度当初予算案における科学技術関係予算（府省別）

（単位：億円）

	科学技術関係予算	うち科学技術振興費
国会	11	11
内閣官房	625	―
復興庁	359	―
内閣府	1,034	781
警察庁	22	21
消費者庁	33	―
総務省	991	466
法務省	12	―
外務省	148	―
財務省	13	9.6
文部科学省	20,902	8,694
厚生労働省	1,698	637
農林水産省	1,658	949
経済産業省	6,558	1,054
国土交通省	1,825	270
環境省	1,470	266
防衛省	1,042	―
合計	38,401	13,159

（注 1）―は計上なし。
（注 2）合計数値は，四捨五入の関係で，表中の数値の合計と一致しない場合がある。
（出所）内閣府ウェブサイト。
　　　（http://www8.cao.go.jp/cstp/budget/index2.html：2018 年 7 月 18 日閲覧）

－2にあるように，内閣府の集計によると，平成30年度当初予算案における一般会計および特別会計を合わせた科学技術関係予算は3兆8,401億円と科学技術振興費の3倍となっている。これは科学技術振興費のほか，国立大学の運営費交付金・私学助成等のうち科学技術関係，科学技術を用いた新たな事業化の取り組み，新技術の実社会での実証試験，既存技術の実社会での普及促進の取り組み等に必要な経費も，科学技術関係予算と考えられているからである。

科学技術関係予算が振り分けられている省庁も，**図表11－3**のように文部科学省を筆頭に以下経済産業省，国土交通省，厚生労働省，農林水産省等とほぼすべての省庁にわたっていることがわかる。

このように，教育・研究の広い範囲にわたって，公的な資金が使われているが，その理由は何であろうか。教育サービスを塾や私立学校が提供したり，科学研究を私企業が行ったりすることは可能である。国が私的にも供給することが可能な財やサービスを供給することはどのように正当化できるであろうか。

2 教育・科学技術への公的援助の正当性

以下では，教育や科学技術の発展に公的な資金が投入されることの正当性を，経済学の観点から検証する。まず，教育サービスの持つ重要な特徴である外部性の概念から説明する。

2.1 外部性

国などの政府が私企業でも生産できる財を供給することが正当化されるのは，市場が非効率的な状態であるときである。市場経済が非効率的であるのは，一般に，①その財が（技術的）**外部性**を持っている，②**情報の非対称性**が存在する（第9章参照），③その財が**公共財**である（第10章参照），④**費用逓減産業**が存在する（第13章参照），という状態が考えられる。以下では，外部性の概念について説明する。

外部性とはある経済主体の行動が，他の経済主体への行動に影響を及ぼす

ことである。外部性はさらに**金銭的外部性**と**技術的外部性**に分けることができる。金銭的外部性とは市場を通して他者に影響を与えることであり，技術的外部性とは市場を通さずに他者に影響を与えることである。たとえば，ある人が急にジャガイモを大量に購入したとする。このとき市場でジャガイモの価格が上昇すると，他の人がいつもの価格で買えなくなるという影響を受けるが，これは金銭的外部性といえる。一方，あなたが庭でバラを栽培していたとする。きれいなバラをあなただけでなく，他の人も楽しむことができる。このような影響は市場を通していないので，技術的外部性の一例である。また，これはある経済主体の行動が他の経済主体に便益を与えているので，**正の技術的外部性**という。逆に，市場を通さずある経済主体の行動が他の経済主体に損害を与えるような外部性を**負の技術的外部性**という。

　通常経済学で問題になるのは，技術的外部性である。なぜなら，金銭的外部性の場合，価格の上昇で消費者は損をしているといえるが，その一方で生産者は価格の上昇により利益が増えているので，経済全体の厚生は変化していないからである。別の言い方をすれば，この場合市場への介入は**パレート改善**（パレート改善の概念については第14章をみよ）にはならない。技術的外部性については，その影響が市場を通していないので，市場介入の必要性が生じる。このような理由から，経済学で通常問題となるのは，技術的外部性であるので，技術的外部性のことを単に外部性と呼ぶことが多い。本書でも以下では，単に外部性と述べた場合は技術的外部性を指す。

　図表11－4は，正の外部性が存在している場合の市場の様子である。図表11－4において縦軸は価格，横軸は生産量を表している。右上がりの曲線 MC は各生産量における限界費用を表しており，供給曲線となっている。右下がりの曲線 MPB は各需要量における個人の限界便益を表しており，個人の需要曲線となっている。市場均衡は曲線 MC と MPB の交点 E_0 で表されている。

　正の外部性が存在しているということは，その財の生産により便益を得る他の経済主体がいるということであるから，経済全体の享受する便益は個人の便益より大きい。経済全体の享受する便益は**社会的限界便益**と呼ばれ，右下がりの曲線 MSB で表されている。個人の享受する便益と社会全体の享受

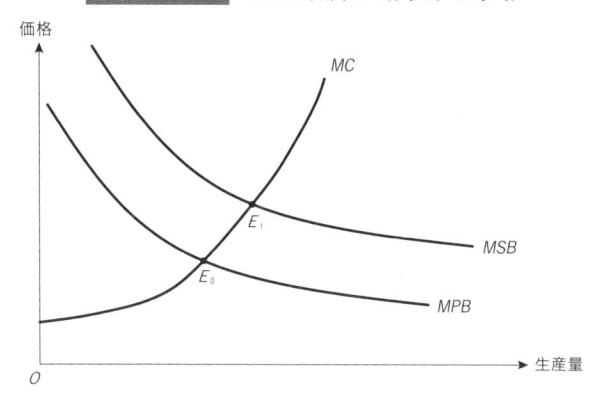

図表 11 − 4　正の外部性の存在する市場

する便益が異なる場合，個人の限界便益は**私的限界便益**と呼ばれる。市場均衡は E_0 であったが，社会的に最適な生産量は E_1 である。なぜなら E_0 では，ある個人の限界便益と限界費用（たとえば，あなたがバラをもう 1 本植えることからの便益と費用）は等しくなっているが，この状態では他の経済主体の得る便益は考慮されていない。E_1 では社会的限界便益と限界費用が等しくなっているので社会的に望ましい状態といえる。別の言い方をすれば，正の外部性があるとき，市場均衡は過少供給になっているのである[1]。

2.2　教育サービスの特徴

公共財とは第 10 章にもあるように，**非競合性・非排除性**を満たす財である。この性質から判断すると，教育サービスは公共財ではない。なぜなら，学生の数が増えれば 1 人 1 人に対する教育の質は低下していくので非競合性については満たされず，入学金や授業料を払わない学生を学校から排除することも可能であるので非排除性も満たされないからである。したがって，政府が教育サービスを提供する理由を公共財であることに求めることはできない。一方，教育サービスは以下に挙げるようにさまざまな形で正の外部性を生むと考えられている。

①教育の普及により，人々の社会に対する認識が高まり，共同体としての

一体感が生まれる。その結果，公衆衛生の改善や，犯罪率の低下が期待できる。

② 1人1人の教育水準が上がると，個人間のコミュニケーションが円滑になり，経済全体の活動が活発になる。

③ 周囲に高い意識や高い能力の人間がいると，人々は良い影響を受け，学力が高まる（**正のピア効果**）[2]。

以上のように，教育に政府が介入することは正の外部性を理由として正当化できる。ただし，それは必ずしも政府が公立学校を運営し，教育サービスを提供すべきということを意味しない。政府が学校を運営せずとも以下のような制度のもとで教育サービスの提供に介入することができる。

チャータースクール：チャーターとは「認可」という意味である。アメリカでは，教員，親，地域団体などが，独自の教育方針・計画を立て，州や学区に認められれば，公費を受けて学校を運営することができる。ただし，一定の成果を上げなければ認可は取り消される。いじめや低学力などで一般の公立学校になじめない学生等に対する教育や指導を行う学校が多い。

バウチャー制度：一般的には，この制度では，各家庭にバウチャーが配布され，私立学校は入学者から受け取ったバウチャーに応じて運営補助金を公費から支給される。私立学校がバウチャー獲得競争をすることにより教育の質が向上すると考えられている。

ただし，日本では以上のような制度は認められておらず，基本的には国や地方政府によって学校が運営されている。

2.3　人的資本

義務教育ではない高校や大学にも資金が投入されている。大学などの高等教育は専門性が高く，義務教育で教える内容とは違い，上で正の外部性の例として挙げた①や②のような効果はそれほど期待できないように思われる。

また，教育の効果が逓減するのであれば，正の外部性も逓減していき，高等教育に公的な資金を投入することは効率的なことではないようにも思われる。

大学などの高等教育を受けると平均的には高い生涯賃金を期待できる。たとえば「ユースフル労働統計 2017」によると，男性の平均生涯賃金は，中学卒で約 2 億 3,000 万円，高校卒で約 2 億 5,000 万円，高専・短大卒で約 2 億 6,000 万円，大学・大学院卒で約 3 億 3,000 万円と算出されている。

大学・大学院卒のような高い賃金をもらっている人たちは，他の人より多くの価値を生み出している，つまり生産性が高いと考えられる。経済学では，人々が身につけた知識や技術のことを**人的資本**と呼ぶ。

高等教育を受けることによって蓄積された人的資本やそれが生み出す高い賃金は個人に帰着するわけであるから，人的資本の蓄積は公的な資金を投入する理由にはならない。高賃金を望む人が，自分のお金で教育を受ければよいのである。

一方で，高等教育にも積極的な公的な資金を導入すべきだという意見もある。その根拠は，金融市場における情報の非対称性である（情報の非対称性については第 9 章 3 節を参照せよ）。もし，大学への補助金が全くなくなれば入学金や授業料は今より必ず高くなる。手元の教育資金では費用を賄えない人も出てくるであろう。もし，金融市場で将来の賃金増を担保に借入ができれば，大学で学ぶことができるが，実際は難しい。一般的な銀行が提供している教育ローンでは，借入金利はかなり高くなっている。これは，大学進学により平均的には賃金が上昇するが，必ずしも全員が高賃金を獲得できるわけではないので，私企業である銀行は採算がとれるように金利を高めに設定するのである。政府が給付型奨学金や低金利のローンを提供したり，大学への補助金で学生負担の費用を下げたりすることにより，このような問題に対処することができる。

2.4 科学技術の特徴

本章の冒頭にみたように，科学振興に対しても多額の資金が使われている。このような科学振興への政府の介入も，教育サービスと同じように正の外部性により正当化される。たとえば，ある企業が R&D 投資を行い，新しい技

術を生み出したとき，その新技術は他企業が次の新しい技術を生み出すときにも役に立つ。したがって，私企業による R&D 投資は過小になってしまう。公的資金により R&D 投資を促進することは経済全体の厚生を高める。

　さらに，科学技術には公共財としての性質が備わっていると考えられる。たとえば新しい技術が書かれている設計図があるとする。その技術を発明した企業が利用していても，コピーすることができる。つまり非競合性が存在する。そして，これを別の企業が同じように利用することができてしまうのであれば，非排除性も満たされる。このように誰でも利用してもいいのであれば，そもそも新しい技術をコストをかけて生み出そうという企業はなくなってしまうであろう。そこで，多くの国には特許という制度があり，新しい技術を開発企業が独占的に使える権利を保障している。

　第 13 章で独占について学ぶと，上の議論を疑問に思うかもしれない。第 13 章では，独占により生産が過小になり社会厚生が悪化するという議論を学ぶが，ここでは経済発展のために独占状態にすることが必要であるといっているからである。1980 年代後半から始まった新しい経済成長理論である，**内生的成長理論**（Endogenous Growth Theory）は，技術や知識の公共財的な性質を考慮することにより，独占にもメリットがあるということを見出した。もちろん，過少供給によるデメリットも存在するので，独占の期間にはちょうどよい長さがあるはずである。

3 経済成長の理論

　ここまでは，国などの公的な機関が教育・科学振興に公的資金を投入することの正当性について議論してきた。以下では，そのような政策が，どのようなマクロ経済的な意味を持つのかを，経済成長理論モデルを使って考える。

　まず，生産部門を表そう。本章では，第 8 章の REVIEW ②と同様に，生産量と生産要素の関係は以下のような**コブ＝ダグラス型生産関数**と呼ばれる生産関数で考える。

$$Y_t = AK_t^{\gamma} L_t^{1-\gamma},\ 0 < \gamma < 1$$

A は技術水準，K_t は t 期の経済全体の資本量，L_t は t 期の経済全体の労働量を表している。

労働量は，その国の働くことのできる人の数に大きく依存する。一般に人口が多ければそれだけ働くことのできる人々は増える。一方，労働量は人数や労働時間だけでは測りきれないとも考えられる。2節で説明した人的資本という考え方では，人々の知識や技術は，教育という投資によって増加していく。人的資本が高ければ，人口や労働時間が変わらなくても，生産への貢献は高くなる。たとえば，t 期の人口が N_t 人であるとする。1人当たりの人的資本量を h としたとき，t 期の労働量 L_t は hN_t となる。

人的資本は直接目にみえるものではないので，測るのは簡単なことではないが，代表的な計測方法としては高等教育への進学率や就業年数で測る方法がある。高等教育を受けていれば授業やゼミを通じて高い知識を身につけているはずだし，就業年数が長ければ職場で他の人から教えてもらったり自ら技術を磨いたりして，人的資本が高まるだろうという考えからである。

3.1 新古典派成長理論

伝統的な経済成長理論は新古典派生産関数に基づいている。したがってこのような経済成長理論を**新古典派成長理論**という。また**ソロー成長理論**ともいう。この名前は 1950 年代から 60 年代にかけて経済成長理論に多大な貢献をした，**ソロー**（Solow, R.）の名前に由来している。

新古典派成長理論では，人々の貯蓄行動によって，経済全体の資本量が時とともに変化していく様子に着目する。第8章の REVIEW ②で求められた貯蓄関数を，税や公債発行がないとして再掲すると，

$$s_t = \frac{\beta}{1+\beta}\, w_t \qquad\qquad (12-1)$$

となる。これは1人当たりの貯蓄量であるから，経済全体の貯蓄量は

$$\frac{\beta}{1+\beta} \, w_t \, N_t$$

となる。これが次期の資本となる。労働市場で完全競争が成立しているとすると，完全競争の一階条件から賃金は $w_t = A(1-\gamma)K_t^{\gamma} \, h^{1-\gamma} \, N_t^{-\gamma}$ である。したがって，資産市場の均衡条件は，

$$K_{t+1} = \frac{\beta}{1+\beta}[A(1-\gamma)K_t^{\gamma} \, h^{1-\gamma} \, N_t^{-\gamma}]N_t \qquad (12-2)$$

となる。

(12-2)式の両辺を N_t で割ると，

$$k_{t+1} = \frac{1}{1+n} \frac{\beta}{1+\beta} A(1-\gamma) \, k_t^{\gamma} \, h^{1-\gamma} \qquad (12-3)$$

となる。ただし $k_t \equiv K_t/N_t$ で t 期の1人当たり資本量を表しており，人口成長率を $n(\equiv N_{t+1}/N_t - 1)$ としている。経済成長モデルでは，時間を通じた資本水準の変化や成長率の変化をみることができるが，ここでは，**定常状態**と呼ばれる経済状態の特徴のみを確認する。

　定常状態とは，一般にそのような状態になったら，時間がたっても変化しなくなるような状態である。いま私たちが考えているモデルにおいては，1人当たり資本量が時間を通じて一定になるような状態である。(12-3)式において $k_t = k_{t+1} = k^*$ とすれば，

$$k^* = \left[\frac{1}{1+n} \frac{\beta}{1+\beta} A(1-\gamma) \, h^{1-\gamma}\right]^{\frac{1}{1-\gamma}} \qquad (12-4)$$

と定常の1人当たり資本量が求まる。右辺の変数はすべて一定であるので，定常状態において確かに1人当たり資本量は一定となっている。1人当たり資本量が一定ということは，経済全体の資本量は人口成長率と同じ率で増えているということである。

　新古典派生産関数のような生産関数を前提とした場合，人口が多いほど国全体の労働力も大きくなり，経済活動の規模が大きくなる。したがって，ある国に住んでいる人々の豊かさの変化をみたり，国の間の豊かさを比べたりするには，1人当たり生産量のほうが適切である。1人当たり生産量は生産関数を人口で割って，

$$y = Ak^{\gamma}h^{1-\gamma} \tag{12-5}$$

と表される。定常状態では1人当たり資本が一定であるので，1人当たり生産量も一定である。一般に経済成長とは，継続的に生産量が増えていく状態のことをいう。このモデルの定常状態は，1人当たりの生産量でみた場合経済成長は起こっていないということになる。

　以下ではこれまで所与と考えていた変数の変化が，定常状態に与える影響をみる。

3.1.1　貯蓄意欲の変化

　(12-1)式の貯蓄関数から，β が大きくなると同じ所得のもとでより多くの貯蓄を行うようになることがわかる。つまり，β は貯蓄意欲を表しているといえる。これは家計が若年期の消費よりも，老年期の消費をより重視するようになるため，貯蓄をより増加させるためである。(12-4)式に与えられているように，貯蓄意欲が高いほど（β が大きいほど）定常状態の1人当たり資本量が多くなる。これは，貯蓄意欲が高いほど同じ所得のもとでの貯蓄が増えるので，資本蓄積が促されるからである。(12-5)式からわかるように，このような変化は定常の1人当たり生産量も増やす。ただし，1人当たり生産量の成長率は新しい定常状態でも0である。

3.1.2 技術水準の変化

技術水準 A の上昇も，(12-4)式から明らかなように，定常状態の1人当たり資本量が多くなるので，1人当たり生産量が増える。その理由は，以下の通りである。技術進歩により同じ生産要素量のもとで生産および所得が増える。所得が増えれば貯蓄量も増えるが，これは投資を増やし資本蓄積を促すので，定常状態の1人当たり資本が増え，定常の1人当たり生産量も増える。ただし，定常状態では1人当たり生産量は一定となっていることに注意することが必要である。1人当たり生産量が継続的に上昇するには，つまり経済成長率が継続的に正となるには，技術進歩が絶えず起こることが必要である。

3.1.3 人的資本の増加

人的資本 h の増加はどのような影響をもたらすであろうか。これも(12-4)式からわかるように，定常の1人当たり資本量を増やし，それにより1人当たり生産量が増える。この場合でも技術水準の変化と同じように，1人当たり生産量が継続的に上昇するには，人的資本の蓄積が絶えず起こることが必要である。

3.2 経済成長への政府の役割

では，どのようにすれば，人的資本の蓄積や技術水準の上昇が可能だろうか。1980年代後半から技術進歩や人的資本蓄積の要因に関する研究が盛んになった。一連の新しい研究は前述したように内生的成長理論と呼ばれている。

2節で述べたように，人的資本の蓄積には教育の役割が重要である。義務教育制度や教育機関への補助金などが経済成長政策としても有効ということになる。

技術進歩の促進には，同じく2節で触れたように特許制度による技術の保護も重要であるが，政府のできる役割はそれだけではない。

たとえば，港湾，空港，鉄道，道路などのインフラストラクチャーの建設である。このような施設や設備がなければ，物流は滞り成長は望めない。し

かし，このような巨大な施設の建設には巨額の固定費用がかかり，民間企業の経営では利潤が期待できない。国が責任を持って供給すべきものである（第13章を参照せよ）。

また，飛行技術やインターネットのように，当初は軍事技術として多大な国家予算をつぎ込まれた技術がその後民間経済活動に使われている例もある。確かに，**政府の失敗**（第15章を参照せよ）という言葉があるように，政府の経済活動は失敗に終わることもあるが，民間企業よりも潤沢な資金を長期的に投入できることによって，民間企業ではできないような技術革新を行ってきたことも事実である。

最近の研究では，特許制度のような経済的なインセンティブに直接働きかけるような制度だけでなく，より民主的であるかというような政府のあり方そのものが経済発展に与える影響の分析も進んでいる。

◉注

1　負の外部性の場合は私的な限界費用と社会的な限界費用との間に乖離が生まれ，一般に市場均衡は過剰生産となる。

2　逆に，周りに優秀な人間がいると学習意欲が失われるという負のピア効果の存在を指摘する研究もある。

◉引用・参考文献

赤井伸郎・末冨芳・妹尾渉・水田健輔［2014］「教育財政の資金配分の在り方（教育財政ガバナンス）に関する考察—教育段階を超えた視点も考慮して—」『RIETI Discussion Paper Series』。

金子昭彦・田中久稔・若田部昌澄［2015］『経済学入門 第3版』東洋経済新報社。

東京都租税教育推進協議会［2018］『平成30年度版「わたしたちの生活と税—国民生活と財政—」』。

吉川洋［2000］『現代マクロ経済学』創文社。

労働政策研究・研修機構［2017］『ユースフル労働統計2017 —労働統計加工指標集—』。

Rosen, H. S. and T. Gayer［2013］*Public Finance 10th edition*, McGraw-Hill Education.

第**12**章
中小企業・農林水産など

ポイント

本章では，これまでに触れられなかった国の一般会計歳出のうち，中小企業，農林水産，経済協力および防衛関係の予算について概観する。特に中小企業および農林水産関係予算については，現在の日本の状況を踏まえながらみていく。また，これらの支出がマクロ経済に与える影響をみるために，45度線分析についてその要点を説明する。

キーワード

中小企業，農林水産業，ODA，ケインズの45度線分析，乗数効果

1 中小企業

1.1 中小企業とは

企業はその資本金，従業員数などで大規模企業，中規模企業および小規模企業に分類される。その分類については，中小企業基本法では**図表12－1**

図表12－1 中小企業者・小規模企業者の定義

| 業種 | 中小企業者（下記のいずれかを満たすこと） | | 小規模企業者 |
	資本金の額または出資の総額	常時使用する従業員の数	常時使用する従業員の数
①製造業・建設業・運輸業・その他の業種（②～④を除く）	3億円以下	300人以下	20人以下
②卸売業	1億円以下	100人以下	5人以下
③サービス業	5,000万円以下	100人以下	5人以下
④小売業	5,000万円以下	50人以下	5人以下

（出所）中小企業庁ウェブサイト。
（http://www.chusho.meti.go.jp/faq/faq/faq01_teigi.htm#q1：2018年9月15日閲覧）

のように規定されている。2018年度の中小企業白書によると，2014年の我が国においては大企業の数が約1.1万であるのに対して，**中小企業**の数は約381万にも上り，さらに図表12－1にある小規模企業者の数は約325万，そして中小企業者の中で小規模企業者にあたらない中規模企業の数が約56万となっている。また，従業者数については，順に約1,400万人，約2,200万人そして約1,100万人となっており，付加価値額は順に約94兆円，約80兆円そして約33兆円となっている。このように，中小企業はすべての企業のうち企業数で99.7%，従業員数で約70%，そして付加価値額で約55%を占め，雇用および生産の担い手として重要な地位にあることがわかる。

1.2　中小企業の課題と国の政策

　一方，中小企業は経営の上で，以下のような2つの大きな問題に直面している。まず，大企業に比べて利益が出にくいとされている。**図表12－2**では，2003年度から2017年度までにおける資本金の大きさで分類した法人の売上高の推移が示されている。これをみると，資本金1億円未満の法人の売上高がどの年度においてもおおむね全体の2分の1を占めていることがみて

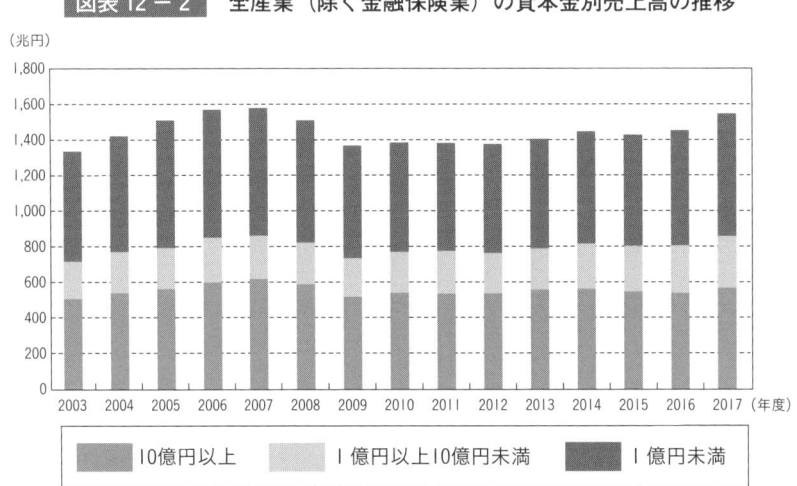

図表12－2　全産業（除く金融保険業）の資本金別売上高の推移

（出所）政府統計の総合窓口　「法人企業統計調査　時系列データ」。
（https://www.e-stat.go.jp/：2018年11月25日閲覧）

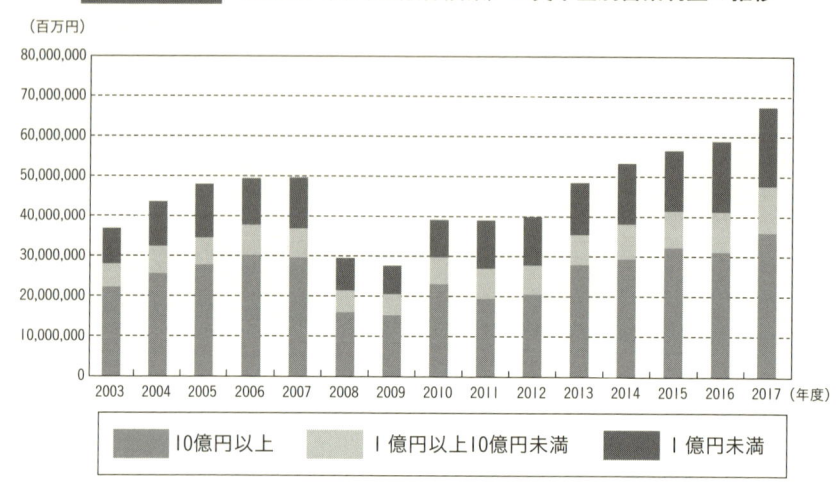

図表12 − 3　全産業（除く金融保険業）の資本金別営業利益の推移

（百万円）

10億円以上　　1億円以上10億円未満　　1億円未満

（出所）図表12 − 2に同じ。

とれる。

　しかし，**図表12 − 3**の営業利益の推移のグラフをみると，資本金が10億円以上の法人が占める割合が2分の1以上となっており，逆に資本金が1億円未満の法人は4分の1から3分の1程度となっている。このように，小規模の法人は大規模の法人に比べて，売上高に対して利益が小さなものとなっていることがわかる。

　経常利益と同様のことは，付加価値をみても理解できる。**図表12 − 4**は資本金別従業員1人当たり付加価値の推移が書かれている。これをみると資本金10億円以上の法人の付加価値と，資本金1億円未満の法人の付加価値との差が明らかである。つまり，法人の大きさが大きいほど利益，付加価値をより多く生んでいることがわかる。

　このような背景から，近年，中小企業では，経営者の世代交代の際に，その後継者をうまくみつけることができず，事業承継が円滑に進まないといった問題が起きている。また，経営者だけにとどまらず，労働力の確保も非常に困難なものとなっている。

　このような問題に対処するため，政府は，生産性向上，事業の承継・再編・統合，人材不足解消や中小企業の経営改善などの支援を広く行っている。

図表 12 − 4 全産業（除く金融保険業）の資本金別従業員 1 人当たり付加価値（当期末）の推移

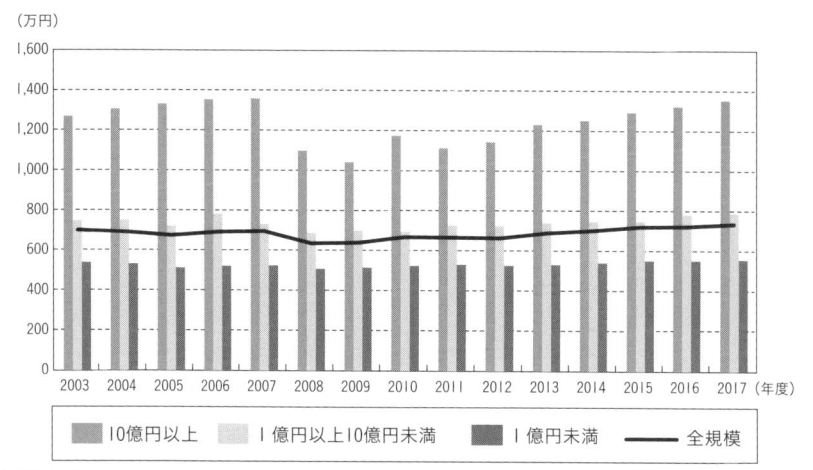

（万円）

凡例：■ 10億円以上　■ 1億円以上10億円未満　■ 1億円未満　── 全規模

（出所）図表 12 − 2 に同じ。

具体的な支援の形としては，補助金，税優遇，金融支援や規制の特例措置などがある。そのうち，政府の一般会計予算として計上されるものについては**図表 12 − 5** に，また，財政投融資計画として計上されるものについては**図表 12 − 6** に，2010 年度から 2018 年度までの推移をそれぞれまとめている。

より具体的には，一般会計においては，中小企業や小規模事業者が行う革新的なサービスの開発・試作品開発・生産プロセスの改善などに必要な設備投資等を支援するためや，あるいは後継者への事業承継を促すためなどに補助金が与えられたり，また地域の特性を活かす形で地域経済への効果が見込まれる事業に対して設備投資金額の一定割合の税額控除などが認められたり

図表 12 − 5 中小企業対策関連予算の推移

（単位：億円）

年度	2010	2011	2012	2013	2014	2015	2016	2017	2018
政府全体	1,911	1,969	1,802	1,811	1,853	1,856	1,825	1,810	1,771
うち経産省計上	1,255	1,055	1,060	1,071	1,111	1,111	1,111	1,116	1,110

（出所）中小企業庁ウェブサイト。

（http://www.chusho.meti.go.jp/koukai/yosan/index.html：2018 年 11 月 25 日参照）

| 図表 12 － 6 | 財政投融資計画（日本政策金融公庫の貸付規模）の推移 |

（単位：兆円）

年度	2010	2011	2012	2013	2014	2015	2016	2017	2018
中小企業事業分	2.34	2.23	2.78	2.78	2.62	2.32	2.13	1.91	1.76
国民生活事業分	2.80	2.63	2.97	2.82	2.75	2.66	2.51	2.37	2.33

（出所）図表 12 － 5 に同じ。

するという形で支援が行われている。また，財政投融資計画に関するものとしては，創業や新事業の展開，事業承継などの重点政策課題に取り組む中小企業者や，社会的・経済的環境の変化等の影響を受けている中小企業者の資金繰りを支援するために，日本政策金融公庫への財政措置が行われている。

2　農林水産

2.1　我が国の農林水産業

　少子高齢化と都市化という趨勢の中で，農業・林業・水産業に従事する人口は年々減少している。**図表 12 － 7** には国勢調査の時系列データに基づき，1970 年度から 2015 年度までの農業・林業・水産業の就業者数が折れ線グラフで，また総就業者数が棒グラフでそれぞれ書かれている。いまからおよそ50 年前の 1970 年度には，これらの就業者数がそれぞれ約 940 万人，約 21万人および約 54 万人で，また総就業者数に占める割合が約 17.9％，約 0.4％および約 1.0％であったものが，2015 年度においては就業者数がそれぞれ約201 万人，約 6 万人および約 15 万人で，またその割合も約 3.4％，約 0.1％および約 0.3％となっている。いずれの産業でも，この約 50 年間で 4 分の 1以下の就業者数となり，我が国の産業に占める地位が低下しつつあるようにみえる。

　また，農業総産出額について，1986 年度から 2016 年度までの約 30 年にわたる推移が**図表 12 － 8** に示されている。このうち，米の産出額をみると，この 30 年間で趨勢的に減少し続けていることがみてとれる。1986 年度と比較して 2017 年度の米の産出額は約半分にまで低下している。

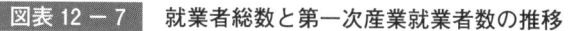

図表 12 − 7　就業者総数と第一次産業就業者数の推移

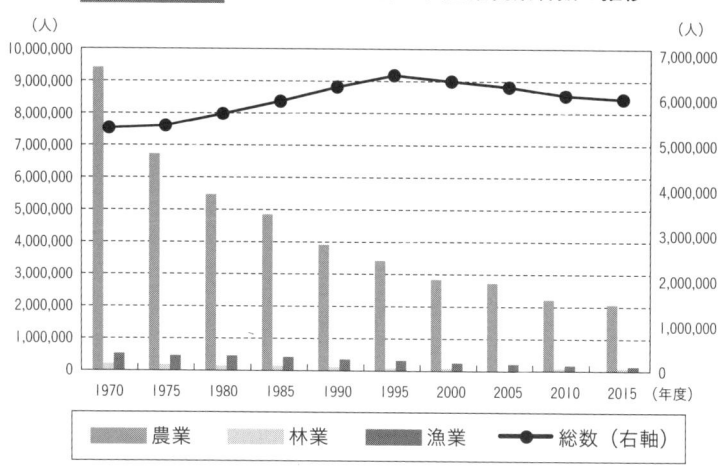

（出所）「国勢調査結果」各年度（総務省統計局）　図表 12 − 2 に同じ。

図表 12 − 8　農業総産出額の推移

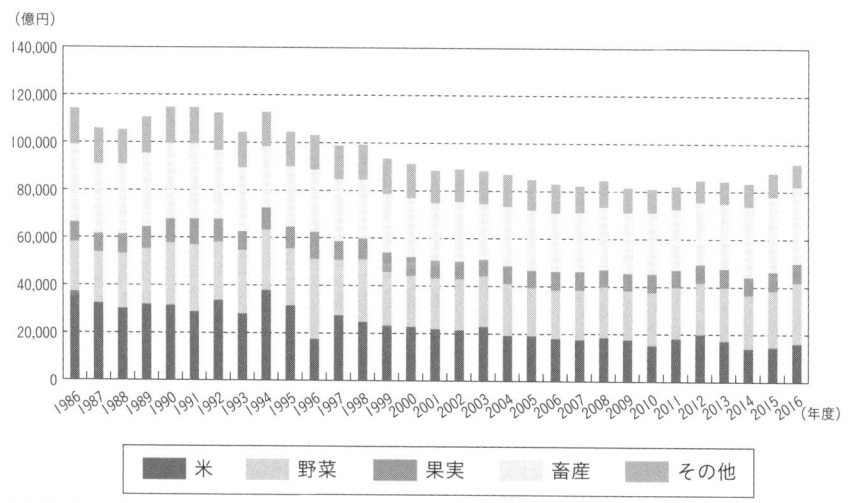

（出所）「生産農業所得統計」時系列データ　図表 12 − 2 に同じ。

第**12**章

中小企業・農林水産など

2.2 農林水産業の課題と国の政策

　しかし，その一方で，同図表12－8からは，近年の農業の総産出額が増加しつつあることもみてとれる。これは農業において生産性が増加してきたこと，それにより競争力が増してきたこと，またジャパンブランドへの海外からの需要が増加してきたことなど，市場環境が変化してきたことが反映されているためである。

　このような変化には，政府の政策によるところも大きい。その政府の予算については，一般会計のものと特別会計のものに大きく分けられる。前者の一般会計分については，2018年度において農林水産関係予算全体で約2兆3,000億円となっている。これは公共事業費と非公共事業費から構成されており，公共事業費については農業農村整備，林野公共，水産基盤整備，農山漁村地域整備交付金などからなっている。また，予算を農業・林業・水産業などに分類したものの，近年10年間の値が**図表12－9**に書かれている。この図表より，近年の農林水産関係予算には大きな変動がみられないなかで，農業の総産出が増加してきていることは，日本の農業が次第に効率的になってきたことを示唆しているといえる。

　また，食料安定供給特別会計では，農家等の経営所得安定対策を軸とする食料安定供給施策を一体的に推進するため，農業経営基盤強化事業，農業経

図表12－9　**農林水産関係予算の推移**

（単位：億円）

年度	2009	2010	2011	2012	2013	2014	2015	2016	2017	2018
農林水産関係予算	25,605	24,517	22,712	21,727	22,976	23,267	23,090	23,091	23,071	23,021
公共事業	9,952	6,563	5,194	4,896	6,506	6,578	6,592	6,761	6,833	6,860
非公共事業	15,653	17,954	17,517	16,831	16,469	16,689	16,499	16,330	16,238	16,161
食料安定供給関係費	8,659	11,599	11,587	11,041	10,539	10,507	10,417	10,282	10,174	9,924
一般農政費	6,994	6,355	5,930	5,790	5,930	6,182	6,082	6,048	6,064	6,237
農業関係予算	19,410	18,324	17,672	17,190	17,128	17,396	17,302	17,308	17,325	17,336
林業関係予算	3,787	2,874	2,720	2,608	2,899	2,916	2,904	2,933	2,956	2,997
水産業関係予算	2,408	1,819	2,002	1,832	1,820	1,834	1,818	1,784	1,774	1,772
農産漁村地域整備交付金	＊	1,500	318	96	1,128	1,122	1,067	1,067	1,017	917

（出所）財務省ウェブサイト「財政関係基礎データ」。
　　　https://www.mof.go.jp/budget/fiscal_condition/basic_data/201804/index.html
　　　農林水産省ウェブサイト「平成30年度農林水産関係予算のポイント」。
　　　(https://www.mof.go.jp/budget/budger_workflow/budget/fy2018/seifuan30/15.pdf：2018年
　　　11月25日閲覧）より筆者作成。

図表 12 − 10　食料安定供給特別会計歳出予算の推移

（単位：億円）

年度	2009	2010	2011	2012	2013	2014	2015	2016	2017	2018
金額	36,332	30,290	27,601	25,268	22,993	14,694	14,145	13,715	12,551	13,564

（出所）農林水産省ウェブサイト「平成 30 年度概算要求書」。
　　　　（http://www.maff.go.jp/j/budget/30_youkyu.html：2018 年 11 月 25 日閲覧）
　　　　特別会計ガイドブック（平成 29 年版，25 年版）より筆者作成。

営安定事業，食糧管理事業に関して経理を行っている。その大きさは，2018
年度予算においては約 1 兆 3,000 億円で，その 3 分の 2 は食糧管理事業に関
するものであり，食糧の需給や価格の安定のために用いられている。

3　経済協力・防衛

　我が国は非常に限られた領土の中で，国内での食糧生産は大きな人口をま
かなうためには十分とはいえず，また国内で必要とされるエネルギーが自国
の産出によってほとんど確保ができていない状況である[1]。そのため，食糧
や資源は海外に大きく依存せざるを得ず，国際社会とはさまざまな形で平和
的な関係を築き，また維持していかなければならない。そこで考えられる方
法としては，外国，特に発展途上国に対して資金を提供する，あるいは貸与
するなどや，技術を提供するなどの**経済協力**を行うことで対外関係をより緊
密にする方法と，紛争の防止や解決，海洋の安全確保など国際平和を目指す
ことによって国民生活の安定を図る方法が主に考えられる。

3.1　経済協力

　発展途上国への支援は一般に経済協力と呼ばれる。この経済協力のうち，
公的な経済協力は**政府開発援助**（Official Development Assistance：**ODA**）
とその他の政府資金（Other Official Flows：OOF）とに分けられ，また公
的な経済協力以外に民間資金（Private Flows：PF）がある。このうち，
ODA とは(1)政府あるいは政府の実施機関により供与されるもの，(2)発展途
上国の経済開発や福祉の向上に主に寄与するもの，そして(3)資金協力につい
ては，供与条件として貸し付けの商業的な要素の薄さを表すグラント・エレ

図表 12 − 11 一般会計 ODA 予算の推移

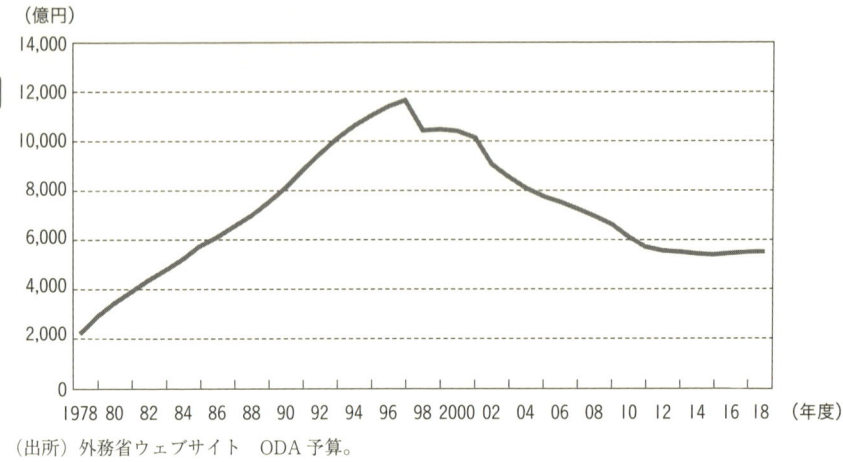

（出所）外務省ウェブサイト　ODA 予算。
（https://www.mofa.go.jp/mofaj/gaiko/oda/shiryo/yosan.html：2018 年 11 月 25 日閲覧）

メント（G.E.）25％以上であるものの，すべてをみたしたものを指す。また，このODAは**二国間援助**と，国際機関に対する出資・拠出等の**多国間援助**に分類される。二国間援助は**贈与**と**円借款等**があり，また贈与は**無償資金協力**と**技術協力**に分けられる。

　ODAの推移については，**図表 12 − 11**の通りである。日本が着実に経済成長を遂げてきた1970年代から90年代まででは，その金額は順調に伸びている。これは世界経済に占める日本の地位が高いことから，その応分の負担を行っていたためである。そのため，バブルがはじけた後数年間についても，ODA予算は増加し続けていた。しかし，日本の経済成長率がほぼ0となり，またそれが長く続き，発展途上国が次第に経済力をつけてきたことで，ODA予算は減少傾向となった。近年ではおおよそ5,500億円の水準である。

3.2　防　衛

　国民生活の安定を図るためには，非軍事的手段に頼るだけでは不十分であると考えられる。国際社会への貢献と，我が国の安全を確保のためには，防衛力は重要な手段の１つであるといえる。

　ただし，防衛力をどの程度保持すべきか，すなわち，国としてどの程度防

図表 12 − 12 一般会計防衛関係費の推移

(単位：億円)

年度	2009	2010	2011	2012	2013	2014	2015	2016	2017	2018
金額	47,741	47,903	47,752	47,138	47,538	48,848	49,801	50,541	51,251	51,911

（出所）財務省ウェブサイト 「財政関係基礎データ」。
（https://www.mof.go.jp/budget/fiscal_condition/basic_data/201804/index.html：2018 年 11 月25 日閲覧）

衛のための支出をすべきかについては，議論が分かれるところである。いわゆる「バターか大砲か」という，消費（日々の生活，あるいは社会福祉）かあるいは防衛か，いずれを重視すべきか，あるいはどのようなウエイトで考えるべきかの議論にはその到達点はない。消費と防衛の間には，他の予算にもみられるように，トレードオフの関係が存在する。

　特に，財政再建が急がれる昨今においては，防衛関連支出についてもその緊縮が図られるとともに，支出の効率化・合理化が図られている。**図表12− 12** には一般会計の防衛関係費の推移が書かれている。近年はおおよそ5兆円程度で推移しており，昨今の緊迫した世界情勢の中，防衛力の整備が効率的に行われている様子がうかがえる。

　第2章でも触れたように，防衛関係費のうち，防衛省の警備艦および潜水艦の建造については，予算の単年度主義の例外が認められており，継続費という制度が用いられている。これらの支出については，建造に数会計年度を要するため，経費の総額と毎年度の支出見込額である年割額を定めて，国会の議決後に数年度にわたり行われることが許されている。また，この制度は近年では当該支出のみに用いられている。

REVIEW④　政府支出のマクロ経済への効果

　上でみた，中小企業対策，農林水産関係の支出や，また第10章で議論をされている社会資本整備のための支出など，政府の支出は我が国のマクロ経済に大きな影響を及ぼす。特に，政府の支出は基本的に民間部門からの財やサービスの直接的な需要を意味するため，そのような需要の増加が民間部門における供給の増加をもたらし，所得の増加をもたらすことになる。これを平易な形で説明を試みたものが，有効需要の原理に基づいた財市場均衡の描写を行う，ケインズの45度線分析と呼ばれるものである。

　まず，有効需要の原理とは，所得の裏付けがある需要があることで，それに応じて供給が決定されるという考え方である。これは，需要と供給が一致しないときには価格の変動によってそれらが一致するように調整されるものとは考えず，需要に見合った供給水準が決定されるという見方に基づいている。したがって，端的に言えば，「需要が供給を決定する」という想定の下で行われるのが45度線分析であるといえる。

需要と供給

　国の経済を測る指標として最もよく用いられるものは，GDPである。これは国内総生産のことを意味し，Gross Domestic Productの頭文字をとったものからできた略称である。GDPは，国内で1年間に生産された最終生産物に市場価格をかけて求められた総額であり，これは付加価値の総額とも一致する。

　このGDPには3種類の見方がある。1つは生産面からみたGDPであり，これは上で説明した通り，生産されたものの価値の総額について言うものである。2つ目は分配面からみたGDPであり，これは生産されたものを誰に分配されるかについて焦点を当ててみたものである。つまり，分配されることで誰かの「所得」となるということである。これら2つのGDPについては恒等的な関係が成立する。一方，3つ目の支出面からみたGDPは，生産されたものがどのように利用されるかについて焦点を当ててみたものである。

そこで，経済において生産された額が利用される額と一致する，すなわち総供給が総需要と一致する状況を考えることが，重要である。そのときに GDP の水準がどのようなものになるのか，求めることが必要である。

まず，支出面，すなわち総需要側については，民間の消費（C），民間の投資（I）と政府支出（G）から構成される[2, 3]。すると，総需要 Y_D は，

$$Y_D = C + I + G \tag{12-r1}$$

と，これらの和として表すことができる。

ここで，民間投資と政府支出は一定であるものとする。それに対して，民間消費については所得が増加するほど消費が増える関係があるものとし，かつ，人は所得がなくても生きるために必ず一定の消費を行うものとする。ただし，所得についてはここでは政府が一定の額である一括税 T を課しているものとし，そのため消費が税を取り除いた自由に支出可能な所得の大きさである可処分所得 $Y - T$ に依存して決定されているものとする。これら 2 つの想定から，経済にいる人々全体の消費と可処分所得との関係を式で表したものが，次のケインズの消費関数と言われるものである。

$$C = c(Y - T) + A \tag{12-r2}$$

ここでは，可処分所得が 1 円増加するごとに，消費額が c 円増加することが仮定されている[4]。この c は限界消費性向と呼ばれ，その性質から $0 < c < 1$ の値をとる。最後に，A は（可処分）所得に依存しない一定の消費額を意味しており，これを基礎消費（独立消費）と呼ぶ。これもその性質から，$A > 0$ である。

この消費関数 (12-r2) 式を，先の総需要 (12-r1) 式に代入することで，総需要は以下の形でより具体的に書き直すことができる。

$$Y_D = c(Y - T) + A + I + G \tag{12-r3}$$

一方，生産面からみた GDP は総供給そのものであるので Y_s と表すことができ，分配面からみた GDP，すなわち所得を Y と表すものとすると，これが生産面からみた GDP と常に等しいことから，

$$Y_S = Y \qquad\qquad (12-r4)$$

という関係式で表すことができる。

これら(12-r4)式と(12-r3)式より，この経済において総需要と総供給が等しくなる $Y_S = Y_D$，つまり，財市場均衡条件式は以下のように表される。

$$Y = c(Y - T) + A + I + G \qquad\qquad (12-r5)$$

この(12-r5)式をみると，GDP である Y 以外はすべて定数であることから，最終的に Y でまとめることによって，財市場を均衡させる均衡 GDP である Y^* を求めることができる。

$$Y^* = \frac{A - cT + I + G}{1 - c} \qquad\qquad (12-r6)$$

この均衡 GDP は，**図表 12 - r1** を用いても求めることができる。この図では横軸に所得 Y が，縦軸に総需要 Y_D と総供給 Y_S がとられており，所得に見合う総需要と総供給が縦軸方向の点で表されている。そのため，総需要を表す，傾き c，切片 $-cT + A + I + G$ の直線と，総供給を表す，原点を通る傾き 45°（すなわち，1）の直線とが交わる点での，横軸上の座標が財市場が均衡する所得，つまり均衡 GDP となる。

乗数効果

ここで，政府が何らかの目的（たとえば，現在は失業者が存在するので，より GDP を増加させることで雇用者を増加させようとするなど）のため

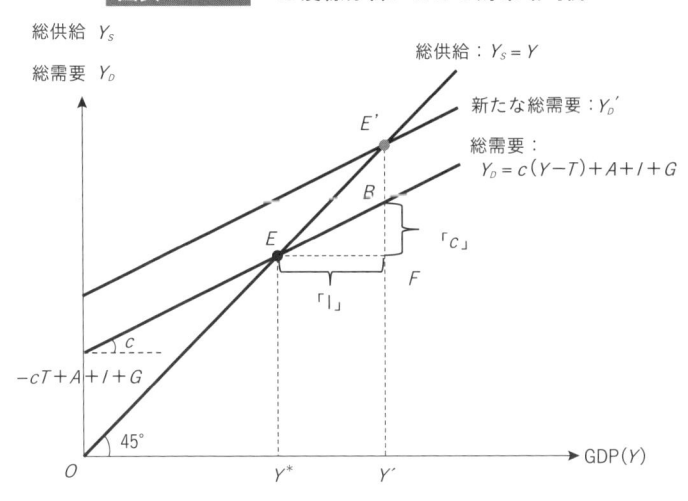

図表12 − r1 45度線分析における財市場均衡

総供給 Y_S
総需要 Y_D

総供給：$Y_S = Y$

新たな総需要：Y_D'

総需要：
$Y_D = c(Y-T)+A+I+G$

E'

B

E

「c」

F

「I」

c

$-cT+A+I+G$

$45°$

O Y^* Y' GDP(Y)

に GDP を増加させようとしたとする。この45度線分析においては，そのための手段として有効なのが，政府支出の増大，あるいは減税である。

ここで，もし政府支出 G を「$1-c$」だけ増加させたとする。これにより，総需要の直線は縦方向に $1-c$ だけ移動し，新たな総需要 Y_D' となる。この $1-c$ という長さは，図中 $E'B$ で与えられている（なぜなら，$EF = E'F = 1$ であり，$BF = c$ であるから，$E'B = E'F - BF$ だから）。この移動によって，実は GDP は「1」増加していることがわかる。$0 < c < 1$ であることから，$1-c < 1$ が必ず成立することがわかる。つまり，政府支出の増加は，それ自身の大きさよりも大きな GDP の増加をもたらすといえる。

ここで，より理解しやすいように，政府支出の増加を「1」へと直してやる。つまり，政府支出の増加：GDP の増加 $= 1-c : 1$ の右辺を $1-c$ でそれぞれ割ることで，政府支出の増加：GDP の増加 $= 1 : \dfrac{1}{1-c}$ が得られる。この式は，政府支出を「1」増加させたときに GDP が1より大きな「$\dfrac{1}{1-c}$」だけ増加することを意味している。この倍数のことを政府支出乗数といい，一般にこのような外生的な需要が均衡 GDP に与える効果を**乗数効果**という。

185

同様に，一括税を減少させたとき，および投資が増加したときにも，GDP の増加が $\frac{c}{1-c}$ と $\frac{1}{1-c}$ だけ現れることがわかる。このように，政府が支出を増加させる，あるいは投資が増加するというのは総需要が直接的に増加することを意味し，それに従って総供給がそれ以上に増加することが理解できる。また，減税のときには可処分所得の増加を通じて間接的に消費，総需要を増加させることになるため，総供給が増加するといえる。これらの理論から得られた結論は，本章で議論された設備投資を促す補助金や，設備投資に関する税額控除などが総需要を増加させることから，GDP の増加に貢献することを示唆している。

●注

1　エネルギー自給率は 2017 年度においてはおよそ 9％，また食料自給率（カロリーベース）はおよそ 38％である。

2　ここでは簡単化のため，海外との取引，つまり輸出・輸入が存在しないものと考える。

3　マクロ経済学では政府支出と記述することが多いので，ここでもそれに倣う。この政府支出は，政府消費と政府投資からなる。

4　$\Delta C / \Delta(Y - T) = c$ である。

●引用・参考文献

宇波弘貴編著［2017］『図説日本の財政 平成 29 年度版』東洋経済新報社。

金子昭彦・田中久稔・若田部昌澄［2015］『経済学入門 第 3 版』東洋経済新報社。

竹内信仁・柳原光芳編著［2013］『スタンダードマクロ経済学』中央経済社。

中小企業庁［2018］『2018 年版 中小企業白書』。

第IV部
現代の課題

第13章
公企業

ポイント

本章では公企業による財・サービスの供給について説明する。財・サービスの供給が，完全競争市場の下では正の利潤が得られない場合，その市場が私企業1社のみに独占される可能性がある。その場合，その企業は正の独占利潤を得る一方，社会的余剰は小さくなる。したがって，供給が公企業にゆだねられることも多くみられる。そのときの価格形成の方法について説明していく。

キーワード

公企業・公営企業，独占，自然独占，限界費用価格形成原理，平均費用価格形成原理

1 公営企業

　第1章でも示されていたように，政府の役割は資源配分機能，所得再分配機能および経済安定化機能であり，最終的な目的は，私たちの経済活動を円滑にするところにあるといえる。政府はこれらの役割を果たすために必要とする原資を，主として私たちが納める税に求めている。その理由は，政府の多くの経済活動が私たちに与える便益が広範囲にわたることから，その負担についても広く求められるべきであるというところにある。

　一般に，財・サービスの供給は，完全競争市場の下で民間企業によって行われることが，経済厚生の観点からは望ましい。しかし，完全競争市場の条件が満たされない状況では，必ずしもそのようにはならない。特に，私たちの生活に不可欠の財・サービスの供給においては，市場メカニズムに委ねるのではなく，政府が関与した形でなされることが望ましくなることがありうる。

　政府の経済活動が与える便益が，経済全体ではなく限定的なものにとどま

る，つまり，政府による財・サービスの供給が，ある特定の個人あるいは（民間）企業にのみ便益を与える場合がある。そのような場合には，便益を享受する者に負担を求めることが適当であると考えられる。あるいは，政府が供給する財・サービスへの需要の程度が，個人あるいは（民間）企業により異なるような場合には，その程度に応じて負担を配分することが自然である。

このような理由から，政府（中央・地方）が，自らが設立・運営する企業を通じて，私たち民間部門に直接的に財・サービスを供給することがある。また，この供給に応じた私たちの負担は料金あるいは使用料と呼ばれる。このような経済活動を行う企業を，通常の民間部門において財・サービスの供給を行う企業を**私企業**と呼ぶのに対して，一般的には**公企業**と呼ぶ。

現在の日本においては，いわゆる国営企業が存在しないため，この公企業は通常，**地方公営企業**を指すことが多い。地方公営企業が行う事業には，上・下水道，工業用水道，ガスや電気のように，私たちの日常生活に密接したものから，病院，宅地造成，観光や交通など，私たちの生活をより豊かにするものまでが含まれる。**図表 13 － 1** には 2016 年度の事業別の地方公営企業の数が，また**図表 13 － 2** には 2012 年度から 2016 年度までのその推移が書かれている。

図表 13 － 1　**2016 年度の地方公営企業の事業数の状況**

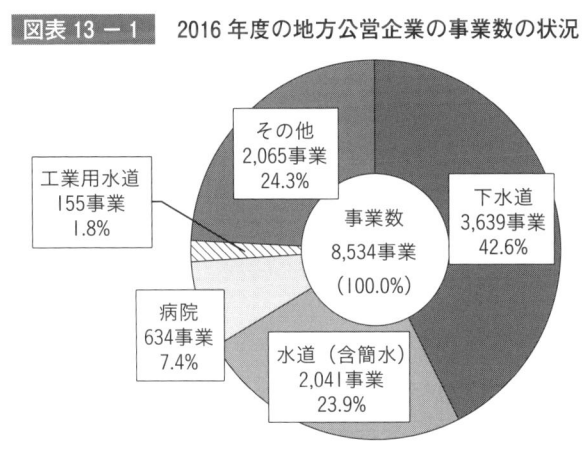

（出所）総務省ウェブサイト「平成 28 年度地方公営企業決算の概要」。
　　　（http://www.soumu.go.jp/main_content/000510430.pdf：2018 年 6 月 16 日閲覧）

図表 13 - 2　地方公営企業の事業数の推移

(単位：事業，％)

事業＼年度	2012 (A)	2013	2014	2015 (B)	2016 (C)	対前年度比較 増減数 (C) - (B)	対前年度比較 増減率 (C) - (B) ／ (B)	(参考) 対2012年度比較 増減数 (C) - (A)	(参考) 対2012年度比較 増減率 (C) - (A) ／ (A)
水道（含簡水）	2,122	2,111	2,097	2,081	2,041	△ 40	△ 1.9	△ 81	△ 3.8
工業用水道	153	154	154	154	155	1	0.6	2	1.3
交通	93	91	91	87	86	△ 1	△ 1.1	△ 7	△ 7.5
電気	65	79	85	92	95	3	3.3	30	46.2
ガス	29	28	28	26	26	－	－	△ 3	△ 10.3
病院	643	642	639	636	634	△ 2	△ 0.3	△ 9	△ 1.4
下水道	3,633	3,639	3,638	3,639	3,639	－	－	6	0.2
その他	1,986	1,959	1,930	1,899	1,858	△ 41	△ 2.2	△ 128	△ 6.4
合　計	8,724	8,703	8,662	8,614	8,534	△ 80	△ 0.9	△ 190	△ 2.2

(出所) 図表 13 - 1 に同じ。

　第2章でも述べたように，地方公営企業の会計は，その企業の経営・財務状態を明らかにする必要があるため，事業ごとに特別会計が設置されている。その事業の費用にはそこから得られる料金の収入が充てられる，原則，**独立採算**に基づく。ただし事業の性質上，料金収入を充てることが適当でない経費がある場合や，あるいは料金収入だけでは事業運営が困難である場合については，地方公共団体の一般会計や他の特別会計によって負担することが認められている。

　このように，公企業が経済に果たしている役割は，私たちの生活基盤を支えつつ，生活水準をより高めるところにあるといえる。そのため，21世紀を迎えるまでの日本においては，人口の増加と安定的な経済成長という社会経済的変化から，公営企業による財・サービスの供給についてはその量の充実だけでなく質の向上の面においても強く求められてきた。それを示しているのが**図表 13 - 3**である。ここには日本の水道の年間給水量と1日最大給水量の推移が書かれてあり，1995年まではいずれも増加傾向にあったことがみてとれる。

　しかし21世紀に入ると，人口の減少と経済成長停滞を迎え，公企業の事業運営が次第に困難なものとなってきている。そのため，これまでのような

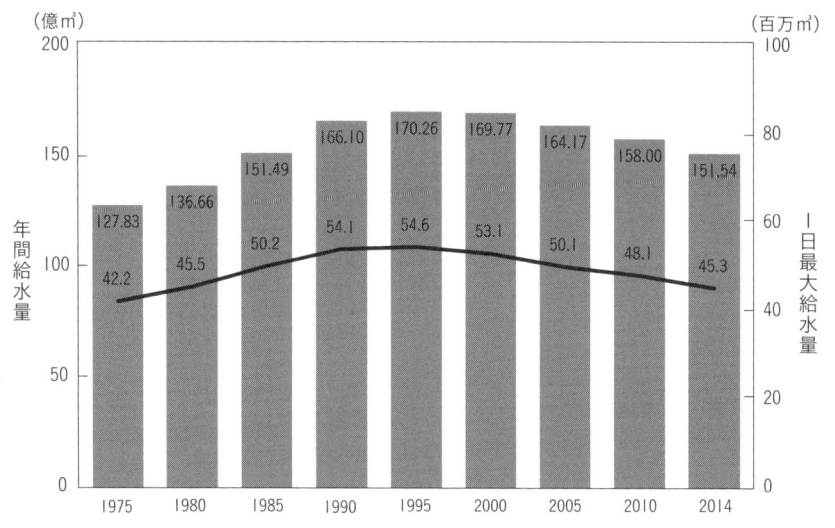

図表 13 - 3　水道の年間給水量と 1 日最大給水量の推移

（注）棒グラフは年間給水量（上水道＋簡易水道＋専用水道）を，折れ線グラフは 1 日最大給水量（上水道）をそれぞれ表す。
（出所）公益社団法人　日本水道協会ウェブサイト「水道資料室：日本の水道の現状」。
　　　（http://www.jwwa.or.jp/shiryou/water/water.html：2018 年 6 月 16 日閲覧）

財・サービスの量的確保が難しくなってきている。先の図表13 - 3では，2000 年より年間給水量と 1 日最大給水量のいずれもが減少傾向に転じていることがわかる。その一方で，高度経済成長期に建設ラッシュを迎えた水道の管路は近年更新時期を迎えつつあり，そのための巨額の投資が水道事業の経営をより難しくする要因となることが指摘されている。

　以上の背景から，公企業が今後も安定的に事業活動を行い，私たちの生活の質を保障できるようにするためには，私たちがどの程度公企業の財・サービスを求めるべきかについて，理解しておく必要がある。つまり，事業を支えるのに必要な負担をどう配分するか，考えなければならない。そこで，公企業の理論について必要とされる議論について以下紹介する。

2 自然独占

　私企業が利潤最大化を行うとき，生産量の決定は限界収入と限界費用が等しくなるところで決定される。さらに完全競争市場下では，市場価格が限界収入と等しくなること，また市場価格が「財1単位当たりの収入」と等しくなることから，「市場価格＝限界収入＝平均収入」が成立し，そのため利潤が最大化される生産量ではこれらすべてと限界費用が等しくなる（章末のREVIEW⑤参照）。

　このような完全競争市場の下で，市場価格が私企業の平均費用を上回っている場合には，平均収入が平均費用を上回っていることから，正の利潤が生じていることになる。もしここで技術が同じ企業が他に無数に存在していたとすると，それらの私企業も正の利潤がある限り市場に参入をすることとなる。しかし，私企業の参入が多くなるとともに市場価格が低下していき，最終的には利潤が0になる，市場価格と平均費用が等しいところで私企業の参入が終わる。

　これに対して，もし当初市場に私企業が1社のみ存在し，その私企業の固定費用が非常に高く，そのため平均費用も高い水準にあったとする。ここで他の企業が市場に参入しようとすると，高い平均費用に直面せざるを得ず，利潤は負になってしまう。そのため，参入は行われず，結果として当初の1つの私企業だけが市場に残り，市場が独占されることになる。そこでは，その企業，すなわち**独占企業**は，完全競争の場合とは異なり，価格を自らが決定できる。そのため，「限界収入＝限界費用」の利潤最大化が成立する生産量を達成しながらも，これらを超える価格を設定できる。このように，平均費用が高い場合，その市場が1つの企業に「自然に」独占されうる。これを**自然独占**という。

　図表13－4の下のグラフでは，市場の需要が小さく，経済厚生を最大にする，限界費用曲線と需要曲線との交点 E^{**} で表される生産量 x^{**} において，平均費用を示す赤い曲線がそこで決定される価格 p^{**} よりも高い状況を示している。このグラフのもととなる企業の費用関数が図表13－4の上のグラ

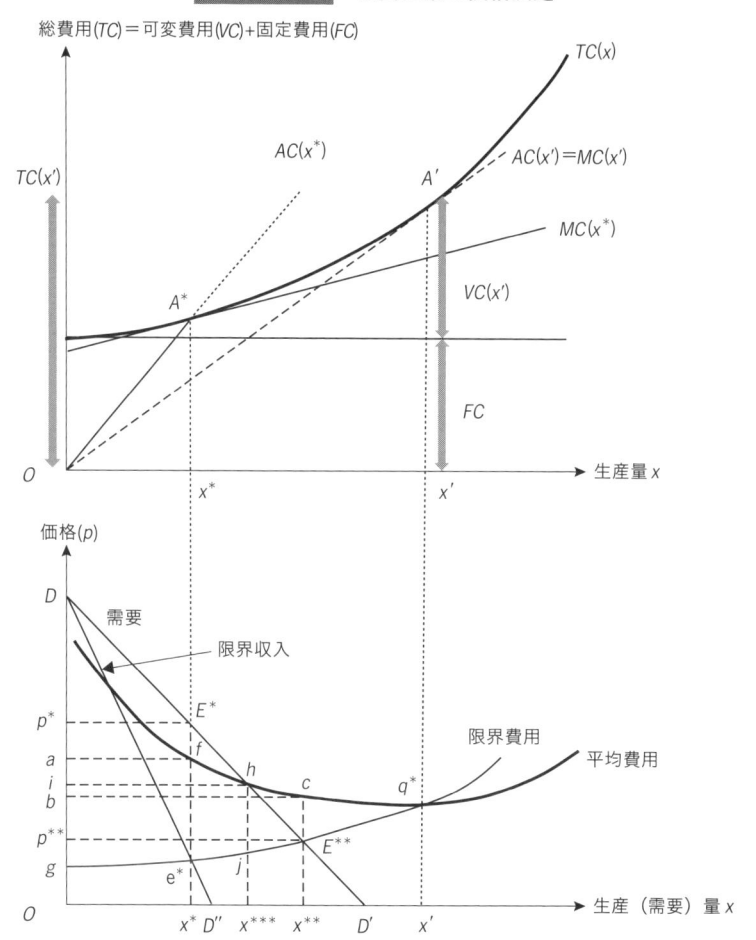

図表 13 － 4　独占企業の価格決定

フで描かれている。たとえば，生産量が x' においては，固定費用が FC，また可変費用が $VC(x')$ となり，総費用がそれらを垂直方向に足し合わせた点 A' の $TC(x')$ となっている。つまり総費用は，生産量が 0 のときには固定費用 FC で，そして生産量が増加するにしたがって可変費用が加わっていく形で増加する $TC(x)$ として描かれる。また章末の REVIEW ⑤ でもみるように，総費用関数上の点と原点とを結んだ直線の傾きは，生産量 1 単位当たりの費用である**平均費用**を，また総費用関数上の点における接線の傾きは**限界費用**

を表している[1]。

図表 13 − 4 の下の図より，固定費用 FC が大きくなれば，平均費用 AC が最も小さくなる点 q が右上方向へと移動することがわかる。これは，固定費用が大きくなると可変費用の総費用に占める割合が小さくなるため，平均費用が最も小さくなる生産量がより大きくなることから理解できる。したがって，大きな固定費用が必要とされる産業であれば，生産量を増加させたときに平均費用が減少し続けている限り，1 社で生産したほうが総費用が小さくなるため，自然独占の状況となる傾向にある[2]。

3 独 占

上のように，市場が 1 つの企業のみで占められる（供給）独占の状況においては，価格はどのように決定されるだろうか。ここでは独占企業が私企業である場合の，価格形成のあり方についてみていく。

独占企業は，その名の通り市場を「独り占め」，すなわち需要をすべて自らのものとすることができる。つまり，その市場の需要曲線を完全に把握し，生産をどの程度行ったとき，それを売り切るのにどの程度の価格を設定すればよいかを知っている。この状況は完全競争市場の場合とは異なり，生産量と価格を需要曲線に基づいて自由に決定することができることを意味する[3]。そこで，x 財のみを生産する独占企業の利潤最大化条件について，先の図表 13 − 4 の下の図を参考にしながら考えていく。

まず，企業の利潤 $\pi(x)$ は，市場が完全競争下，独占下にかかわらず，収入 $R(x)$ から総費用 $TC(x)$ を引いたものである。収入 $R(x)$ は，生産量に価格をかけたもので表される。ここで，独占企業は需要関数 $x = x(p)$ を把握している，つまり，需要曲線が「右下がり」の「価格が上昇すれば需要が小さくなる」という通常の性質を有する場合には，「供給を小さくすれば価格を上昇させることができる」ことを知っている。このとき，需要関数を $p = p(x)$ というように生産量が価格を決定する「逆」の関数として考えることができ，これを**逆需要関数**という。この下で，独占企業の収入は $R(x) = p(x) x$（ただし，$\frac{\Delta p(x)}{\Delta x} < 0$）と書くことができる。

この収入から，限界収入 $MR(x)$ は，次のように求められる。

$$MR(x) = \frac{\Delta R(x)}{\Delta x} = \frac{\Delta(p(x)x)}{\Delta x} = \frac{\Delta p(x) \cdot x}{\Delta x} + \frac{p(x)\Delta x}{\Delta x}$$

$$= \frac{\Delta p(x)}{\Delta x} x + p(x) \tag{13-1}$$

この限界収入は，完全競争市場においては，生産量によらず一定の市場価格に等しい。これに対して独占企業の限界収入は，$\frac{\Delta p(x)}{\Delta x} < 0$ であることから，完全競争市場における限界収入 $p(x)$ よりも $\frac{\Delta p(x)}{\Delta x} x$ だけ小さくなっている。

この理由は以下の通りである。まず，当初生産量が x_0，価格が p_0 であったとする。ここから生産量を Δx 単位増加させると，収入の増加は $p_0\Delta x$ となる。一方，生産量の増加により需要曲線に沿って価格が $\Delta p(x)$ だけ低下し，それが当初生産量 x_0 にも影響する。したがって，これによる収入の減少は $\Delta p(x)x_0$ となる。以上より，独占企業の限界収入はこれらの和を Δx で割った $p_0 + \frac{\Delta p(x)}{\Delta x} x_0$ となる。

総費用については，図表 13 - 4 の総費用 $TC(x)$ の形に従って，生産量が 1 単位増加したときの費用の増加量である限界費用 $MC(x)$ は常に正，$MC(x) = \frac{\Delta TC(x)}{\Delta x} > 0$ である[4]。次に，限界費用は生産量の増加とともに大きくなっていく，つまり $\frac{\Delta MC(x)}{\Delta x} = \frac{\Delta \frac{\Delta TC(x)}{\Delta x}}{\Delta x} = \frac{\Delta^2 TC(x)}{(\Delta x)^2} > 0$ が成立しているものとする。

最後に，独占企業の利潤は以下のように定義できる。

$$\pi(x) = R(x) - TC(x) = p(x)x - TC(x) \tag{13-2}$$

企業の利潤最大化を達成する生産量は，限界利潤が 0，すなわち限界収入と限界費用とを等しくさせる場合である。そこで (13-2) より，利潤最大化条件が以下のように得られる。

$$\frac{\Delta p(x^*)}{\Delta x}x^* + p(x^*) = \frac{\Delta TC(x^*)}{\Delta x} \tag{13-3}$$

この左辺は $MR(x^*)$ であり，また右辺は $MC(x^*)$ である。この様子が図表 13－4 に描かれている。限界収入と限界費用が交わる e^* においてまず生産量 x^* が決定される。独占企業は（逆）需要曲線を正確に把握していることから，その生産量に対応する需要曲線上の p^* で価格を決定する。このように，価格が限界費用よりも高くなっており，これは独占企業が利潤を完全競争市場の場合に比べて過剰に得ていることを意味している。

そこで，最後に重要な点を 2 点，触れておく。まず 1 点目は，企業の利潤の大きさについてである。図表 13－4 において，まず，もしこの企業が完全競争市場で達成される価格である p^{**} で生産をしたとすると，そのときには収入が $Op^{**}E^{**}x^{**}$ となる一方，費用が $Obcx^{**}$ となるため，負の利潤が $p^{**}bcE^{**}$ となる。それに対して，独占の場合には，収入が $Op^*E^*x^*$，費用が $Oafx^*$ となるため，正の利潤が ap^*E^*f だけ得られることになる。このように，独占企業は利潤を得ることができるため，生産がなされる一方，資源配分が最も効率的な安全競争市場価格 p^{**} より高くなり，かつそのときの生産量より少なくなってしまっている。

2 点目は，この社会的余剰の変化についてである。完全競争市場下での総余剰は，消費者余剰 $Dp^{**}E^{**}$ と生産者余剰 $gp^{**}E^{**}$ の和である $DE^{**}g$ で表される。一方，独占市場下での総余剰は，消費者余剰 Dp^*E^* と生産者余剰 $gp^*E^*e^*$ の和である DE^*e^*g で表される。したがって，独占の場合には $E^*E^{**}e^*$ の分だけ死荷重が発生し，社会的余剰が減少してしまうこととなる。

4　公企業による独占

前節でみたように，私企業による独占が行われると，独占的な利潤を私企業が得るとともに効率的な資源配分が損なわれることになる。特に，需要者にとって日常生活に密着した上・下水道，工業用水道，ガスや電気などの，必需的な財・サービスについては，そのような状況を避けるために，公企業

による独占的な財・サービスの供給を認めるという手段がとられることがある。その際に問題となるのが，価格設定の方法である。そこで本節では，前節の議論を応用する形で，代表的な 2 つの価格設定の方法を紹介する。

4.1 限界費用価格形成原理

上でみたように，独占のときには社会的余剰の観点から望ましい価格がつけられていない。そこで，社会的余剰を最大にする形で価格づけを行うことを考える。これまでみてきたように，社会的余剰を最大にするには，価格を p^{**} と設定し，生産量を x^{**} にすることで，完全競争市場における均衡と同じ状況を作ればよい。このとき，価格 p が企業の限界費用と一致していることから，この価格づけを**限界費用価格形成原理**という。

この限界費用価格形成原理に基づく価格形成の方法は，社会的余剰の最大化を可能とするという点では望ましいといえる。しかし，次の 2 点の問題がある。

1 点目は，公企業に負の利潤が発生することである。3 節でみたように，p^{**} の価格で（平均）収入が得られるものの，そのときの平均費用はそれよりも高くなっている。そのため，図表 13 − 4 の下の図では，負の利潤が $p^{**}bcd^{**}$ だけ生じることになる。この負の利潤，すなわち赤字をどのように補塡すべきかを考える必要がある。もし税による赤字の補塡がなされるとすると，この公企業が供給する財・サービスの需要者以外からの負担が発生することになる。これは**受益者負担の原則**に反することになる。

2 点目は，赤字が補塡されることがわかっているのであれば，公企業が効率的な生産を行わなくなるかもしれない点である。価格が前もって決定され，また赤字の補塡も約束されている状況では，公企業にとっては費用削減努力を行う動機が薄いものとなり，事業の効率性が損なわれることとなりうる。

4.2 平均費用価格形成原理

上でみた限界費用価格形成原理に基づく価格づけの場合には，事業が赤字を出すこととなる。そこで収支を一致させ，損失の補塡を必要としない形で供給を行う，つまり独立採算を目標とするというのがもう 1 つの考え方であ

る。

　収支が均衡するというのは，まさに収入と総費用が等しいことを意味する。これは（それぞれを生産量で除することで得られる）平均収入と平均費用とが等しくなることを意味する。このような形で価格を決定する方法を**平均費用価格形成原理**という。この状況について，図表13－4の下の図を用いて説明する。

　まず，平均収入は価格そのものであるから，公企業がある生産量を供給する際に直面する価格は（逆）需要曲線上に存在する。また，平均費用は図中太い線で描かれている。したがって，平均収入＝平均費用が成り立つのは，需要曲線と平均費用曲線が交わる点 h であることがわかる。

　この平均費用価格形成原理による価格付けは，独占状態よりも価格が低下し，生産量も増加させているという点では望ましいものといえる。しかし，次の2点において，問題があるといえる。

　1点目は，社会的余剰が小さくなる点である。点 h で供給されるとき，消費者余剰は Dhi，生産者余剰は $gjhi$ となり，社会的余剰はそれらの和の $Dhjg$ となる。これは先にみたように，完全競争下の社会的余剰 $DE^{**}g$ よりも $jE^{**}h$ の分だけ小さくなっている，すなわち，その分だけ死荷重が発生している。

　2点目は，この公企業が利潤最大化動機に基づいて行動をしていないことである。この平均費用価格形成原理においては，公企業の費用削減努力がなされたとしても，それは供給量の増加につながるのみで，公企業の利潤には何ら影響がない。したがって，企業努力を行う動機づけが存在せず，事業が非効率なものとなる可能性がある。

REVIEW⑤　企業の利潤最大化

　ここでは基本的なミクロ経済学の，企業の利潤最大化行動について説明する。

　まず，企業は x 財を生産し，x は同時に生産量も表すものとする。企業の利潤 $\pi(x)$ は，収入 $R(x)$ から総費用 $TC(x)$ を引いたもので定義される。また，**総費用**は生産量に応じて変化する**可変費用** $VC(x)$ と，生産量によらず一定の**固定費用** FC に分けられるものとする[5]。このとき，利潤は以下のように表される。

$$\pi(x) = R(x) - TC(x) = R(x) - VC(x) - FC \tag{13-r1}$$

　ここで利潤が最大になる生産量が1つだけあるとする（後でみるように，横軸に生産量 x，縦軸に利潤をとった**図表 13 − r1** の中のグラフで表されているような場合である）。x を 0 から利潤が最大となる x^* まで増加させると利潤も増加することから，生産量を 1 単位増加させたときの利潤の増加分である**限界利潤**が正，つまり $\frac{\Delta\pi(x)}{\Delta x} > 0$ が成立していることがわかる。x^* を超えてさらに生産量を増加させたとすると，利潤は減少する，つまり $\frac{\Delta\pi(x)}{\Delta x} < 0$ が成立する。したがって，x^* の利潤が最大となる生産量のときには，以下の利潤最大化条件が成立する。

$$\frac{\Delta\pi(x^*)}{\Delta x} = 0 \tag{13-r2}$$

つまり，x^* では，生産量を変化させても利潤が変化しない。

　この利潤最大化条件(13−r2)を，(13−r1)の下で考えてみる。まず，(13−r1)式の両辺について，生産量を 1 単位増加させたときには，以下の式が成立する。

$$\frac{\Delta\pi(x)}{\Delta x} = \frac{\Delta R(x)}{\Delta x} - \frac{\Delta TC(x)}{\Delta x} = \frac{\Delta R(x)}{\Delta x} - \frac{\Delta VC(x)}{\Delta x} \tag{13-r3}$$

ここで，右辺の$\frac{\Delta R(x)}{\Delta x}$は生産量の1単位の増加による収入の変化分の**限界収入**（Marginal Revenue：MR）を，また$\frac{\Delta TC(x)}{\Delta x}$は生産量の1単位の増加による総費用の変化分の**限界費用**（Marginal Cost：MC）を表す。固定費用が生産量によらないことから，$\frac{\Delta TC(x)}{\Delta x} = \frac{\Delta VC(x)}{\Delta x}$が成立している。なお，可変費用については，生産量の増加につれて1単位当たりの費用が増加する限界費用逓増を仮定している。

次に，利潤が最大となるとき，(13−r3)式は(13−r2)式が成立しているため，限界収入から限界費用を引いたものが0となる。よって，以下の式が成立する。

$$\Delta R(x) / \Delta x = \Delta VC(x) / \Delta x \qquad\qquad (13-r4)$$

これは限界収入と限界費用が等しいことを示している。つまり，生産量をある量から増加させたとき，もし限界収入が限界費用よりも大き（小さ）ければ，利潤が増加（減少）するため，生産量を増やす（減らす）ことが望ましい。したがって，限界収入と限界費用が等しいとき，利潤が最大となることがわかる。

この状況をより理解するため，完全競争市場を仮定する。このとき，市場には多数の需要者，供給者が存在することから，そこで決定される市場価格は個別の需要者，供給者は受け入れざるを得ない。図表13−r1の上のグラフでは，収入が（一定の）価格に生産量をかけた$R = px$として，傾きがpの原点を通る直線で表されている。一方，総費用は生産量によって決定される可変費用の部分と，それによらない固定費用の部分からなり，総費用曲線$TC(x)$で表されている。これらの収入と総費用の差が濃いグレーの矢印で表された利潤となり，中のグラフの濃いグレーの矢印の大きさに対応している。それが最も大きいところが，x^*である。

最後に，収入，総費用および利潤の大きさを長方形の面積で表す。そのためには，生産量1単位当たりの収入である平均収入（Average Revenue：AR）と平均費用（Average Cost：AC）を図示する必要がある。完全競争市場では平均収入は価格と一致し，pとなる。したがって，図表13−r1

図表 13 − r1 完全競争市場の企業の利潤最大化

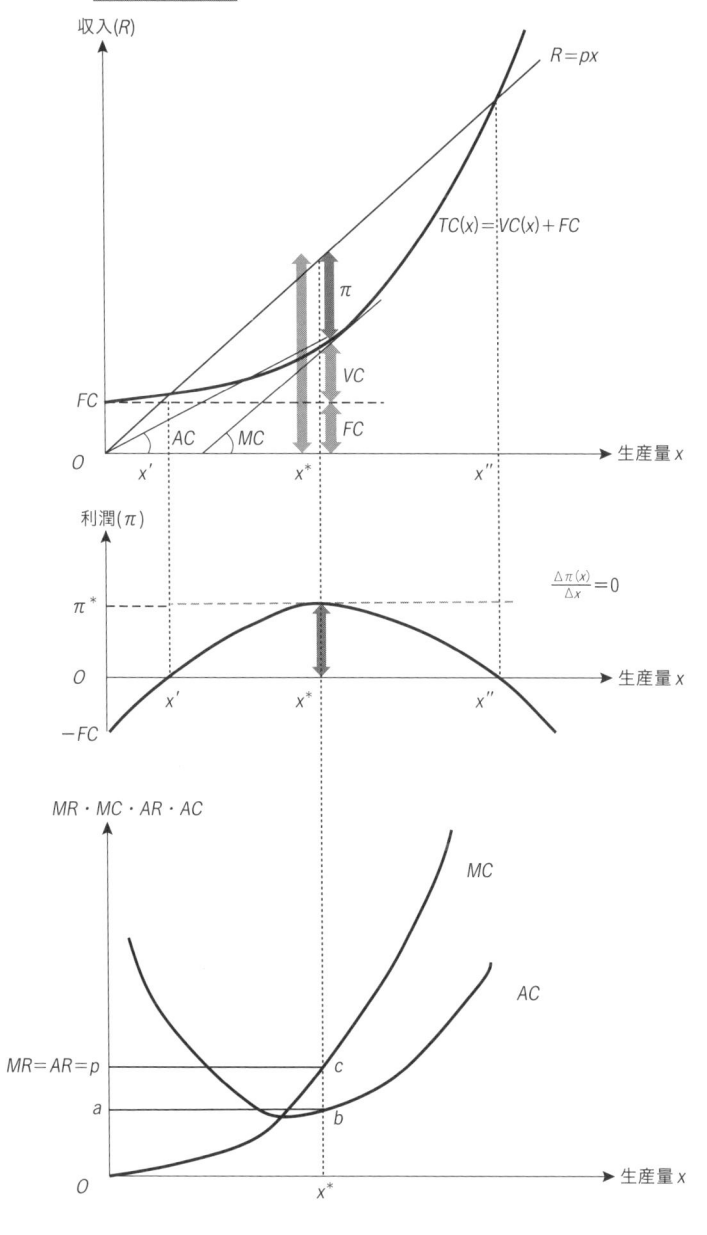

の下のグラフでは，限界収入 *MR*，平均収入 *AR* および価格 *p* が同じ高さで描かれている。それに対して平均費用 *AC* は，図表 13 − r1 の上のグラフでは，たとえば x^* の生産量のときにはその $TC(x)$ 上の点と原点を結ぶ直線の傾きとして，また，限界費用 *MC* はその点での接線の傾きとして表される。これらそれぞれの傾きの大きさを縦軸にとって図示したものが，図表 13 − r1 の下のグラフの *MC* と *AC* である。

　以上の準備の下，生産量 x^* での収入は $AR \times x^*$ であるグラフ上の長方形 pOx^*c で，また，総費用は $AC \times x^*$ である長方形 aOx^*b で表されることがわかる。したがって，最終的には，利潤が長方形 *pabc* で表されることとなる。

●注

1　生産量 x' においては，点 A と原点とを結んだ直線の傾きと，点 A における接線の傾きとが等しいことから，平均費用と限界費用が等しく，かつ，平均費用が最も低くなっている。そのため，図表 13 − r1 の下の図において，平均費用曲線が最も低くなっている。

2　このように，生産量とともに平均費用が減少し続けるような産業は，**平均費用逓減産業**あるいは単に**費用逓減産業**と呼ばれる。

3　独占は供給の面だけではなく，需要の面についてもありうる。

4　固定費用が正である下で，この仮定を課すことより，平均費用を最小とする生産量が必ず存在することとなる。

5　ここで用いられる文字は，用語の英語表記の頭文字を，アルファベットあるいはギリシャ文字から借用したものである。π は利潤（Profit），R は収入（Revenue），C は費用（Cost）である。また，費用についている T は「総」（Total），V は「可変」（Variable），F は「固定」（Fixed）を意味している。

●引用・参考文献

石弘光［1984］『財政理論（有斐閣経済学叢書 8)』有斐閣。

板谷淳一・佐野博之［2013］『コア・テキスト公共経済学（ライブラリ経済学コア・テキスト & 最先端 14)』新世社。

ハル・R. ヴァリアン著，佐藤隆三・三野和雄訳［1986］『ミクロ経済分析（経済と経済学の明日 4)』勁草書房。

竹内信仁編著［2007］『スタンダード財政学　第 2 版』中央経済社。

竹内信仁・森田雄一編著［2013］『スタンダードミクロ経済学』中央経済社。

畑農鋭矢・林正義・吉田浩［2015］『財政学をつかむ 新版（テキストブックス［つかむ])』有斐閣。

第**14**章
平　等

ポイント

本章では政府の役割の1つである所得再分配について説明する。特に，政府が所得再分配を行う理由と，そのときの基準について説明する。はじめに所得不平等度の代表的な指標であるジニ係数を説明し，日本の所得再分配政策の効果についてみる。そして，代表的な社会厚生関数のもとでの，望ましい所得再分配政策について，理論的に考察する。

キーワード

所得再分配政策，ローレンツ曲線，ジニ係数，社会厚生関数，ロールズ型の社会厚生関数，功利主義型の社会厚生関数

1　所得再分配の理論の必要性

これまでみてきたように，政府の機能の1つは非効率な資源配分をもたらす市場の失敗を是正することであった。しかし，経済の資源配分の**効率性**が達成されていたとしても，所得分布が極端に偏っているような状況であったとすれば，生活の維持が困難な個人が現れるかもしれない。このような状況は，**公平性**が保たれていないことから，それを是とする人は多くないであろう[1]。すでに第9章で，累進課税，公的扶助，および社会保障制度などにより，我が国で所得再分配政策が行われている様子はみてきている。本章では，まず所得不平等度の指標であるジニ係数を紹介した上で，政府の所得再分配政策が日本の所得不平等度をどのように改善してきたかを説明する。

はじめに，与えられた所得分布を是正すべきと社会が考えるならば，政府による所得の再分配が必要となる。では所得分布の程度，すなわち所得格差はどのように測られ，また，どの程度，縮小すべきであろうか。所得の再分配後に完全に平等な所得分布となることが，社会にとって本当に望ましいも

のであろうか。本章の後半では、2つの代表的な社会厚生関数として功利主義型とロールズ型の社会厚生関数を例にとり、それぞれの社会厚生関数のもとでの望ましい所得再分配政策について、理論的に考察する。

2 所得不平等度の測定

所得不平等度を測る指標としてよく使われる指標は、**ローレンツ曲線**から導かれる**ジニ係数**である。はじめに、このローレンツ曲線について説明し、ジニ係数の計算方法を示した上で、日本の現状をみていくこととする。

2.1 ローレンツ曲線とジニ係数

ローレンツ曲線とは、所得の低い順に人を並べたときの累積人口割合を横軸方向にとり、その累積所得割合を縦軸方向にとった点をつなげたものである。ジニ係数は、このローレンツ曲線と以下で説明される**完全平等線**の間の面積により計算される。

具体的に、**図表 14 − 1** 上に示した所得水準の異なる、個人 A から個人 E の5人からなるケース1について考える。横軸上の累積人口割合 20%、40%、60%、80%、および 100% の各点に、所得の低い個人 A から順に個人 E までがそれぞれとられている（各人の人口割合は $(1 / (1 + 1 + 1 + 1 + 1) = 1 / 5 =) 20\%$ である）。点 a は、個人 A の累積所得割合である $(10 / (10 + 20 + 20 + 30 + 120) = 10 / 200 =) 5\%$、点 b は個人 B の累積所得割合である $((10 + 20) / 200 =) 15\%$ が縦軸上にそれぞれとられている。同様に、点 c、点 d、および点 e の縦軸方向の値は、25%、40%、および 100% となっている。これらの点 a から点 e までを順に結んだ実線がローレンツ曲線である。

次に、所得水準が全く等しい5人からなるケース2について考える。ケース1と同様の手順により、この場合のローレンツ曲線が、傾き1の直線（点線）で表される。これが完全平等線である。したがって、ローレンツ曲線が完全平等線から離れているほど、所得格差が大きくなっていることを意味している。

これに着目し、ローレンツ曲線と完全平等線で囲まれる X（図形 $Oabcdef$）

図表 14 − 1　ローレンツ曲線と完全平等線

（ケース1）所得格差が存在する

	所得	累積人口割合	累積所得割合
		0	0
個人 A	10	20%	5%
個人 B	20	40%	15%
個人 C	20	60%	25%
個人 D	30	80%	40%
個人 E	120	100%	100%

（ケース2）完全平等

	所得	累積人口割合	累積所得割合
		0	0
個人 A	40	20%	20%
個人 B	40	40%	40%
個人 C	40	60%	60%
個人 D	40	80%	80%
個人 E	40	100%	100%

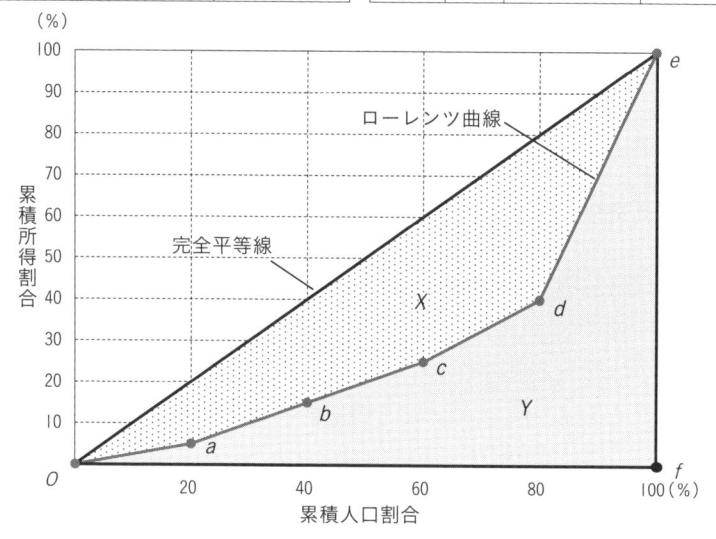

の面積の，完全平等線より下の $X + Y$（三角形 Oef）の面積に対する比を
とったものがジニ係数である。具体的には，以下の式で求められる。

$$ジニ係数 = \frac{X}{X + Y} = 1 - \frac{Y}{X + Y}$$

　ジニ係数は，完全平等であれば，X が0となるためジニ係数は0となり，
逆に1人がすべての所得を独占している場合は Y の面積は0となるため，
ジニ係数は1となる。このように，ジニ係数は0から1の間の値をとり，1
に近づくほど，より不平等であることを表す。**図表 14 − 2** の数値例におけ

るジニ係数の値は 0.46 となる [2]。

　注意すべき点は，同じ値のジニ係数を持つローレンツ曲線を複数描くことができる点である。たとえば，図表14 - 1において，点a，点b，および点cの累積所得割合が低く，点dの累積所得割合が高い場合にもケース1と同じジニ係数を得ることができる。この場合は，ケース1よりも，所得水準の低い人の所得割合が小さく，逆に所得の高い人の割合が大きくなっている。すなわち，所得割合に違いがあると，ジニ係数の大小だけで所得の不平等度を測ることは困難になる。このとき，所得割合の違いに注目した代表的な指標である，**所得が上位（下位）10%に集中する割合**や，年間所得の中央値の半分以下しか得ていない人口割合を表す**相対的貧困率**を用いることで，ジニ係数で把握できない部分を補完することができる。

2.2　日本の所得再分配効果

　最後に，日本の所得再分配効果を，ローレンツ曲線，およびジニ係数によりみていく。図表14 - 2より，日本において所得再分配政策がローレンツ曲線を完全平等線へと近づける効果，つまり，所得格差を縮小させる効果を有していることがわかる。具体的には，2014年の当初所得，および再分配所得のジニ係数は，それぞれ0.5704と0.3759となっており，ジニ係数が34.1%低下していることから，所得再分配政策が所得格差を縮小させていることがわかる。

　これらのジニ係数の大きさの通時的な変化をみたものが，**図表14 - 3**である。ここでは当初所得のジニ係数を（A），再分配政策後のジニ係数を（B）とし，さらに再分配政策の効果を3つの要素に分けて，各要素の効果がわかるように示している。（B-1）は再分配所得政策の効果を社会保障政策の効果についてみたもの，（B-2）は（B-1）に税政策の効果を加えたもの，そして（B-3）は，（B-2）に現物給付の効果を加えたものとなっている。これらのグラフから，当初所得のジニ係数は通時的に上昇しており，世帯間の所得格差が拡大しているものの，社会保障政策の所得再分配効果が最も強く働き所得格差の拡大が抑えられていることがわかる。実際に，2014年における所得再分配政策はジニ係数を34.1%減少させ，そのうち31.0%が社会保

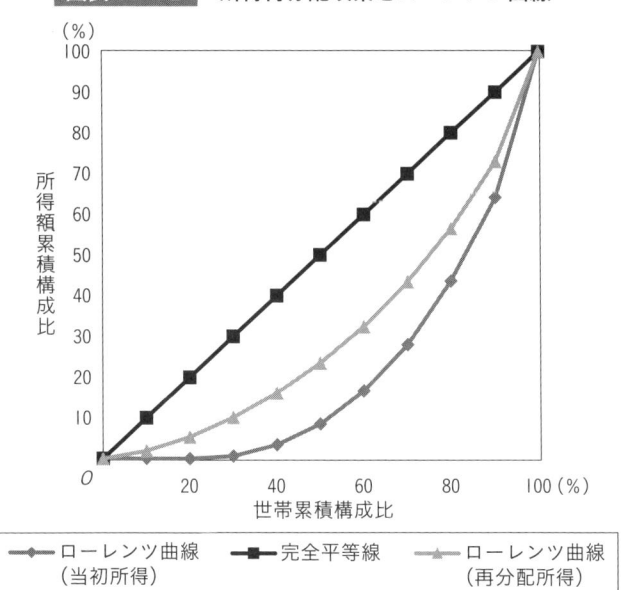

図表 14 − 2　所得再分配政策とローレンツ曲線

（出所）厚生労働省ウェブサイト「平成 26 年　所得再分配調査」。
　　　（https://www.mhlw.go.jp/file/04-Houdouhappyou-12605000-Seisakutoukatsukan-
　　　Seisakuhyoukakanshitu/h26hou.pdf：2018 年 8 月 30 日閲覧）

図表 14 − 3　所得再分配による所得格差是正効果

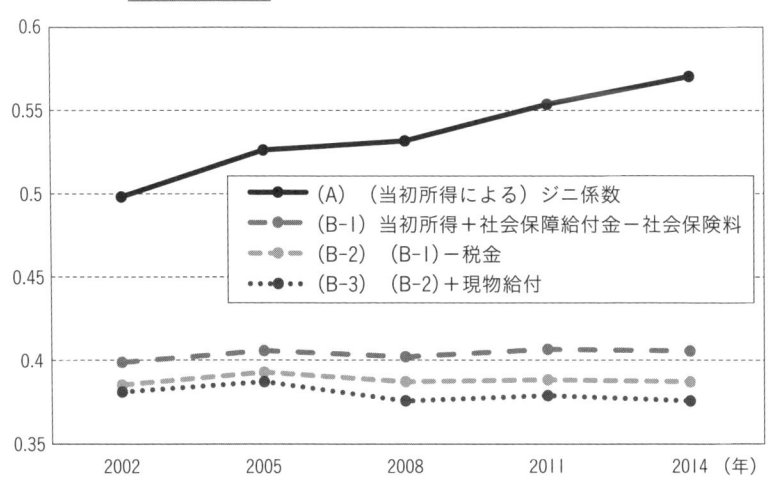

（出所）厚生労働省ウェブサイト「平成 26 年　所得再分配調査」。
　　　（https://www.mhlw.go.jp/file/04-Houdouhappyou-12605000-Seisakutoukatsukan-
　　　Seisakuhyoukakanshitsu/h26hou.pdf：2018 年 7 月 27 日閲覧）

障政策によるものであった。

3　所得再分配政策の判断基準

　それでは，所得再分配政策の望ましさは，どのように判断すべきだろうか。第9章で示されたような，「機会の平等」と「結果の平等」の必要性が存在する場合，過度な不平等は是正することが望ましいとされている。財政学，および厚生経済学では，平等の程度を測る基準として，パレート基準，および社会厚生関数を考えてきた。

3.1　パレート基準とその特徴

　パレート基準とは，パレート（Pareto, V. F. D.）が提案した，**パレート最適**，すなわち，社会において他の誰の効用も減少させることなく，自分の効用を増加させることができない状況を目指すことが望ましいとする基準である。一般的に市場の失敗が存在すれば，市場に任せておくと資源配分が非効率となるため，政府の介入によってパレート最適にできる限り近づけることが正当化される。

　しかし，パレート最適を達成する配分は無数に存在するため，どの状況を選択すべきかについては，パレート基準だけでは判断できないこととなる（章末の REVIEW ⑥参照）。そこで，所得再分配政策の政策判断には，別の基準が必要となる。

3.2　社会厚生関数

　財政学，および厚生経済学では，パレート基準で所得再分配政策の政策判断あるいは所得格差の望ましさを判断できない場合に，**社会厚生関数**を考えてきた。**図表 14 − 4** では，縦軸に個人 A の効用 U^A を，横軸に個人 B の効用 U^B を取っている。3つの実線は以下の 3.2.1 から 3.2.3 で説明する社会厚生関数に対応した無差別曲線をそれぞれ表している。この社会厚生関数は，一般的に次の3つの性質を満たしている。

　はじめに，社会厚生関数は個人の効用のみからなるという厚生主義を満た

している。たとえば，個人 A，および個人 B の 2 人からなる社会を考え，それぞれの効用関数を U^A，および U^B とすると，社会厚生関数は $W = W\,(U^A,\ U^B)$ と書くことができ，その社会全体の構成員の効用についての完全でかつ整合的な順序づけを行えることとなる。

第 2 に，社会厚生関数は各個人の効用水準の増加関数となるという性質を満たしている。そのため，個人 B の効用が一定であっても，個人 A の効用が増加すれば，社会厚生は増加する[3]。また，社会厚生水準が等しい個人の効用の組み合わせである社会的無差別曲線は負の傾きを有している（コラム 1 参照），すなわち，個人 B の効用が図表 14 − 4 の点 a から点 b へと減少すれば，個人 A の効用が増加しない限り，同じ社会厚生水準を維持することはできないことを意味している。

最後に，社会厚生関数は匿名性を持つという性質を満たしている。これは，社会厚生関数を構成する効用が誰のものであるかではなく，それらの大きさの組み合わせが社会厚生の水準を決定するというものである。この特徴により，社会的無差別曲線が 45 度線に対して対称的なものとなることが保証される。

以下，3 つの社会厚生関数が社会の不平等回避の度合いに依存して生まれることを，バーグソン・サミュエルソン型社会厚生関数，ロールズ型の社会厚生関数，および功利主義型の社会厚生関数に対応した無差別曲線をみることで確認する。

3.2.1 バーグソン・サミュエルソン型社会厚生関数

最も一般的な社会厚生関数である，バーグソン・サミュエルソン型社会厚生関数についてみる。この特徴は上の 3 つの性質に加え，不平等を回避するという性質を満たすことである。たとえば，点 c のように極端に個人 A の効用が高く，個人 B の効用が低い状態であるとする。この配分は点 b と同じ社会厚生水準上にある。ここで個人 B の効用を 1 単位増加させる，つまり $\Delta U^B = 1$ とすると，個人 A の効用を $\Delta U^A > 1$ だけ減少させても，社会での評価は無差別である。これは点 c のような不平等な配分では，社会的には個人 B の効用 1 単位の増加は個人 A の効用での 1 単位以上の価値があるこ

とを意味している（この傾きは，個人Bの効用1単位を個人Aの効用で測った価値を意味する）。この点bから社会的無差別曲線に沿って，さらに個人Aの効用を下げ個人Bの効用を上げると，個人Bの効用1単位の社会的価値が次第に小さくなることがみてとれ，結果として原点に対して凸の社会的無差別曲線が得られる。これは効用が高い人への社会的評価が相対的に低いことを意味し，平等な状況を社会はより評価することを表している。

3.2.2 功利主義型の社会厚生関数

ベンサム（Bentham, J.）は，社会厚生がその社会に存在するすべての個人の効用を合計したものとする，功利主義型の社会厚生関数を提示し，社会が生み出した所得は社会全体の幸福を最大化するように人々の間に配分されるべきであることを主張している。これは最大多数の最大幸福と呼ばれるものである。この考えに基づいて個人A，および個人Bのみからなる社会厚生関数を表すと，

$$SW = U^A + U^B$$

のように，社会厚生が個人の効用の和によって評価されることとなる。社会的無差別曲線は，任意の社会厚生水準を$\overline{SW}$とすれば，$U^B = \overline{SW} - U^A$の式で表される，図表14－4にある傾き1の右下がりの直線となることがわかる。すなわち，各個人の効用水準に依存して傾きが変わることがない。そのため，バーグソン・サミュエルソン型社会厚生関数とは異なり，不平等を回避する性質を持たない。

3.2.3 ロールズ型社会厚生関数

ロールズ（Rawls, J. B.）は，社会厚生は効用水準の最も低い人の効用のみに依存する，ロールズ型社会厚生関数を提示した。ロールズは，**原初状態**では，人々が社会における自分の地位や生来の能力がどのような位置にあるかを知りえないという**無知のヴェール**に覆われている状態であることを想定している。そのため初期時点で，将来に効用水準がどう変化するかがわから

図表 14 - 4　3つの社会厚生関数と効用可能性フロンティア

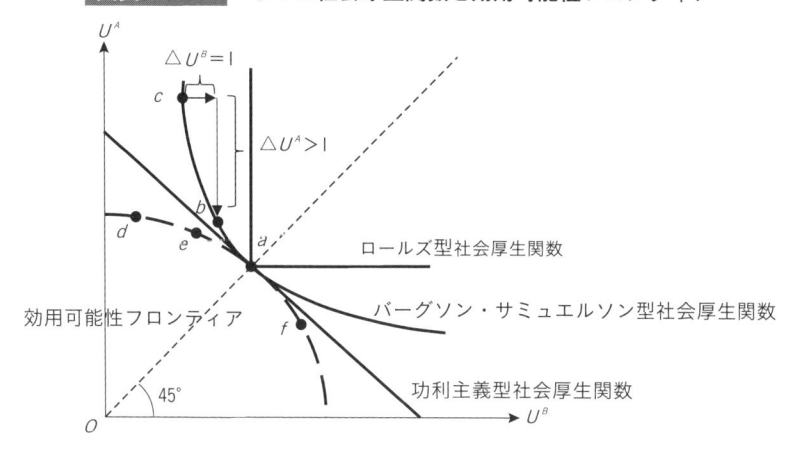

ないとすれば，それが低くなるリスクをできる限り抑えたいと考えることになる。これを**マキシミン**（maxmin）**原則**（最も悪い（min）状態にある個人を最もよい（max）状態にする）という。

　この考えに基づくと，個人 A と個人 B からなる社会のロールズ型の社会厚生関数は，

$$SW = min\ [U^A, U^B]$$

と表され，社会的無差別曲線は図表14 - 4にある 45 度線をはさんだ L 字型となる。45 度線より上の部分では，個人 A の効用水準が個人 B のものより高いものの，社会厚生水準は個人 B の効用水準と等しくなる。一方，45度線より下の部分では，個人 B の効用水準が個人 A のものより高いものの，社会厚生水準は個人 A の効用水準と等しくなる。したがって，ある個人の効用水準は変わらないもとで，片方の個人の効用水準が増加したとしても，この効用の増加は社会では評価されないこととなるという，極端に不平等を回避する性質を有していることとなる。

3.3　効用可能性フロンティアと社会厚生関数

　上で示した３つの社会厚生関数の下で，個人の効用のいかなる組み合わせが社会厚生を最大にするかについてみていく。図表14－4には，個人Aと個人Bが達成しうる効用水準の組み合わせを表した効用可能性フロンティア（章末のREVIEW ⑥参照）の下で，それぞれの社会厚生関数を最大化する点を描いている。

　効用可能性フロンティアは，個人Aと個人Bの限界効用が逓減的であれば，原点に対して凹となる。つまり，個人Aの効用が高く個人Bの効用が低い点dでは，個人Aの限界効用が小さく，個人Bの限界効用が大きいため，個人Aの効用を少し小さくするだけで個人Bの効用をかなり大きくすることができる。そのため，点dでは効用可能性フロンティアの傾き（より正確には，その点における接線の傾き）は小さくなっている。逆に点fでは，個人Aの限界効用が大きく，個人Bの限界効用は小さくなり，効用可能性フロンティアの傾きは大きくなっている。このように，個人Bの効用が大きくなるほど，効用可能性フロンティアの傾きも大きくなっていく，つまり，原点に対して凹となることがわかる[4]。

　それでは，この効用可能性フロンティアを制約として社会厚生水準を最大化する効用の組み合わせについて考える。ここでは議論の簡単化のため，個人Aと個人Bの無差別曲線は同一であり，効用可能性フロンティアは45度線に対して対称となっているものとする。まず，社会的無差別曲線は右上にあるほど社会厚生が高くなるため，点aが社会厚生水準を最大化する点となることがわかる[5]。さらに，ここでの例ではその点が45度線上にあることから，どの社会厚生関数を用いた場合でも，両者の効用について平等となることが望ましい。これは，所得再分配政策によって完全平等を目指すことが望ましいという理論的な根拠となる。

3.4　コストが存在する下での望ましい再分配政策

　上記の社会厚生関数と効用可能性フロンティアの下では，所得再分配政策を行うことで，完全平等を達成することが望ましいという政策的含意が生ま

れた。しかし，次のような所得再分配政策が効用可能性フロンティアを縮小させるケースの場合には，完全平等は望ましくない[6]。

　通常，所得再分配を通じて，パレート最適を維持しながら，効用可能性フロンティア上の効用の組み合わせを変えることができる。しかし，オークン（Okun, A. M.）は，平等化のための所得再分配は労働，および投資のインセンティブを低下させるコストを生み，また，最低賃金制といったメカニズムを通じた再分配政策も同様のコストを生むことを示している。このような所得再分配政策は非効率性（水漏れ）を生じさせることから，これをオークンは**水漏れするバケツ**（Leaky Bucket）と例えている。ここでのコストには，税，および社会保障の負担が大きくなることによる人々の労働や投資の意欲の低下，税の徴収，所得移転のための行政費用，および貧困層の自立，労働倫理への悪影響などが含まれる。

　たとえば，ここで高所得者のみが所得を得ており，その高所得者へ課税し，（所得を得ていない）低所得者へ再分配する政策を考え，さらにこのとき富裕層のやる気が低下する状況を考えるものとする。この状況を描いたものが**図表14－5**である。まず，再分配前の初期点は点 a となっており，そこか

図表14－5　効用可能性フロンティアが縮小する場合の所得再分配政策

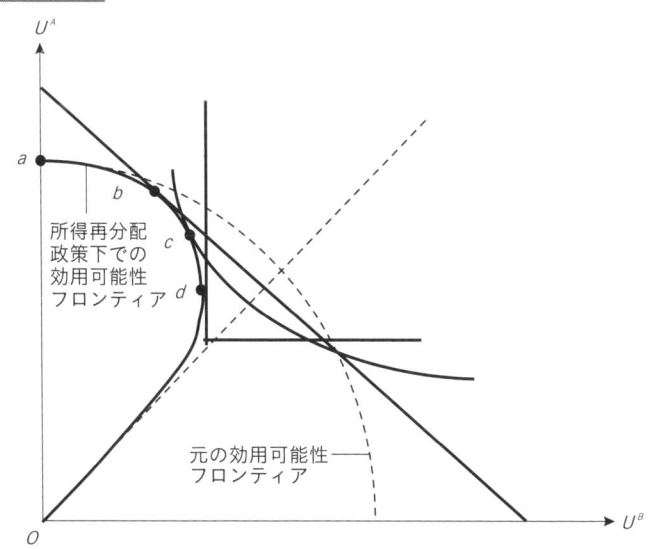

ら再分配が大きくなることで高所得者の労働意欲が低下することから，点 a から点 b，点 c，そして点 d と効用可能性フロンティアが縮小し，原点に向かって大きく曲がっている[7]。このような再分配のコストを考慮した効用可能性フロンティアの下では，これまで議論してきた3つの社会厚生関数によって導かれる望ましい効用の組み合わせは，前節で示されたような完全平等が望ましいわけではなく，異なる効用の組み合わせをもたらす所得再分配政策が望ましいものとなる。

まず，功利主義型の社会厚生関数の場合には点 b が選択される。これは最大多数の最大幸福を目指した効用の組み合わせとなっている。次に，ロールズ型の社会厚生関数の場合には点 d が選択される。これは高所得者である個人 A の効用水準がさらに減少するものの，個人 B にとって最も望ましい効用水準となるマキシミン原則から導かれた配分である。最後に，バーグソン・サミュエルソン型社会厚生関数の場合には，上の2つの社会厚生関数の中間の性質を有するため，点 c が選択される。

以上より，所得再分配政策にコストがかかる場合は，効用可能性フロンティアが内側へ縮小するため，完全平等な社会が望ましいものとはならず，社会厚生関数に依存して，望ましい再分配のあり方が決まることがわかる。

3.5 　社会厚生関数への批判

ここまで，社会厚生関数によって，その社会にとっての望ましい所得分配が決定されることが明らかにされた。しかし，この社会厚生の水準の評価について議論ができるのは，個人間の効用比較ができる場合に限られることに注意が必要である。

たとえば，功利主義型の社会厚生関数の場合には，社会のすべての個人の効用を合計する必要がある。これは，個人 A および個人 B の効用の増減を比較できていることが前提となっている。また，ロールズ型社会厚生関数の場合には，社会の最も効用の低い人の効用を最大化することになるため，その個人を決定する必要がある。

REVIEW⑥　パレート最適の考え方

　ここでは**パレート最適**が資源配分を最も効率的にする配分であることを示す。パレート最適とは，他人の効用を下げることなく自分の効用を高めることができない状態をいう。逆に，資源配分の変化が他人の効用を下げることなく，自分の効用を高めるように変化できれば，これは**パレート改善**と呼ばれる。

　これを**図表 14 − r1** を用いて説明する。経済には個人 A，および個人 B が存在し，x 財と y 財の 2 財を消費することで正の効用を得るものとする。なお，無差別曲線は単調性，推移性，および反射性を満たすものとする。

　図には点 a から点 e までの 5 つの消費点が描かれている。たとえば点 a では，両個人が，$((x_a^A, y_a^A), (x_a^B, y_a^B))$ の消費を行っている。個人 A の原点は O_A であるため，無差別曲線が右上に行くほど効用水準が高くなり，また個人 B についてはその逆となっている。ここで描かれている図は**エッジワースボックス**と呼ばれる。

　ここでは点 a を再分配前の消費の初期点として，点 b から点 e までの各点へ移動させたときに，両個人の効用にどのような変化が生じるかを考

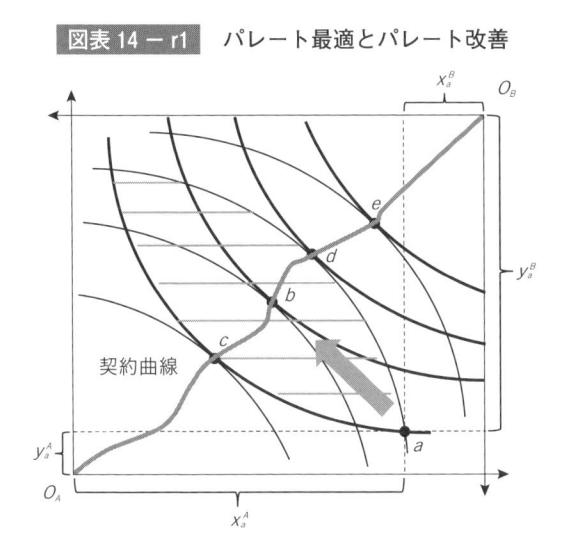

図表 14 − r1　パレート最適とパレート改善

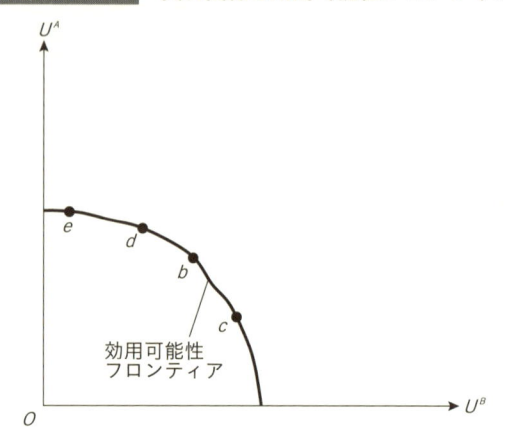

図表 14 — r2　契約曲線と効用可能性フロンティア

える。点 a から点 b への移動では，両個人が効用を高めていることから，パレート改善が生じていることがわかる。点 a から点 c への移動は，個人 A の効用を変化させないものの，個人 B の効用を高め，また，点 a から点 d への移動は，個人 B の効用を変化させないものの，個人 A の効用を高める。ここで点 d からさらに個人 A の効用を高めるように点 e まで移動させたとする。このとき個人 B の効用が減少していることから，パレート改善とはなっていない。したがって，点 a を通る両個人の無差別曲線で囲まれた斜線部（これは**コア**と呼ばれる）に移動したときにパレート改善が生じていることがわかる。また，いったん点 a から点 b，点 c あるいは点 d に移動すれば，そこからさらに効用を高める点はない。したがって，点 b，点 c，および点 d は，他人の効用を下げることなく，自分の効用を高めることができない状態であるため，パレート最適な点といえる。このとき個人 A，および個人 B の無差別曲線が接している。

　このように無差別曲線が接する点は，エッジワースボックスの中に無数に存在する。この無数の点をつなげたものは**契約曲線**と呼ばれる。この契約曲線を，縦軸，および横軸に個人 A，および個人 B の効用水準をそれぞれ取った図上に描いた曲線を**効用可能性フロンティア**と呼ぶ（図表 14 — r2）。個人 A の効用が高まるほど個人 B の効用が減少するため，効用可能性フロンティアは一般的に右下がりになることがわかる。

●注

1 効率性と公平性にはトレードオフが発生することがある。これについては，第1章を参照。
2 図表14−2のジニ係数は，$1 − ((Yの面積)/(X + Yの面積)) = 1 − 0.27/0.5$ で求められる。
3 ここでの増加の意味には，変化が0の場合も含む弱い意味の増加を意味している。つまり，個人Aの効用が増加したとしても，社会厚生の変化が0（減少しない）場合も含んでいる。
4 効用可能性フロンティアは，限界効用が逓減的であるという仮定を外せば，原点に対して凹型には必ずしもなるわけではない。
5 効用最大化問題における制約である予算制約と同様に，効用可能性フロンティアが制約となって，社会厚生関数を最大化する効用配分を考える問題となる。
6 社会厚生において各家計の効用の評価が異なるケースでも，完全平等が望ましいとはならない。
7 45度線より右下の領域では，個人Aよりも個人Bのほうが再分配により個人の効用水準が高くなるため，個人Aの労働意欲には急激な低下などがみられることから，その領域に効用可能性フロンティアが描かれていない。

●引用・参考文献

小川光・西森晃［2015］『公共経済学（ベーシック＋）』中央経済社。
柴田弘文・柴田愛子［1988］『公共経済学（スタンダード経済学シリーズ）』東洋経済新報社。
畑農鋭矢・林正義・吉田浩［2015］『財政学をつかむ 新版（テキストブックス［つかむ］）』有斐閣。
林正義・小川光・別所俊一郎［2010］『公共経済学（有斐閣アルマ）』有斐閣。
P. -O. ヨハンソン著，金沢哲雄訳［1995］『現代厚生経済学入門』勁草書房。

第15章
政治経済

ポイント

本章では，時に社会的に望ましい政策が採用されない理由を，選挙，官僚制度，および利益集団による行動という3つのポイントに分けて説明する。民主的な政策決定が多数決によってもたらされる理由，および利益集団と官僚の行動が社会全体にとって望ましい公共政策を採用させない可能性を生む理由が明らかにされる。

キーワード

直接民主主義選挙，中位投票者定理，コンドルセ法，政府の失敗，官僚行動，利益集団，レントシーキング活動

1 財政学と公共選択

第1章において示されていたように，政府が市場へ介入する理由の1つは，市場の失敗を克服し，経済を望ましい状態へと移行させることにある。しかし，政府の経済活動の中で，汚職，贈賄などがみられるように，政府の政策決定が常に経済全体にとって望ましいものとなるとは限らない。このような理論と現実のギャップを埋めるために，政策決定過程において，政治家・官僚の行動，選挙のメカニズム，および利益集団による政治的圧力がどのような影響を与えるのかを分析する必要がある。この政治メカニズムを明らかにする研究分野は**公共選択**（Public Choice）または**政治経済学**（Political Economics）と呼ばれる。これらの研究が明らかにしてきたことは，必ずしも社会的に望ましい選択が政府によって行われるとは限らないということであった。

図表15－1は，政策決定のプロセスの一例を示している。たとえば，社会全体にとって望ましい政策がわかっているとする。このとき，以下の2つ

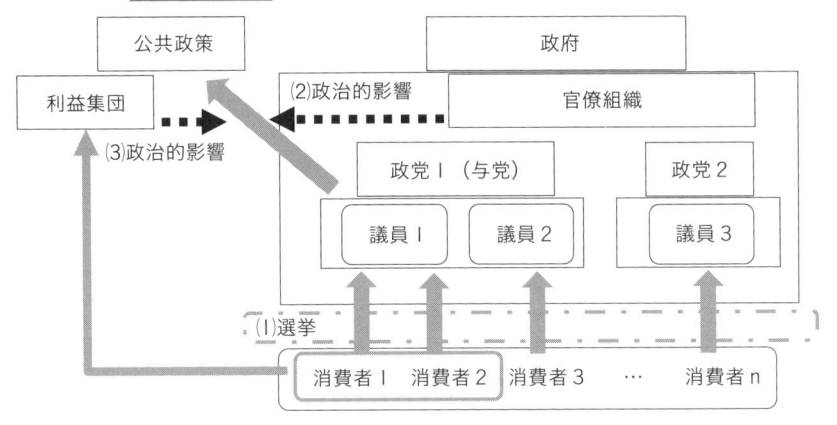

図表 15 - 1　政策の決定プロセス（間接民主主義の例）

の点は重要である。第1は，社会全体にとって望ましい政策であっても，1人1人の個人にとってはそれが必ずしも最も望ましい政策とは限らないということ，第2は，政策決定は，多段階の政治プロセスを経て行われるということである。図表15－1は，(1)**選挙**，(2)**官僚**，および(3)**利益集団**という政治経済主体の行動が政策決定の各段階で影響を与えることをそれぞれ示している。(1)は，国民から政治家が選挙によって選ばれることを示している。日本のような間接民主主義国では，国民の代表者として選ばれた政治家が，国民の選好を政治に反映させようとする。(2)は，政治家が政策を決定する際に，省庁に属する官僚の行動に影響を受けることを意味している。官僚の目的が社会的に望ましい政策を行うことになく，省庁に割り当てる予算を大きくすることとすると，国民の選好が反映されない可能性がある。(3)は，国民が利益集団を形成し政治家に対して政治的圧力をかける**ロビー活動**が政策に影響を与える状況を表している。このロビー活動により，特定の利益集団の利益に偏った政策がとられる可能性がある。

2 選 挙

　民主主義社会においては，どのような政策であっても，それが実施される
ためには，集合的意思決定のルールに基づき，提案，および審議が行われて
政策が決定される。集合的意思決定のルールとは，社会を構成する個人の政
治についての選択を集計することで社会全体の政治的意思を決定する，一連
の手続きや規則のことをいう。

　また，民主主義社会が政治についての選好を表明する方法には，**直接民主
主義**，および**間接民主主義**の2つの方法がある。直接民主主義は，個人が政
治的意思決定に直接参加する政治制度のことを，および間接民主主義は，個
人が代表者を選出し，代表者に政治的意思決定を委任する政治制度のことを
いう。

2.1　選挙制度

　個人がその代表者を選出する選挙制度を分類する際には，選挙区の定数，
投票方式，および代表制の3つから捉えるべきである。まず選挙区の定数に
ついては，各選挙区で選出される議員の数によって小選挙区制，および大選
挙区制に分けられる。小選挙区制では全選挙区の定数が1であり，大選挙区
制では1つの選挙区から複数の議員が選出される。次に投票方式については，
単記投票制，および連記投票制に分けられる。前者の単記投票制は，投票用
紙に1名の候補者名を，また後者の連記投票制は，複数の候補者名を投票用
紙に書く投票方式である。3つ目の代表制とは，選出される議員が各選挙区
の何を代表しているかということを表すものをいい，多数代表制，および比
例代表制の2つがある。多数代表制は，選出される議員にその選挙区の有権
者の多数派の意思を代表させる制度であり，比例代表制は大選挙区全体の議
席数を各党の得票率に比例するように配分することで，政党にまたは政党か
ら選出された議員に有権者の意思を代表させる制度をいう。

2.2　日本の国政選挙の歴史

　次に，日本の間接民主主義に関する国政選挙の歴史についてみていく。日本では1889年に，貴族院，および衆議院からなる帝国議会において，代議制民主主義制度として初めて，衆議院議員を選ぶための選挙が行われた。選挙権は25歳以上の男子のうちで1年以上の居住要件を満たし，直接国税を15円以上納税しているものにのみ認められていた。定数は300議席であり，原則，小選挙区であった。1890年には衆議院議員選挙法が改正され，大選挙区・単記投票制を導入した。選挙権は，納税要件が10円以上に引き下げられた。定数は376議席で，1選挙区当たり最大13人（最小は1人）であった。

　1925年の衆議院議員選挙法の改正では，納税要件が撤廃され，女性には認められなかったものの25歳以上の男子に選挙権が認められ，この意味で日本において初めての普通選挙が行われた。定数は466議席で，3人から5人の大選挙区制（日本では中選挙区制と呼ばれる）をとっていた。1945年，衆議院議員選挙法が改正され，20歳以上の男女に選挙権が認められるようになった。定数は468議席であった。

　1947年の日本国憲法の成立に伴い，中選挙区・単記投票制に改められ，4月20日に参議院における第1回通常選挙が実施された。定数は250議席であり，すべての議席について選挙が行われた。その後，1950年に現行の公職選挙法が制定され，2016年には18歳以上の男女に選挙権が与えられた。

　このような形で日本では，国政選挙について，日本国憲法に基づいて選挙が行われ，選出された議員が政治を行うという意味で，間接民主主義（または代議制民主主義）を採用しているといえる。

　他方で，直接民主主義は，地方自治特別法の制定に関する住民投票，憲法改正に関する国民投票，および最高裁判所裁判官の国民審査に認められ，国民が直接的に投票によって意思決定を行うことができる[1]。したがって，国政選挙以外の政策決定も鑑みれば，日本は間接民主主義を基礎としつつ，一部に直接民主主義を採用して社会全体の意思決定を行っているものといえる。

2.3　投票の理論

本節では，直接民主主義，および間接民主主義における集合的意思決定ルール，および投票理論を学ぶ。はじめに直接民主主義において選挙を通じた政策決定の理論を，次に間接民主主義において二大政党制のもとでの政策決定の理論を学ぶ。

2.3.1　直接民主主義に関する公共選択の理論

直接民主主義において，投票によって政策を決定する状況を考える。経済には n 人存在し，政策への賛成票を y とする。投票による政策決定ルールには全員一致ルール，条件付き多数決ルール，多数決ルール，および少数決ルールが考えられる。

全員一致ルールは，n 人全員が賛成するとき（$n = y$ のとき）に政策が採用されるルールをいう。これは全員の効用を高めるか少なくとも下げることはないという意味でパレート改善となることが期待できる。**条件付き多数決ルール**とは，ある一定数の賛成を必要とするルールをいう。**多数決ルール**は過半数（$y \geq (n + 1) / 2$）の賛成が，3分の2ルールは全体の3分の2（$y \geq (2/3) n$）の賛成がそれぞれ必要となる。最後に**少数決ルール**とは，n 人のうち過半数以下であっても，一定数の賛成があれば意思決定されるルールをいう。たとえば，全体の3分の1（$y \geq (1/3) n$）の賛成があれば，政策が採用される。全員一致ルール以外のルールは，賛成したグループにとってのみパレート改善となり，必ずしも社会全体のパレート改善を可能にさせるものではない。

以上のルールのうち，どれが望ましいものであろうか。ブキャナン（Buchanan, J. M.），およびタロック（Tullock, G.）は，意思決定を行う際に，2つの費用を考える必要があるとしている。第1は，人数が多いほど集団での合意に至るまでの労力，および時間を必要とする費用を意味する**意思決定費用**である。第2は，人数が少ないほど，少数で意思決定した場合に，その決定に反対する人々が従わなければならないという費用を意味する**政治の外部費用**である。これらの2つの費用の総和が最も小さくなるのが条件付き多

数決ルールであることから，それが望ましいものと考えることができる。

2.3.2 直接民主主義における多数決(1)：コンドルセ勝者と投票のパラドックス

多数決による意思決定ルールが正しいと考えたうえで政策を決定しようとしても，意思決定ができないケースが存在する。これを**投票のパラドックス**（または**コンドルセのパラドックス**）という。

いま政府が，ある政策の水準とそれに伴う税負担の水準について，低水準・低負担のケース L，中水準・中負担のケース M，および高水準・高負担のケース H の3つのケースを住民に選択させるための投票を行うことを考える。ここで住民は選好によって同規模の3つのグループ（A，B，および C）に分かれており，**図表 15 − 2** のような順序の選好をそれぞれのグループが有しているものとする。

ここで，社会全体にとって望ましい選択肢を多数決で選ぶものとし，その際，任意の2つの選択肢を比べて，投票者の過半数から好まれるほうを勝ち残りとしていく方法をとるものとする。どの選択肢をどの順序で比べても選ばれる選択肢を**コンドルセ勝者**と呼び，コンドルセ勝者を選ぶ方法を**コンドルセ法**と呼ぶ。

はじめに，ケース L とケース M を比較すると，L に（A と C から）2票，M に（B から）1票が入るため，L が選ばれる。次に，選ばれた L と H を比較すると，L に（A から）1票，H に（B と C から）2票が入るため，最終的に，H が選ばれることとなる。

今度は，ケース M とケース H の比較から始めると，M が選ばれる。次に，選ばれた M と L とを比較すると，L のほうが得票数が多くなることから，

図表 15 − 2　**政策に関する選好順位**

	A グループ	B グループ	C グループ
1位	L	M	H
2位	M	H	L
3位	H	L	M

最終的に L が選ばれる。最後に，ケース L とケース H の比較から始めた場合には，まず H が選ばれ，さらにこの選ばれた H と M を比較すると，M のほうが得票数が多くなることから，最終的に M が選ばれる。

したがって，図表 15 - 2 の例では，選択肢を比較する順序によって最終的に選ばれる選択肢が変わってしまうため，コンドルセ勝者を選ぶことができない。すなわち，この投票のパラドックスが存在する場合は，政府の選択肢を提案する順序によって，多数決投票であっても政府の望む選択肢が選ばれるよう操作できてしまい，国民の意思が投票によって政策に反映されないこととなる。

2.3.3 直接民主主義における多数決(2)：中位投票者定理

消費者の選好の順序について，頂点が 1 つであるという条件（**単峰性**）が存在すればコンドルセ勝者が存在し，そのとき中位値にいる投票者である**中位投票者**の選好に従った選択肢が選ばれ，投票のパラドックスが生じないことが明らかにされている。これを**中位投票者定理**という。

図表 15 - 3 の左図は，横軸に税負担の大きさを，縦軸に選好順序をとり，図表 15 - 2 を図示したものである。これに対し，図表 15 - 3 の右図は，グループ C の選好順序だけ，高いものから順に H，M そして L とした場合を

図表 15 - 3　中位投票者定理が成立しないケースと成立するケース

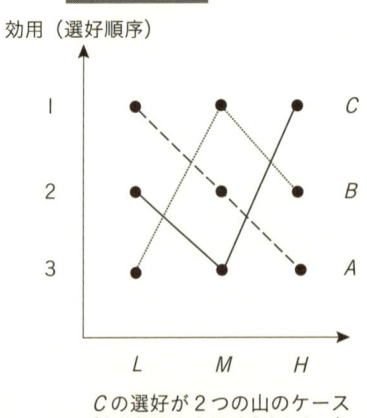

C の選好が 2 つの山のケース
（中位投票者定理が成立しない）

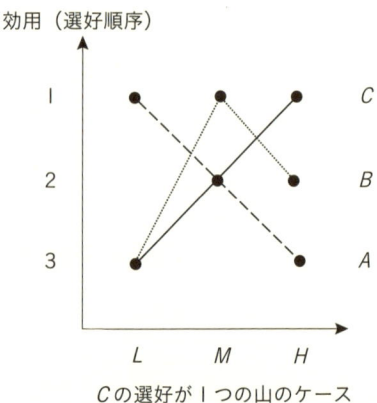

C の選好が 1 つの山のケース
（中位投票者定理が成立する）

図示したものである。先にみたように，左図ではコンドルセ勝者が決定されなかったのに対し，右図では，常にMがコンドルセ勝者として選択される。これは左図ではグループCの選好に2つの山があるのに対して，右図では1つの山しかない，すなわち単峰性が満たされているためである。したがって，多数決においては単峰性が満たされれば，中位投票者の選好するものが選ばれることがわかる。

2.3.4 間接民主主義に関する公共選択の理論

前節までにみた直接民主主義による政策の選択機会は，現実の経済では少ない。多くの場合には，間接民主主義のもとで，国民や住民が選んだ議員が議会で彼らの意見を反映し，政策に関する集合的意思決定を行っている。

⑴年代別投票率と投票理論

有権者である国民は，自らの意思を政治に反映させる議員を選出したほうが望ましいにもかかわらず，投票率は100％には至らない。**図表 15 − 4** は衆議院議員総選挙における年代別投票率の推移である。これより，恒常的に，

図表 15 − 4　衆議院議員総選挙における年代別投票率の推移

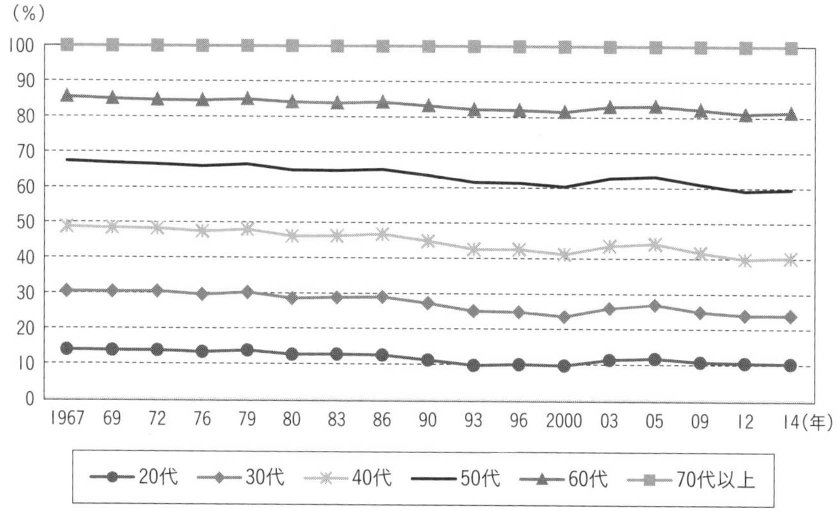

（出所）総務省ウェブサイト。
　　　（http://www.soumu.go.jp/senkyo/senkyo_s/news/sonota/nendaibetu/：2018 年 8 月 10 日閲覧）

20代，30代という若い世代の投票率が低く，高齢世代のものが高いことがわかる。

有権者の投票行動に関する研究は，ダウンズ（Downs, A.）によって始められた。そこでは，各有権者が，投票することから得られる期待便益と投票にかかる費用とを比較することで投票を行うか否かを決定することを明らかにした。

前者の投票行動による有権者の期待便益は2つ存在する。第1は，投票を行うことが選挙結果に影響を与えうると期待する便益である。第2は，候補者の応援から得られる便益や，投票することで義務を果たすとする満足感などの投票行為そのものから得られる便益である。他方で，後者のそのときの費用は，投票行為そのものにかかる時間コスト，労力，および情報収集コストなどがある。以上から，もし期待便益が費用を上回れば投票し，逆に下回れば投票を棄権すると考えることができる。

ここで，若い世代の投票率が低い理由を考える。第48回衆議院総選挙全国意識調査（2018年）によれば，20代から30代の選挙の棄権理由の上位2つは「選挙にあまり関心がなかったから」，および「仕事があったから」であった。ダウンズの考え方に照らせば，投票行為からの期待便益が小さく，仕事に行けないために賃金を失うという機会費用が高いことから，投票を棄権した可能性が高いと説明できる。この投票率を高めるためには，投票すると奨励金を与える，あるいは投票を棄権すると罰則を与えるなど，投票からの期待便益を高める，あるいはその費用を低くするような方法が考えられる。実際，オーストラリアでは正当な理由なく棄権した人には罰金が義務づけられており，1925年以降，連邦議会議員選挙における投票率は90％を下回ったことがない。

(2)間接民主主義における政策の決定

ここでは選出された議員による政策決定過程について議論する。2つの政党 J と政党 K が政権を求めて競争をしており，各政党は政策の水準に関する公約を提示することで得票数をできる限り大きくするように行動するものとする。**図表 15－5** では，横軸に政策の水準を，縦軸にその政策水準を望む有権者の数をとり，政策の水準は，最も低い水準を0，最も高い水準を1と

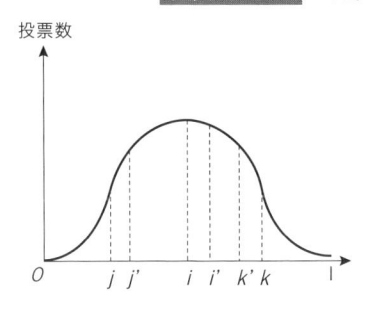

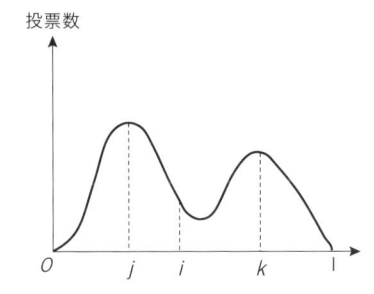

図表 15 − 5 政策に対する投票数の分布

している。

　まず，図表15 − 5の両図において，当初，政党Jが政策jを，政党Kが政策kを公約しようとしていたとする。有権者は自分の望む政策水準に近い政党に投票するものとする。このとき，低い政策水準を望む有権者から順に並べたときの，中間に位置する有権者が存在する政策水準をiとすると，政党Jは0からiまでを，政党Kはiから1までの票を獲得できる。そこで政党Jが得票数をより増やすために政策j′へと公約を変えるとすると，0からi′までの票を獲得できる。そのため，政党Kは政策k′を採用し，これに対抗しようとする。このプロセスを続けると，最終的には両政党の公約はiとなり，得票数を高めるためには中位投票者の望むものを掲げることになってしまう。また，この結果は有権者の分布に依存しないことが両図から理解できる。

　しかし，先に学んだような有権者の投票への棄権を考慮に入れると各政党の公約は政策に関する有権者の選好分布に影響を受ける。たとえば，各政党の公約が，ある有権者の望むものと離れた公約であったとしよう。この場合，その有権者にとっては得られる便益が小さくなるために投票する誘因が小さくなる。これは**疎外による棄権**と呼ばれる。次に，このような疎外による棄権がある場合に各党の最終的な公約がどのように決まるかを考えてみよう。

　図表15 − 5の左図のように，全有権者の政策への選好分布が単峰性を満たすケースにおいては，政党J(K)は当初の政策j(k)の左側（右側）部分の投票数が少ない。有権者の棄権が予想される場合，政党J(K)は，左側（右

側）の有権者からの投票を捨て，右側（左側）からの投票を手に入れるように公約を移動させる。したがって，このケースでは中位投票者 i の選好する政策を両党は提案する。

　他方で，図表 15 − 5 の右図のような政策への単峰性を満たさないケースは異なる政策が提案される。たとえば，政党 J，および政党 K が中位投票者の選好する政策 i を提案したとしよう。このとき，0 から j（k から 1）までの個人が投票を棄権した場合，政党 $J(K)$ にとっては，i を提案することは望ましい公約ではない。この場合は，有権者の政策に対する選好の分布に従って，政党 J，および政党 K にとってそれぞれ最大得票数を獲得できる，政策 j，および k を提案することが望ましいこととなる。

3 政府の失敗

　本節では，図表 15 − 1 で示された政策決定プロセスのうち，官僚，および利益集団の行動が政治家の政策の決定に影響を与えることで社会にとって望ましい政策が採用されないことを意味する**政府の失敗**についてみる。この政府の失敗は，市場の失敗を修正すべき政府において，官僚や利益集団の利己的動機に基づいた行動から生じるものである。

3.1 官僚行動

　官僚は政府の決定する政策を実質的に実行する組織であり，公正無私に行動することが要請されている。具体的には，政治家の決定した政策を実行する，あるいは政策立案に関する情報提供や助言を行うことなどが，官僚の果たす本来の役割である。この意味では官僚が政策に影響を及ぼすことはないと考えられるかもしれない。

　ニスカネン（Niskanen, W. A.）は，官僚自身も公正無私に行動するわけではなく，別の目的を持って行動すると考えることで，現実の政策決定を説明できるとした。具体的には，官僚は，所得からの効用だけでなく，権力や威信などからも効用を得るものと考える。この権力や威信は，所属する省庁が存続するために官僚が予算を確保することで，それに尽力した官僚に与え

られる。さらに官僚は事業の受注や補助金の供与を通じて業者・関係団体との繋がりを作り，天下り先のポストを用意することもできる。これらから，確保する予算の大きさは官僚の効用に含まれると考えられる。

　そこで，ニスカネンモデルでは，官僚は自分の所属する省庁の予算を最大化するように行動することとし，その専門性から，政治家に比べて政策の費用に関して情報優位にあり，政治家は真の費用を知らないことが仮定されている。そして，これらの要因が公共サービスを過大に提供するなど，政策を歪ませる源泉になると考えられている。

　図表 15 − 6 は，このニスカネンモデルを図示したものである。上図には

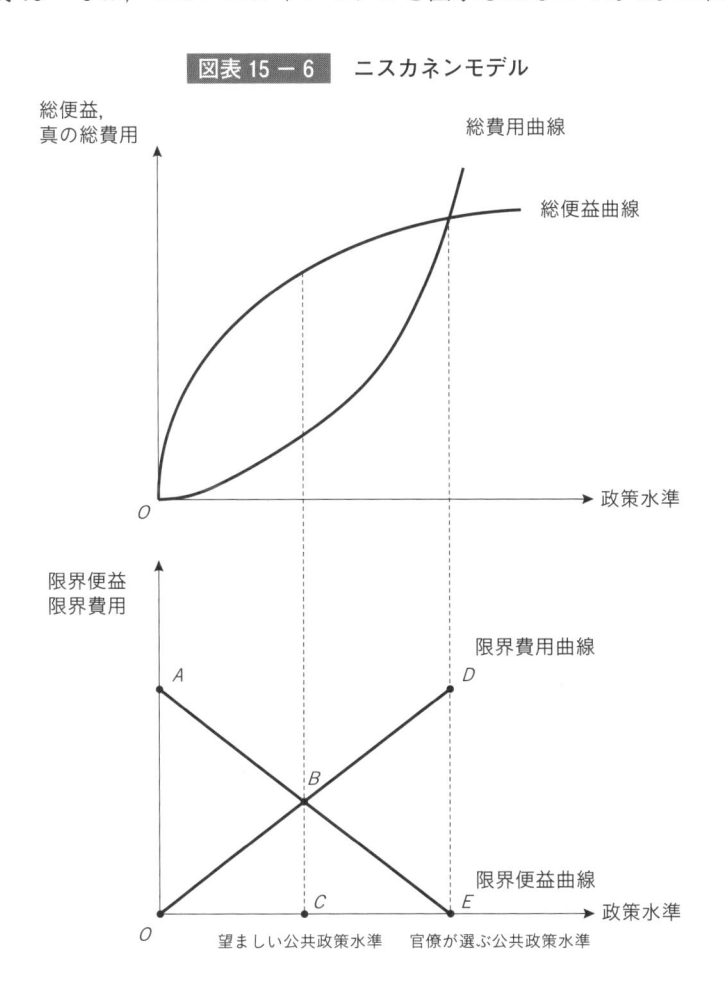

図表 15 − 6　ニスカネンモデル

政策によって国民が受け取る便益が総便益曲線として，また官僚だけが知る政策実行のための真の費用が総費用曲線としてそれぞれ表されている。下図は総便益曲線に対応した限界便益と，総費用曲線に対応した限界費用を表す曲線がそれぞれ描かれている。

　はじめに社会にとって望ましい政策水準は，総便益から総費用を引いた純便益が最大になるところであることに注意が必要である。これは下図 $ABCO$ で囲まれる総便益から，三角形 OBC で示される総費用を引いた ABO で表されている。官僚が政治家に総費用曲線を伝えることができればこの政策が採用されるが，官僚の目的が獲得予算の最大化である場合，純便益が負とならない限りにおいて費用を最大にする，すなわち総便益曲線と総費用曲線が交わる（または予算が均衡する）ところで政策が行われるように総費用を偽り，政治家を誘導する。このとき，官僚の目的は達成される一方，社会にとっては三角形 ABO から三角形 BDE を引いた大きさである純便益は 0 となる。これは望ましい政策水準に比べて純便益が小さい。すなわち，官僚の予算最大化行動によって，過大な水準の政策が実行されることを意味している。

3.2　利益集団の行動

　政策について，個人が職業によるもの，または生活に関するもので共通の利益を持つ集団を組織するとき，それを**利益集団**と呼ぶ。利益集団は政府の採用する種々の政策に対し，自らの利益を追求するために政治家に働きかける，すなわち，**ロビー活動**を行うことができる。

　経済的な目的を追求する代表的な利益集団には経済団体，労働団体，および農業団体がある（久米ほか［2011］）。このうち経済団体には，経済団体連合会（経団連），日本商工会議所（日商），経済同友会（同友会），および関西経済団体連合会（関経連）があり，そのうち経団連は日本の代表的な企業1,376 社，および 156 の業界団体からなっている（2018 年 7 月現在）。労働団体は，企業別組合を基本単位として，企業単位で組合を作る企業別組合が存在し，さらに企業ごとにまとまって産業別組合を作っている。この労働組合の頂上団体には，日本労働組合総連合会（連合），全国労働組合総連合

（全労連），および全国労働組合連絡協議会（全労協）が存在する。そのうち連合における加盟組合員は，約700万人，48の産業別組織が存在する（2017年10月現在）。農業団体は，各市町村レベルに存在する農協を基本単位とした団体であり，これが県レベルで連合会を組織化している。さらに全国組織として，全国農業協同組合中央会（全中），農林中央金庫（農林中金），および共済連合全国本部などを組織化している。これらのすべての組織をまとめて農業協同組合，あるいはJAと呼ぶ。JAの会員数は652団体である（2018年10月現在）。

　利益集団の行動が資源配分に与える影響についての分析には，(1)集団規模と利益集団の圧力のかけ方，(2)政治献金活動，および(3)利益集団のレントシーキング活動についてのものが存在する。

3.2.1　集団規模

　オルソン（Olson, M.）は，利益集団の政治的活動であるロビー活動は公共財であることに注目し，個人が**フリーライド**（ただ乗り）の誘因を持つこと，そして集団を構成する個人の数が多いほど組織化しにくいことを指摘した。利益集団が政治家に働きかけるには，そのための労力，時間コスト，および利益集団を維持するための会費などの費用が必要となるものの，その便益は，政策が利益集団に有利なものに変わるという形で，集団全体にもたらされる。その集団に属する個人は，自分で費用をかけてロビー活動をしなくても，他の構成員の活動によって便益を得ることができるため，フリーライドする誘因が生じる。特に，その集団に属する構成員が多いほど，その誘因が強まり，利益集団を構成することが却って難しくなってしまう。これを**集合行為問題**と呼ぶ。これとは逆に，利益集団の規模が小さいとき，1人1人の政治活動が結果を大きく左右するため，集合行為問題は発生しにくくなる。

　この集合行為問題が存在するものの，先に示した通り，実際には大規模な利益集団が政府の税あるいは賃金政策に働きかけることは少なくない。この理由として，共通の利益を持つものに強制加入させる仕組み，利益団体加入者だけに利益となる（非加入者には損失となる）仕組み，すなわち，加入者に限定して利益が配分される仕組みが存在することが挙げられる。

3.2.2 政治献金

利益集団は，政治家や政党に対して政治献金を行うことで，当該政治家の当選確率を高めることができる。この政治献金によって当選した政治家や政党はその利益集団に有利になるような政策を採用することとなる。

グロスマンとヘルプマン（Grossman and Helpman, 1994）は，利益集団の政治献金によるロビー活動が政策を誘導するモデルを構築し，政府が社会的に望ましい政策を必ずしも採用しないことを明らかにした。彼らのモデルは以下のとおりである。

はじめに政策 i を採用したときの政治家の利得 G_i は，社会厚生関数 SW_i と利益集団が拠出する政治献金額 C_i に依存して

$$G_i = SW_i + \gamma C_i \tag{15-1}$$

のように与えられるものとする。ここで $\gamma > 0$ は政治家が政治献金を重視する程度を表すパラメータである。

(15-1)式は，政治家が必ずしも SW_i を最大にすることのみを目的に行動をしないことを意味している。その理由は，政治献金額が大きいほど次期も当選できる可能性が高いと考えるためである。しかし，政治献金を受け取る以上，政治献金を拠出した利益集団が望む政策を採用する必要がある。

次に利益集団は，ある政策を採用させることで追加的に得られる便益 ΔB が政治献金を拠出することによる追加的な費用 ΔC を上回る限り，政治献金の拠出による純便益,

$$\Delta NB = \Delta B - \Delta C \tag{15-2}$$

を最大にするように政治献金を行う。

では，これら2つの式からなる政治家と利益集団の関係が，なぜ社会的に望ましい政策を政治家に選択させないかを具体的にみていく。例として，政治献金により法人税率を引き下げるケースを考える。下付き文字 T を法人税率引き下げ政策の採用時の変数を表すものとすると，政治家の利得 G_T は,

政治献金を受け取ることができるため，$G_T = SW_T + \gamma C_T$ となる。一方，社会的に望ましい税政策を採用したときには，政治家は政治献金を受け取ることができないため，政治家の利得関数は，$G_* = SW_*$ となる（＊は，社会的に望ましい政策を採用したときの変数を表す）。したがって，政治家は，$G_T - G_* \geq 0$ であれば法人税率引き下げ政策を採用する。利益集団がこれを成立させる，すなわち，$SW_T + \gamma C_T \geq SW_*$ となるように政治献金額を決定し，かつ，そのとき(15-2)式で表される利益集団の純便益が正，つまり $\Delta NB > 0$ であれば，政治献金を拠出することが政治家とその利益集団の両者にとって望ましいこととなる。このとき政治家は，法人税率引き下げ政策を採用し，社会厚生の最大化が実現できないことになる。

　このように，利益集団は政治献金を利用することで，自らにとって望ましい政策を政治家に採用させることができる。この状況をグロスマンとヘルプマンは，政治献金によって**政策を買う**と呼んでいる。

3.2.3　レントシーキング

　タロック，およびクルーガー（Krueger, A.）は，政府から利権や既得権益という政治的レントを勝ち取るために利益集団が行う活動を**レントシーキング活動**と呼び，これによる資源の浪費が社会的費用をもたらすことを示した。具体的には，ある市場において，国内産業保護や財・サービスの安定的な供給のために，政府が参入規制をすることが挙げられる。**図表 15 - 7** に図示されているように，1 つの企業集団が市場を独占していたとしよう。このとき，この企業集団が享受する利益は，限界収入と限界費用を一致させるように価格を設定するため，B（四角形 *pabq*）となる。しかし，もし他企業が自由に参入することができ，完全競争状態へと移行するのであれば，市場価格は完全競争価格となり，この集団は B をすべて失うこととなる。したがって，この集団は市場の独占権を維持し，B の独占利潤を得るために，非合法の賄賂，陳情，接待，および選挙支援などの政治活動（レントシーキング活動）を行う可能性がある。

　より具体的にレントシーキング活動の効果をみる。この企業は最大で B の大きさの賄賂を政治家に送ることとなるものの，見返りとして独占権を政

図表 15－7　レントシーキング

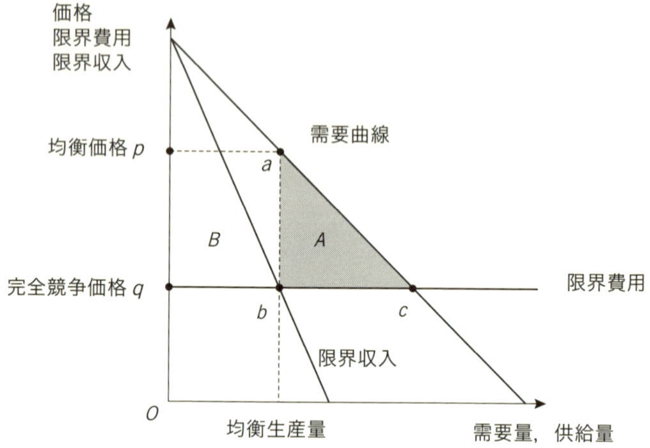

治家に保証させることができる。しかし，これは三角形 abc で囲まれた A の部分の死重損失をもたらす。

タロックたちは，このレントシーキング活動が，企業から渡される金銭ではなく，政治活動に伴う資源の損失であれば，さらに社会的な損失を生み，公共政策を社会的に望ましい政策ではないところへ誘導してしまうことを指摘している。これらからロビー活動は，一般的に，公共政策を社会全体にとって望ましい政策を採用させないように誘導する政府の失敗の源泉の１つとなることがわかる。

◉注

1　2015 年に，当時の橋下徹大阪市長によって，大阪都構想に対する直接投票が行われた。

◉引用・参考文献

久米郁男・川出良枝・古城佳子・田中愛治・真渕勝［2011］『政治学 補訂版（New Liberal Arts Selection）』有斐閣。
佐藤主光［2017］『公共経済学 15 講（ライブラリ経済学 15 講 APPLIED 編）』新世社。
須賀晃一［2014］『公共経済学講義―理論から政策へ―』有斐閣。
田中廣滋・御船洋・横山彰・飯島大邦［1998］『公共経済学　エッセンシャル経済学シリーズ』東洋経済新報社。

寺井公子・肥前洋一［2015］『私たちと公共経済（有斐閣ストゥディア）』有斐閣。
Grossman, G. M. and Helpman, E. ［1994］Protection for Sale, *The American Economic Review*, 84(4), pp.833-850.

第**15**章

政治経済

235

索　引

■英　数

e-Tax ······························ 51
GDP（Gross Domestic Product）····· 182
NPM ····························· 157
ODA ····························· 179
OOF ····························· 179
PB ······························· 19
PF ······························ 179
PFI ····························· 146

■あ　行

赤字国債 ··························· 110
遺産動機 ··························· 142
意思決定費用 ······················ 222
依存財源 ··························· 34
一括固定税 ························· 91
一般会計 ···················· 16, 19, 175
一般財源 ··························· 34
一般消費税 ························· 61
一般政府 ··························· 4
一般補助金 ························· 35
移転価格税制 ······················ 105
移転価格操作 ······················ 105
インフラストラクチャー ·············· 144
エッジワースボックス ··············· 215
円借款 ···························· 180
エンゼルプラン ····················· 130
応益原則 ··························· 46
応能原則 ··························· 46
温情主義 ··························· 138

■か　行

会計年度 ··························· 16
会計年度独立の原則 ················· 16
外形標準課税 ······················ 59

外国税額控除 ······················ 104
概算要求 ··························· 18
概算要求基準 ······················ 18
外部経済 ··························· 9
外部効果 ··························· 9
外部性 ···························· 161
外部不経済 ························· 9
価格受容者（プライス・テイカー）····· 3
価格弾力性 ························· 67
課税最低限 ························· 86
課税単位 ··························· 84
課税の中立性 ······················ 103
課税標準 ··························· 54
過年度収入及び過年度支出 ············ 16
可変費用 ··························· 199
神の見えざる手 ····················· 155
間接税 ···························· 56
間接民主主義 ······················ 220
完全競争均衡 ······················ 3
完全競争市場 ······················ 188
完全平等線 ························· 204
簡素性 ···························· 48
官僚 ······························ 219
機会の平等 ····················· 11, 134
基幹三税 ························ 19, 57
技術協力 ··························· 180
技術的外部性 ······················ 162
基準財政収入額 ····················· 37
基準財政需要額 ····················· 37
犠牲説 ···························· 49
基礎消費（独立消費）··············· 183
基礎的財政収支 ················ 19, 23, 112
基礎的財政収支対象経費 ·············· 19
基礎年金制度 ······················ 129
帰着 ··························· 66, 100
規模の経済 ····················· 10, 138

義務説 …… 46
逆需要関数 …… 194
逆進税 …… 59
逆選択 …… 137
給付付き税額控除制度 …… 87
給与所得控除 …… 82
行政上の超過負担 …… 40
居住地主義 …… 104
均一税率の命題 …… 72
金銭的外部性 …… 162
均等割 …… 57
クラブ財 …… 147
繰越し …… 16
繰越明許費 …… 17
経済安定化機能 …… 13, 188
経済協力 …… 179
経済厚生 …… 188
経常収支比率 …… 41
継続費 …… 17, 181
経費膨張の法則 …… 7
契約曲線 …… 216
ケインズの 45 度線分析 …… 182
ケインズの消費関数 …… 183
結果の平等 …… 134
欠損法人 …… 98
限界収入 …… 192, 195, 196, 200
限界消費性向 …… 183
限界生産性逓減の法則 …… 101
限界税率 …… 59, 85
限界費用 …… 148, 192, 193, 196, 200
限界費用価格形成原理 …… 197
限界便益 …… 75, 148
限界利潤 …… 199
現金給付 …… 135
健康保険制度 …… 132
原初状態 …… 210
建設公債 …… 20
建設国債 …… 110
源泉地主義 …… 104

源泉徴収制度 …… 85
現物給付 …… 135
コア …… 216
公営事業会計 …… 30
公開性の原則 …… 15
公企業 …… 189
公共財 …… 10, 147, 161, 166
公共事業費 …… 178
公共選択 …… 218
公共投資 …… 144
公債 …… 109
公債依存度 …… 24
公債金 …… 19, 23
公債費負担比率 …… 41
公的企業 …… 4
交付税及び譲与税配付金特別会計 …… 21
交付団体 …… 37
公平性 …… 48, 203
効用可能性フロンティア …… 216
効用最大化 …… 71
効率性 …… 203
効率性と公平性のトレードオフ …… 11
ゴールドプラン …… 130
国債 …… 109
国際援助 …… 26
国債整理基金特別会計 …… 21
国際的二重課税 …… 104
国債費 …… 19
国税 …… 57
国内総生産 …… 182
国民皆保険・皆年金 …… 128
国民負担率 …… 25, 132
国庫委託金 …… 39
国庫債務負担行為 …… 17
国庫支出金 …… 30, 34, 39
国庫負担金 …… 39
国庫補助金 …… 39
固定資産税 …… 57
固定費用 …… 192, 199

コブ＝ダグラス型生産関数⋯⋯⋯⋯166
個別消費税⋯⋯⋯⋯⋯⋯⋯⋯⋯⋯61
コモンプール財⋯⋯⋯⋯⋯⋯⋯147
コンドルセ勝者⋯⋯⋯⋯⋯⋯⋯223
コンドルセのパラドックス⋯⋯⋯223
コンドルセ法⋯⋯⋯⋯⋯⋯⋯⋯223

■さ　行

財源調達機能⋯⋯⋯⋯⋯⋯⋯⋯46
財源保障機能⋯⋯⋯⋯⋯⋯⋯⋯35
歳出⋯⋯⋯⋯⋯⋯⋯⋯⋯⋯⋯⋯15
財政⋯⋯⋯⋯⋯⋯⋯⋯⋯⋯⋯⋯3
財政赤字対国民所得比⋯⋯⋯⋯26
財政再生基準⋯⋯⋯⋯⋯⋯⋯⋯43
財政収支⋯⋯⋯⋯⋯⋯⋯⋯22, 112
財政調整機能⋯⋯⋯⋯⋯⋯⋯⋯35
財政投融資⋯⋯⋯⋯⋯⋯⋯26, 175
財政投融資資金特別会計国債⋯⋯109
財政の維持可能性⋯⋯⋯⋯⋯⋯112
財政融資⋯⋯⋯⋯⋯⋯⋯⋯⋯⋯27
財政力指数⋯⋯⋯⋯⋯⋯⋯⋯⋯37
最適課税⋯⋯⋯⋯⋯⋯⋯⋯⋯⋯69
財投機関⋯⋯⋯⋯⋯⋯⋯⋯⋯⋯27
財投機関債⋯⋯⋯⋯⋯⋯⋯⋯⋯28
財投債⋯⋯⋯⋯⋯⋯⋯⋯⋯26, 109
歳入⋯⋯⋯⋯⋯⋯⋯⋯⋯⋯⋯⋯15
歳入歳出予算⋯⋯⋯⋯⋯⋯⋯⋯17
債務残高対 GDP 比⋯⋯⋯⋯⋯⋯23
債務償還費⋯⋯⋯⋯⋯⋯⋯19, 23
裁量的財政政策⋯⋯⋯⋯⋯⋯⋯13
サミュエルソン条件⋯⋯⋯⋯⋯149
産業投資⋯⋯⋯⋯⋯⋯⋯⋯⋯⋯27
暫定予算⋯⋯⋯⋯⋯⋯⋯⋯⋯⋯17
参入⋯⋯⋯⋯⋯⋯⋯⋯⋯⋯⋯192
仕入税額控除⋯⋯⋯⋯⋯⋯⋯⋯65
死荷重⋯⋯⋯⋯⋯⋯⋯⋯⋯⋯196
私企業⋯⋯⋯⋯⋯⋯⋯⋯⋯⋯189
事業税⋯⋯⋯⋯⋯⋯⋯⋯⋯⋯57
資源配分機能⋯⋯⋯⋯⋯⋯8, 188

資産課税⋯⋯⋯⋯⋯⋯⋯⋯54, 61
死重損失⋯⋯⋯⋯⋯⋯⋯⋯⋯⋯69
自主財源⋯⋯⋯⋯⋯⋯⋯⋯⋯⋯34
支出面からみた GDP⋯⋯⋯⋯⋯182
四条国債⋯⋯⋯⋯⋯⋯⋯⋯⋯110
市場の失敗⋯⋯⋯⋯⋯⋯⋯⋯⋯8
事前議決の原則⋯⋯⋯⋯⋯⋯⋯15
自然増収⋯⋯⋯⋯⋯⋯⋯⋯⋯⋯7
自然独占⋯⋯⋯⋯⋯⋯⋯192, 194
実質赤字比率⋯⋯⋯⋯⋯⋯⋯⋯42
実質公債費比率⋯⋯⋯⋯⋯41, 42
私的限界便益⋯⋯⋯⋯⋯⋯⋯163
自動安定化機能⋯⋯⋯⋯⋯⋯⋯13
ジニ係数⋯⋯⋯⋯⋯⋯⋯⋯⋯204
シャウプ勧告⋯⋯⋯⋯⋯⋯⋯⋯81
社会厚生関数⋯⋯⋯⋯⋯133, 208
社会資本⋯⋯⋯⋯⋯⋯⋯⋯⋯144
社会的限界便益⋯⋯⋯⋯⋯⋯162
社会的純便益⋯⋯⋯⋯⋯⋯⋯152
社会的余剰⋯⋯⋯⋯⋯⋯197, 198
社会保障関係費⋯⋯⋯⋯⋯⋯⋯21
社会保障基金⋯⋯⋯⋯⋯⋯⋯⋯5
社会保障負担率⋯⋯⋯⋯25, 132
従価税⋯⋯⋯⋯⋯⋯⋯⋯⋯⋯62
衆議院の予算先議権⋯⋯⋯⋯⋯18
集合行為問題⋯⋯⋯⋯⋯⋯⋯231
修正積立方式⋯⋯⋯⋯⋯⋯⋯139
住民税⋯⋯⋯⋯⋯⋯⋯⋯⋯⋯57
従量税⋯⋯⋯⋯⋯⋯⋯⋯⋯⋯62
受益者負担の原則⋯⋯⋯⋯30, 197
需要関数⋯⋯⋯⋯⋯⋯⋯⋯⋯194
準公共財⋯⋯⋯⋯⋯⋯⋯⋯⋯147
純粋公共財⋯⋯⋯⋯⋯⋯⋯⋯147
条件付き多数決ルール⋯⋯⋯⋯222
少数決ルール⋯⋯⋯⋯⋯⋯⋯222
乗数効果⋯⋯⋯⋯⋯⋯⋯⋯⋯185
消費課税⋯⋯⋯⋯⋯⋯⋯⋯54, 61
消費者余剰⋯⋯⋯⋯⋯⋯⋯⋯196
消費税⋯⋯⋯⋯⋯⋯⋯⋯⋯19, 64

情報の非対称性 ············ 9, 137, 161, 165
剰余金 ····························· 20
将来負担比率 ······················ 42
食料安定供給特別会計 ··············· 178
食糧管理事業 ····················· 179
所得が上位（下位）10%に集中する
　　割合 ························ 206
所得課税 ······················ 54, 61
所得効果 ························· 90
所得控除 ························· 83
所得再分配機能 ················ 10, 188
所得税 ······················· 19, 81
所得捕捉率 ······················· 86
申告納税制度 ····················· 85
新古典派成長理論 ················· 167
人的資本 ························ 165
垂直的公平 ······················· 49
水平的公平 ······················· 49
スピルオーバー ···················· 40
税額控除 ························· 84
政策的経費 ·················· 22, 23
政策を買う ······················ 233
生産者余剰 ······················ 196
生産面からみた GDP ··············· 182
政治経済学 ······················ 218
性質別分類 ······················· 32
政治の外部費用 ··················· 222
税収および税外収入 ················ 23
正の技術的外部性 ················· 162
税の転嫁 ························· 56
正のピア効果 ····················· 164
政府開発援助 ···················· 179
政府関係機関 ····················· 17
政府間財政移転 ···················· 29
政府系金融機関 ···················· 27
政府支出乗数 ···················· 185
政府の失敗 ············· 14, 171, 228
税目 ··························· 53
世代重複モデル ··················· 120

ゼロ・シーリング ·················· 129
全員一致ルール ··················· 222
選挙 ··························· 219
潜在的な国民負担率 ················ 26
全世界所得課税方式 ··············· 104
早期健全化基準 ···················· 43
総供給 ······················ 183, 186
総計予算主義の原則 ················ 15
総合課税 ························· 81
総需要 ······················ 183, 186
相対的貧困率 ···················· 206
総費用 ························· 199
贈与 ··························· 180
疎外による棄権 ··················· 227
測定単位 ························· 37
租税及び印紙収入 ·················· 19
租税回避 ························ 105
租税競争 ························ 106
租税原則 ························· 47
租税負担率 ··················· 25, 132
ソロー ·························· 167
ソロー成長理論 ··················· 167

■た　行

代替効果 ························· 90
多国間援助 ······················ 180
多数決ルール ···················· 222
多段階課税 ······················· 61
タックスヘイブン ·················· 105
タックス・ミックス ················· 53
単位費用 ························· 37
担税力 ··························· 47
単段階課税 ······················· 61
単峰性 ························· 224
地方公営企業 ···················· 189
地方公共団体 ····················· 29
地方交付税 ·················· 30, 34, 35
地方交付税交付金等 ················ 21
地方財政計画 ····················· 36

地方自治体 ……………………… 29

地方税 …………………………… 57

地方税原則 ……………………… 52

地方政府 ………………………… 5

地方法人二税 …………………… 96

チャータースクール …………… 164

中位投票者 ……………………… 224

中位投票者定理 ………………… 224

中央政府 ………………………… 5

中小企業 ………………………… 173

中立性 …………………………… 48

超過負担 …………………… 69, 91

超過累進税率 …………………… 83

徴税費用 ………………………… 51

直接税 …………………………… 56

直接民主主義 …………………… 220

直間比率 ………………………… 57

積立方式 ………………………… 139

定常状態 ………………………… 168

転位効果 ………………………… 7

転嫁 ………………………… 66, 100

電子申告 ………………………… 51

投票のパラドックス …………… 223

等量消費 ………………………… 147

ドーマーの命題 ………………… 115

独占 ………………………… 192, 194

独占企業 ………………………… 192

特定財源 ………………………… 34

特定補助金 ……………………… 39

特別会計 …………………… 17, 20, 190

特別交付税 ……………………… 36

独立採算 …………………… 190, 197

独立採算制 ……………………… 31

特例公債 ………………………… 20

特例国債 ………………………… 110

ドッジライン …………………… 7

■な　行

内生的成長理論 ………………… 166

内部化 …………………………… 40

内部収益率法 …………………… 153

長生きのリスク ………………… 137

ナショナル・ミニマム ………… 35

ナッシュ均衡 …………… 107, 150

二国間援助 ……………………… 180

二重課税 ………………………… 100

日本政策金融公庫 ……………… 176

ニュー・パブリック・マネージメント

　　　………………………………… 157

年金特別会計 …………………… 21

年末調整 ………………………… 86

納税義務者 ……………………… 54

農林水産関係予算 ……………… 178

■は　行

バウチャー制度 ………………… 164

パターナリズム ………………… 138

パレート改善 ………… 107, 162, 215

パレート最適 …………… 208, 215

バローの中立命題 ……………… 120

反応曲線 ………………………… 150

非競合性 …………………… 147, 163

非公共事業費 …………………… 178

非排除性 …………………… 147, 163

費用逓減 ………………………… 10

費用逓減産業 …………… 161, 202

費用便益比法 …………………… 153

費用便益分析 …………………… 152

ビルト・イン・スタビライザー …… 13

比例税 …………………………… 59

フィスカル・ポリシー ………… 13

付加価値税 ……………………… 62

賦課方式 ………………………… 139

福祉元年 ………………………… 128

不交付団体 ……………………… 37

普通会計 ………………………… 30

普通交付税 ……………………… 36

普通国債 ………………………… 109

普通国債残高 ……………………… 112
普通税 …………………………………… 60
負の技術的外部性 ………………… 162
プライマリー・バランス ………… 19
ブラケット・クリープ …………… 88
フリーライド（ただ乗り）……… 150, 231
分配面からみた GDP ……………… 182
分離課税 ………………………………… 82
平均収入 ……………………… 198, 200
平均税率 ………………………… 59, 85
平均費用 …………… 192, 193, 198, 200
平均費用価格形成原理 …………… 198
平均費用逓減産業 ………………… 202
防衛関係費 …………………………… 181
法人擬制説 …………………………… 100
法人実在説 …………………………… 100
法人税 …………………………… 19, 96
補正係数 ………………………………… 37
補正予算 ………………………………… 17
本予算 …………………………………… 17

■ま 行

マイナス・シーリング …………… 129
マキシミン（maxmin）原則 ……… 211
水漏れするバケツ（Leaky Bucket）
……………………………………… 213
民営化 …………………………………… 8
無償資金協力 ………………………… 180
無知のヴェール ……………………… 210
目的税 …………………………………… 60

目的別分類 …………………………… 31
モラルハザード ……………………… 138

■や 行

有効需要の原理 …………………… 182
予期せぬインフレーション ……… 138
予算 ……………………………………… 15
予算制約式 ……………………………… 76
予算総則 ………………………………… 17
予算の単年度主義 …………………… 16
予算の単年度主義の例外 ………… 181

■ら 行

ラッファーカーブ …………………… 50
ラムゼイ・ルール …………………… 70
利益集団 ………………………… 219, 230
利益説 …………………………………… 46
リカードの等価定理 ……… 116, 117
利潤 ……………………………………… 195
利潤最大化 …………………………… 199
利潤最大化条件 …………… 195, 199
利払い ………………………………… 22
利払費 …………………………… 19, 23
留保財源 ………………………………… 38
両院協議会 ……………………………… 18
累進税 …………………………… 47, 59
連結実質赤字比率 …………………… 42
レントシーキング活動 …………… 233
ローレンツ曲線 ……………………… 204
ロビー活動 ……………………… 219, 230

■執筆者紹介（執筆順）

森田　雄一（もりた　ゆういち）　　　　　　　　　第 1, 4, 6 章

編著者紹介参照

柳原　光芳（やなぎはら　みつよし）　　　　　　　第 2, 12, 13 章

編著者紹介参照

加藤　秀弥（かとう　ひでや）　　　　　　　　　　第 3, 7, 10 章

龍谷大学経済学部・准教授
2005 年　名古屋大学大学院経済学研究科博士後期課程修了。博士（経済学）。
主要業績
"Capital Income Tax Evasion, Capital Accumulation and Welfare,"（共著）*Seoul Journal of Economics*, 23-3, 2010, pp.341-363.

松﨑　大介（まつざき　だいすけ）　　　　　　　　第 5, 8 章

東洋大学経済学部・教授
2004 年　東京工業大学社会理工学研究科社会工学専攻博士課程修了。博士（工学）。
主要業績
"The Optimal Regional Tax Structure in a Monetary Economy" in *Advances in Local Public Economics -Theoretical and Empirical Studies-*（*New Frontiers in Regional Science: Asian Perspectives*),（共著）Springer, 2019.

金子　昭彦（かねこ　あきひこ）　　　　　　　　　第 9, 11 章

早稲田大学政治経済学術院・教授
1996 年　大阪大学大学院経済学研究科博士後期課程中途退学。博士（経済学）。
主要業績
"Oligopolistic Competition in the Banking Market and Economic Growth,"（共著）*Economic Modelling*, 68, 2018, pp. 239-248.

篠崎　剛（しのざき　つよし）　　　　　　　　　　第 14, 15 章

東北学院大学経済学部・教授
2007 年　名古屋大学大学院経済学研究科博士後期課程修了。博士（経済学）。
主要業績
"Political Economics of Public Pricing of Final and Intermediate Goods," in *Advances in Local Public Economics -Theoretical and Empirical Studies-*（*New Frontiers in Regional Science: Asian Perspectives*),（共著）Springer, 2019.

■編著者紹介

森田　雄一（もりた　ゆういち）

名古屋市立大学大学院経済学研究科・教授
1993 年　大阪大学大学院経済学研究科博士後期課程中途退学，修士（経済学）。
主要業績
『スタンダードミクロ経済学』（共編著）中央経済社，2013 年。
『租税の経済分析―望ましい税制をめざして―』（共著）中央経済社，2016 年。
"Does Aid Affect Inequality?"（共著）*Applied Economics*, 50, 2018, p.6249-62.

柳原　光芳（やなぎはら　みつよし）

名古屋大学大学院経済学研究科・教授
1998 年　大阪大学大学院経済学研究科博士後期課程満期退学。博士（経済学）。
主要業績
『新版 経済学辞典』（共編著）中央経済社，2019 年。
『スタンダードマクロ経済学』（共編著）中央経済社，2013 年。
Advances in Local Public Economics -Theoretical and Empirical Studies-（*New Frontiers in Regional Science: Asian Perspectives*），（共編著）Springer, 2019.

財政入門

2019年9月20日　第1版第1刷発行
2023年5月20日　第1版第3刷発行

編著者　森　田　雄　一
　　　　柳　原　光　芳

発行者　山　本　　　継

発行所　㈱中央経済社

発売元　㈱中央経済グループ
　　　　パ ブ リ ッ シ ン グ

〒101-0051　東京都千代田区神田神保町1-35
電　話　03 (3293) 3371 (編集代表)
　　　　03 (3293) 3381 (営業代表)
https://www.chuokeizai.co.jp
製版／三英グラフィック・アーツ㈱
印刷／三　英　印　刷　㈱
製本／㈲ 井 上 製 本 所

© 2019
Printed in Japan